KB253698

문예신서
211

토탈 스크린

장 보드리야르

배영달 옮김

東 文 選

토탈 스크린

Jean Baudrillard
Écran total

차 례

1. 에이즈: 독성 아니면 예방인가? 9

2. 우리 모두는 성전환자들이다 17

3. 마르틴 하이데거를 둘러싼 네크로스펙티브 23

4. 가상적 공황에 대한 찬사 29

5. 바이러스성 경제 35

6. 서방의 압력 저하 41

7. 동유럽의 해동과 역사의 종말 47

8. 걸프전은 일어나지 않을 것이다 53

9. 걸프전은 일어나는가? 53

10. 걸프전은 일어나지 않았다 53

11. 사라예보에 대해서는 동정도 없다 55

12. 타자성을 다루는 성형외과 63

13. 가상의 무력함 69

14. 서방의 세르비아화 75

15. 서방이 죽음을 대신할 때 79

16. 대규모 숙청 83

17. 시민들이여, 그대들의 슬픔을 위해! 87

18. 하층민과 엘리트 91

19. 가상 단계에서의 정보 97

20. 정신적인 폭력: 증오 103

21. 환각을 불러 일으키는 폭력: 마약 119

22. 유년기의 검은 대륙 115

23. 이중 몰살 ——————————————————————— 121

24. 보이지 않음과 실제의 사라짐 ——————————— 127

25. 성병으로서의 성욕 ——————————————————— 133

26. 파업의 지배력 ————————————————————— 139

27. 불의 땅-뉴욕 ————————————————————— 145

28. 세계적 부채와 유사한 세계 ——————————— 151

29. 코망되르의 그림자 ——————————————————— 157

30. 타락의 거울 —————————————————————— 163

31. 디즈니월드사 ————————————————————— 169

32. 세계적인 것과 보편적인 것 ——————————— 175

33. 딥 블루, 혹은 컴퓨터의 우울 ——————————— 181

34. 카레이서와 그의 분신 —————————————— 187

35. 해면질의 뇌를 위한 되새김질 ——————————— 193

36. 토탈 스크린 —————————————————————— 199

37. 예술의 음모 —————————————————————— 205

38. 텔레비전의 환상 ——————————————————— 211

39. 확실히, 시락은 무능하다 ————————————— 217

40. 복제, 혹은 종의 복제 단계 ——————————— 223

41. 정치적으로 몰아내기, 혹은 바보들의 공모 ——————— 229

역 주 ————————————————————————————— 235

역자 후기 ————————————————————————— 237

보드리야르의 저작 및 참고 자료 ——————————— 241

저 · 역자 소개 ————————————————————— 247

반복되는 역사는 희극이 된다.
반복되는 희극은 역사가 된다.

1

에이즈: 독성 아니면 예방인가?

에이즈, 전자 바이러스, 테러리즘…… 신체, 체계, 망이 그들의 모든 부정적 요소들을 몰아내고 단순한 요소들의 결합으로 해결될 때 독성은 생겨난다. 이러한 의미에서 보면, 바이러스성은 프랙털성(fractalité) · 디지털성(digitalité)과 밀접한 관계가 있다. 이는 컴퓨터, 즉 전자 기계가 추상 개념, 가상적 기계, 바이러스들이 들끓는 비신체가 되어 버렸기 때문이다. (전자 기계는 전통적인 자동 기계보다 훨씬 더 취약하다.) 이는 신체 자체가 비신체, 즉 바이러스가 지배하는 가상적 전자 기계가 되어 버렸기 때문이다.

전통의학은 **형태**로서의 신체가 아니라 **처방**으로서의 신체에 관계되는 현재의 신체병리학에 대해 더 이상 아무것도 할 수 없다. 암에 걸린 신체는 자신의 **유전식**을 이상하게 만드는 신체이다. 에이즈에 감염된 신체는 자신의 면역망에, 그리고 자신의 통제망과 반신체(anti-corps)망에 충격을 받고 상처를 입은 신체이다.

이 새로운 병리학은 코드화되고 모델화된 신체의 질병이며, 코드와 모델의 장애이다.

전자적 사이버네틱스 기계로 간주되는 인간은, 컴퓨터가 전자 바이러스의 선택 영역이 되듯이 바이러스와 바이러스성 질병의 선택 영역이 된다.

거기에는 역시 예방도 효과적인 치료도 없다. 전이는 모든 망을 '가상적으로' 침범하고, 탈상징화된 기계적 언어는 탈상징화된 신체보다 더 많이 바이러스에 저항하지 못한다. 전통적인 기계적 고장과 사고는 바람직한 오래된 재생 치료법을 받아 보아야 한다. 그러나 (단호한 모든 해적 행위를 할 수 없는) 반신체의 갑작스러운 고장, 갑작스러운 이상, 갑작스러운 '무능'은 치료법이 없다.

바이러스성은 닫힌 순환과 통합된 순환의 병리학이자, 뒤섞임과 연쇄 반응의 병리학이다. 그것은 폭넓은 은유적 의미에 사로잡혀 있는 근친상간의 병리학이다.

동일한 것으로 살아가는 사람은 동일한 것으로 죽을 것이다. 교환 · 상호성 · 타자성의 불가능은 불가시적이고 악마적이고 파악할 수 없는 다른 타자성, 단순한 요소들과 끝없는 반복으로 이루어진 바이러스라는 절대적 타자를 퍼뜨린다.

우리는 근친상간의 사회 속에 있다. 그리고 에이즈가 맨 먼저 동성애자들이나 마약중독자들에게 충격을 준 사실은, 폐쇄된 순환 속에서 작동하는 집단의 근친상간성에 기인한다.

혈우병은 이미 근친결혼을 한 세대들과 동족결혼을 한 가계들에게 심한 충격을 주었다. 오랫동안 죽음을 초래했던 기이한 질병은 사람들이 마침내 겨울과 여름 사이의 최소 기온 차이의 탓으로, 계절의 뒤섞임의 탓으로 돌렸던 일종의 바이러스였다. 즉 동일자의 유령이 엄습했던 것이다. 차이의 감각을 뽑아내는 것, 즉 유사함에 대한 모든 강박 속에는, 사물들과 자신의 이미지와의 모든 근접성 속에는, 존재들과 자신의 코드와의 모든 혼동 속에는, 그토록 아름다운 인간의 몸을 해치는 근친상간의 독성, 악마적 타자성이라는 위협이 존재한다. 다른 형태하에서는 악의 원리가 다시 나타난다. (거기에는 도덕도 죄의식도 없다. 즉 악의 원리는 그저 단순히 역전의 원리와, 역경의 원리와 같다. 완전한 적극화와 탈상징화의 과정에 있는 체계들 속에서, 악은 그 모든 형태로 가역성의 근본적인 규칙과 같은 것이 된다.)

적극성이 끊임없이 산출되면, 끔찍스러운 결과가 초래된다. 왜냐하면 부정성이 위기와 비판을 낳는다면, 완전한 적극성은 위기를 서서히 드러낼 수 없음으로써 대재난을 낳기 때문이다. 자신의 부정적·비판적 요소들을 내쫓거나 몰아내는 모든 구조, 모든 체계, 모든 사회 집단은 역전과 완전한 내파를 통해서 대재난을 초래하는 위험을 무릅쓴다. 마치 자신의 모든 병원균, 자신의 세균, 자신의 기생충, 자신의 모든 생체의 적들을 몰아내고 제거하는 모든 생명체가 암을 초래하는 위험, 다시 말해서 자신의 세포를 휩쓸어 버리는 적극성을 초래하는 위험을 무릅쓰듯이 말이다. 모든 구조, 모든 체계, 모든 사회 집단은 이제 용도가 없는 자신의 반신체에 의해 휩쓸리게 되는 위험을 무릅쓴다.

에이즈와 암이 우리의 현대 병리학과 위협적인 모든 바이러스성의 전형이 되어 버린 것은 당연하다. 우리가 신체를 인공 보철과 유전적 환상에 맡기게 되면, 우리는 자신의 방어 체계를 뒤엎게 되고 자신의 생물학적 논리를 파괴하게 된다. 외부를 향해 자신의 기능을 증대시킬 수밖에 없는 이 프랙털한 신체는 동시에 자신의 세포를 내적으로, 그리고 억제할 수 없을 정도로 확산시킬 수밖에 없게 된다. 그것은 전이 속으로 들어간다. 즉 생체의 내적 전이는, 말하자면 보철·망·접속이라는 외적 전이와 대칭을 이룬다.

과보호를 받는 공간에서 신체는 그 모든 방어를 상실한다. 수술실에서 볼 수 있는 예방은 어떤 병원균도, 박테리아도 살아남을 수 없는 그러한 것이다. 그런데 완전히 깨끗한 이 공간 속에서, 우리는 이상하고 수수께끼 같은 바이러스성 질병이 태어나는 것을 보게 된다. 왜냐하면 바이러스는 자유로운 공간이 있으면 저항하고 증식하기 때문이다. 결국 병원균이 있을 때, 바이러스는 없게 된다. 전염병이 제거된 세계, 즉 '이상적인' 임상 세계에서는 살균이나 소독에서 생겨난 촉진(觸診) 불가능한 병리학이 펼쳐진다.

제3의 형태의 병리학이 있다. 우리 사회가 평화롭고 관대한 사회의 패러독스에서 태어난 새로운 폭력과 관계 있는 것과 마찬가지로, 우리는 인공적·의학적·정보과학적 방어물에 의해 과보호를 받는 신체의 새로운 질병과 관계가 있다. 따라서 우리의 신체는 가장 '역효과를 가져다 주는' 가장 예기치 않은 연쇄 반응과 바이러스에 취약하다. 어떤 병리학은 사고나 무질서가 아니라 비정상이나 '이상(anomalie)'의 영역에 속한다. 정확히 말해서 동일한 원인이 동일한 역효과를 초래하는 사회 집단의 경우와 마찬가지로 우리는 과보호, 과코드화, 과잉 관리에 의해 예측할 수 없는 기능 장애, 다양한 이상(anomalie)과 테러리즘을 세포의 유전적 무질서와 동일시할 수 있다. 사회적 체계는 생명체처럼 자신의 보철을 기술적으로 고도화함에 따라 자신의 자연스러운 상징적 방어를 상실하게 된다. 그리고 이 새로운 병리학을, 의학은 실제로 몰아내기가 힘들 것이다. 왜냐하면 의학 자체는 신체를 과보호하는 체계, 말하자면 신체를 악착스럽게 보호하고 예방하는 체계에 속하기 때문이다. 아마도 테러리즘의 문제에 대해 정치적 해결책이 없는 것과 마찬가지로, 에이즈나 암의 문제에 대해 실제로 생물학적 해결책은 없는 것처럼 보인다. 그리고 같은 이유로 그것들은 이상한 증후들(symptômes anomaliques)이고, 체계 속에서 생겨난 어떤 형태의 폭력과 새로운 질병이며, 폭력이나 반응적 독성과 더불어 그저 사회 집단을 정치적으로 지나치게 관리하고 신체를 생물학적으로 지나치게 관리하는 것을 거부하는 것이다.

그러나 이 새로운 형태의 독성은 모호하며, 에이즈는 그것의 한 예이다. 에이즈는 새로운 성적 금지 사항에 설득 수단이 되지만, 그것은 더 이상 '도덕적' 금지 사항은 아니다. 즉 그것은 성의 순환에 관한 기능적 금지 사항이다. 사람들은 현대성이 강요하는 모든 명령을 거부한다. 그런데 돈처럼, 정보처럼, 성은 자유롭게 순환되어야 한다. 모든 것은 유동적이어야 하며, 가속화는 불가피하다. 바이러스성의 위험이 있다는 구실로 성을 폐기하는 것은, 암처럼 확산되는 달러의 급등이 우려된다는 구실로 국제적 교환을 중단시키는 것과 마찬가지로 터무니없는 일이다. 아무도 그것을 심각하게 생각지 않는다. 그런데 단번에 에이즈와 더불어 성 기능이 정지되었다. 이는 체계의 모순인가? 이러한 정지는 성의 해방이라는 수수께끼 같은 궁극 목적성에 모순적으로 연결된 수수께끼 같은 궁극 목적성을 지니는가?

우리는 자신의 원리에 대항하여 살아남기 위해 자신의 사고와 제동 방식을 산출해 내는 체계의 무의식적 자동 제어를 알고 있다. 어떤 사회도 자신의 가치 체계에 대항하여 살아남지 못할 뿐이다. 즉 사회는 가치 체계를 지녀야 하고, 또한 불가피하게 그것을 부정하고 그것에 **대항하여** 스스로 결정해야 한다. 그런데 우리는 적어도 두 원리——성 해방의 원리, 커뮤니케이션과 정보의 원리——에 의거해서 살아간다. 그러나 모든 것은 마치 인류가 자기 자신을 산출해 내듯이 이루어진다. 사실 인류는 자신의 성 해방 원리를 수정하게 하는 에이즈의 위협을 통해서, 그리고 유전자 코드를 파괴하고 정보를 오염시키고 사이버네틱스 통제의 강력한 원리에 저항하는 암을 통해서 자기 자신을 산출해 낸다. 그리고 만약 그러한 모든 것이 정액·성·기호·말의 불가피한 흐름에 대한 거부, 과도한 커뮤니케이션에 대한 거부, 프로그래밍화된 정보에 대한 거부, 성의 뒤섞임에 대한 거부를 나타낸다면? 만약 거기에 확실히 위협적이긴 하지만, 마침내 매우 심각한 것으로부터 우리를 보호해 줄 수 있는 새로운 병리학의 대가로 흐름·순환·망의 확장에 대한 매우 중대한 저항이 있다면? 에이즈와 암과 더불어, 우리는 우리 자신의 체계에 대한 대가를 치르게 될 것이다. 즉 우리는 **치명적인** 형태로 우리 자신의 체계에서 생겨나는 **흔한** 독성을 몰아내야만 할 것이다.

　아무도 이러한 몰아냄의 효력에 대해 속단할 수는 없지만, 다음과 같은 물음을 제기해야만 한다. 암은 무엇에 저항하며, 훨씬 더 나쁜 어떤 우발성에(유전자 코드의 완전한 지배권에) 저항하는가? 에이즈는 무엇에 저항하며, 훨씬 더 나쁜 어떤 우발성에(성의 전염병에, 성의 완전한 뒤섞임에) 저항하는가? 마약에 대해서도 문제는 마찬가지이다. 모든 극적인 묘사는 별도로 제쳐두더라도 마약이 무엇으로부터 우리를 보호하는지, 마약이 훨씬 더 나쁜 악을 어떻게 피하는지 의아하게 생각해야 한다. 우리는 테러리즘에 대해서도 똑같이 말할 수 있다. 즉 반응적이고 해제반응적인 제2의 이 폭력은 합의의 유행, 증대하는 정치적 백혈병과 퇴폐, 국가의 보이지 않는 투명성으로부터 우리를 보호할 수는 없는가? 모든 사태들은 모호하고 가역적이다. 결국 인간이 광기로부터 가장 효과적으로 자신을 보호하는 것은 신경증을 통해서이다. 이러한 의미에서 보면, 에이즈는 신이 내린 벌이 아니다. 그와 반대로 그것은 망의 가속화와 증식을 통해 동일성이 완전히 상실되고 뒤섞이는 위험에 대항하는 인류의 소극적인 해제 반응일 수 있을 것이다.

에이즈 · 테러리즘 · 공황 · 전자 바이러스가 경찰 · 의학 · 과학 · 전문가들 이외에 모든 집단적 상상을 동원하는 것은, 그것들이 비합리적인 세계의 사건들과는 다른 것이기 때문이다. 이는 그것들이 어떻게 보면 그 눈부신 결정 작용점에 지나지 않는 우리 체계의 모든 논리를 구체화하기 때문이다. 그것들이 지니는 힘은 확산시키는 힘이며, 미디어를 통해 상상 속에서 발휘되는 그것들의 효과는 바이러스성이다.

모두 상관 관계가 있는 내재적 현상들은 독성의 동일한 기록에 따르며, 독성의 전염 효과는 내재적 현상들의 실제 파급 효과와는 아무런 공통점이 없다. 그리하여 테러 행위만이 테러의 가정에 비추어 모든 정치적인 것을 재검토하게 한다. 그리하여 통계상으로 희미한 에이즈의 출현만이 바이러스성과 면역 결핍의 가정에 비추어 질병과 신체의 모든 위협을 재검토하게 한다. 그리하여 미국방성의 기억 장치를 손상시키거나 성탄절 소망을 보낼 수 있는 네트워크 전체를 방해하는 최소한의 바이러스만으로도 정보 체계의 신뢰성을 무너뜨리는 데 충분하며, 침투 · 계산된 정보 조작 · 위험과 불확실성의 항으로 구성된 모든 데이터들을 재검토하게 한다.

이는 일반적으로 극단적 현상들과 대재난이 지니는 특권이다. 왜냐하면 바이러스성의 이 모든 과정들은 명백히(도덕적 의미에서가 아니라 사태의 이상한 추이로서) 대재난에 속하기 때문이다. 대재난의 비밀스러운 차원은 현대의 이 모든 과정들이 분리될 수 없다는 것이다. 다른 한편으로 보면, 그것은 이 기이한 현상들과 평범한 체계 전체 사이의 유사성이다. 극단적인 모든 현상들은 서로 긴밀히 결합되며, 이러한 현상들이 긴밀히 결합되는 것은 체계 전체와 긴밀히 결합되기 때문이다.

이것은 자신의 부수적 결과에 대항하는 체계의 합리성을 믿는 것은 쓸데없다는 것을 의미한다. 극단적인 현상들을 파괴하려는 환상은 완전하다. 그와 반대로, 극단적인 현상들은 우리의 체계가 매우 복잡해짐에 따라 점점 더 극단적이 될 것이다. 다른 한편으로 보면, 그것은 다행스러운 일이다. 왜냐하면 그것들은 우리의 체계에 대한 최대한의 요법, 즉 유사요법이기 때문이다. 이제는 더 이상 악에 대항하는 선의 전략은 없다. 호메오스타시스적(homéostatique)이거나 호메오플루이드적(homéofluide)인 투명한 체계 속에는 악에 대항하는 악의 전략, 즉 최악의 전략밖에 없다. 가능한 유일한 전략은 숙명적인 전략이다. 그리고 그것은 선택의 문제가 아니며, 우리는 우리의 눈앞에서 그것이 펼쳐지는 것을 본다. 따라서 에이즈·공황·정보 바이러스 등의 **유사요법적인**(homéopathique) 독성이 존재한다. 공황·테러리즘·정보 바이러스·부채 등은 대재난의 수면 윗부분이며, 그것의 10분의 9가 가상성 속에 깊이 빠져든다.

완전한 대재난은 도처에 있는 모든 정보와 완전한 투명성——다행히 정보 바이러스는 그 효과들을 모호하게 만든다——의 대재난이다. 정보 바이러스 덕분에, 우리는 직접적으로 정보와 커뮤니케이션의 한계에까지 나아가지는 못할 것이다. 만약 우리가 그 한계에까지 나아간다면, 그것은 바로 죽음이 될 것이다. 그것은 또한 이 위협적인 투명성의 부수적 결과에 위험신호 구실을 할 것이다. 그것은 유체의 가속화와 유사하다. 유체의 가속화는 유체의 흐름을 멈추게 하거나 분산시키는 소용돌이나 이상(anomalie)을 초래하기 때문이다. 혼돈은 그것 없이 절대 공간 속으로 사라질 수 있는 것을 제한한다. 따라서 극단적 현상들은 자신의 비밀스러운 무질서를 통해서——혼돈에 힘입어——질서와 투명성의 극단에 이르는 것을 예방한다. 이러한 극단적 현상들 덕분에 이러한 대재난, 즉 진짜 대재난은 가상적인 것으로 존속한다. 만약 이 대재난이 구체화된다면, 그것은 종말이 될 것이다. 게다가 오늘날 이미, 그리고 자기 뜻에 반하여 사유의 어떤 과정에 종말이 시작되고 있다. 성 해방의 경우도 마찬가지이다. 이미 쾌락의 어떤 과정에 종말이 시작되고 있다. 만약 성의 완전한 뒤섞임이 실현된다면, 무성의 분출 속에서 사라지는 것은 성 자체이다. 경제적 공황과 교환의 경우도 마찬가지이다. 극단적 현상으로서의, 소용돌이로서의 투기는 완전히 자유롭게 된 실제 교환을 멈추게 한다. 가치의 즉각적인 초순환(ultra-circulation)을 모방하면서, 경제적 모델을 사라지게 하면서, 투기는 또한 모든 교환의 자유로운 소통이 될 수 있는 대재난을 사라지게 한다——완전히 자유롭게 된 교환은 대재난을 초래하는 가치의 진정한 변화이기 때문이다.

참을 수 없는 존재의 가벼움과 완전한 무중력 상태, 과정들의 보편적인 뒤섞임과 직선성이 초래하는 위험——이러한 위험은 우리를 공허함 속으로 이끌어 간다——앞에서, 우리가 대재난이라고 부르는 이 갑작스러운 소용돌이는 대재난으로부터 우리를 보호해 주는 것이다. 이러한 이상(ano-malie)과 이러한 극단적인 현상들은 완전한 분산에 대항하는 중력권과 밀도권을 다시 만들어 낸다. 광활한 곳에서의 자살——전체의 호메오스타시스적 균형을 보존했던 어떤 사람들의 유사요법적 자살——을 통해서 그들의 인구 과잉을 해소했던 저 부족들을 본받아, 우리 사회가 저주받은 부분의 특이한 형태를 퍼뜨린다고 사람들은 생각할 수 있다.

따라서 대재난은 인류의 매우 절제된 전략으로서 나타날 수 있다. 아니 오히려 분명히 실제적이지만 국지화된 우리의 극단적 현상들과 우리의 바이러스들은 경제와 정치 분야에서, 예술과 역사 분야에서 우리의 모든 과정의 동인이 되는 가상적 대재난의 에너지를 온전히 보존할 수 있게 해줄 것이다. 에너지 자체는 개념상으로 **대재난**의 형태가 아닐까?

1987년 7월 1일

2

우리 모두는 성전환자들이다

오늘날 일종의 인위적 운명에 처해 있는, 성을 가진 신체의 변화를 지켜보는 것은 흥미로운 일이다. 그리고 이러한 인위적 운명은 바로 성전환(transsexualité)이다. 인위적 운명은 자연적 질서를 벗어난다는 의미에서가 아니라, 상징적 질서 속에서 성들간의 차이를 변화시킨 결과라는 점에서 성전환이다. 그리고 성전환자는 해부학적으로 성을 변형시키는 의미에서 뿐만 아니라 성의 기호들을 교환할 수 있는 놀이를 하며, 나아가 성적 차이가 있는 이전의 놀이와는 대조적으로 **성적 무관심 속에서 놀이를** 하는 성도착자의 매우 일반적인 의미에서도 인위적 운명을 지닌다.

이중적 의미에서 성전환적인 것은 '성적 극(pôle)들의' 미분화 상태의 놀이인 동시에 쾌락과, 쾌락으로서의 성에 무관심한 형태이다. 성적인 것은 쾌락 쪽으로 향하고(이것은 성 해방의 시도 동기이다), 성전환적인 것은 성을 바꾸는 해부학적인 기술 쪽으로, 혹은 게이들의 특징을 나타내는 의복적·형태학적·제스처적 기호들의 놀이 쪽으로 향한다. 외과 수술이나 기호론적 작용, 기호나 기관과 같은 모든 경우에 문제가 되는 것은 보철이며, 신체의 운명이 보철이 되는 것에 있는 요즈음 성의 모델이 성전환이 되고, 성전환이 도처에서 유혹의 현장이 되는 것은 당연한 일이다.

우리 모두는 성전환자들이다. 우리 모두가 잠재적인 변종인 것과 마찬가지로, 우리 모두는 또한 잠재적인 성전환자들이다. 그리고 이것은 생물학적인 물음조차도 아니다. 우리 모두는 **상징적으로** 성전환자들이다.

키치올리나(Cicciolina)를 살펴보자. 성과, 성의 외설적인 순수함을 매우 놀랄 정도로 구체화할 수 있을까? 사람들은 그녀와 마돈나(Madonna)를 비교했다. 모든 매력과 감수성이 결여된, 그녀는 에어로빅과 미용의 순수한 결실로 강력한 인조인간의 모습을 보여 주었다. 그래서 그녀는 자신이 행사하는 기이한 억제력으로 인해 종합적인 우상이 될 수 있었다. 그러나 만약 사람들이 그 점을 깊이 생각한다면, 키치올리나 역시 성전환자가 아닐까? 엷은 금발의 긴 머리, 풍만한 젖가슴을 지닌 그녀는 여자 마네킹의 이상적인 형태, 만화나 공상과학 소설에서 엿볼 수 있는 동결건조된 에로티즘, 그리고 특히(결코 타락하지도 음란하지도 않은) 과장된 성적 담론, 당장 행해질 수 있는 완전한 위반, 섹스 전화를 할 수 있는 이상적인 여자, 정확히 말해서 성전환자, 성도착자——알다시피 그들만이 과장된 기호로, 성욕이라는 육식성의 기호로 살아간다——를 제외하면 오늘날 어떤 여자도 받아들일 수 없는 육식성의 에로틱한 이데올로기를 구현한다. 이때 키치올리나라는 육체적 외형질은 마돈나의 인공적인 니트로글리세린이나 마이클 잭슨(Michael Jackson)의 남녀양성적이고 프랑켄슈타인적(frankensteinien)인 매력과 아주 유사하다. 그들 모두는 변종·게이·유전적으로 이상한 존재들이며, 그들의 에로틱한 룩(look)은 일반적인 불명확함을 감춘다. 그들 모두는 흔히 미국에서 말하는 **젠더-벤더**(gender-bender)들이다.

성 해방의 신화는 현실 속에서는 여러 형태로 살아남지만, 상상 속에서는 성전환의 신화가 남녀양성적이고 자웅동체적인 변종과 더불어 지배한다. 섹스파티, 욕망과 성적 차이 이후에 눈부신 모든 에로틱한 시뮬라크르와 성전환적 키치스타일이 생겨났다. 그것은 성이 지나치게 과장된 자신의 모호함과 무관심 속에서 사라져 버리는 포스트모던적인 포르노그래피이다. 성과 정치가 파괴적인 동일한 계획에 속한 이후로 사태는 분명히 바뀌었다. 오늘날 키치올리나가 이탈리아 국회의원으로 선출될 수 있는 것은, 성전환적인 것과 정치적인 것이 아이러니컬한 동일한 무관심 속에서 서로 결합되기 때문이다. 몇 년 전에는 생각조차 할 수 없었던, 그리고 오늘날에는 유쾌한 합의만을 제기했을 뿐인 이러한 성과는 성 문화뿐만 아니라 모든 정치 문화가 성도착자 쪽으로 옮겨갔다는 사실을 증명해 준다.

성의 지나친 기호들을 통해 성적인 육체를 내쫓고, 은밀한 분산과 과장된 연출을 통해 욕망을 내쫓는 이러한 전략은, 금지 사항을 통해 차이를 더욱 벌려 놓았던 이전의 바람직한 억압의 전략보다 훨씬 더 효과적이다. 그와 반대로 우리는 이러한 전략이 누구에게 도움이 되는지 전혀 알지 못한다. 왜냐하면 모든 사람들은 구별하지 않은 채 이 전략을 따르기 때문이다. 가장 넓은 의미에서, 성도착자의 이러한 상태는 우리 제도의 기초 자체가 되어 버렸다. 우리는 도처에서 성도착자를 발견할 수 있다. 다시 말하면 우리는 정치 분야에서, 건축 분야에서, 이론 속에서, 이데올로기 속에서, 게다가 과학 속에서 그를 발견할 수 있다.

그리고 우리는 동일성과 차이를 안간힘을 다하여 찾아내는 가운데서도 그를 발견할 수 있다. 이제 우리는 기록 속에서도, 기억 속에서도, 과거 속에서도, 게다가 어떤 계획이나 미래 속에서도 동일성을 찾아낼 시간이 없다. 우리는 즉시 확인될 수 있는 즉각적인 기억 장치, 즉각적인 접속, 광고에 의한 일종의 동일성이 필요하다. 따라서 신체에 관한 한 오늘날 인기 있는 것은 신체 기관의 균형 상태인 건강이 아니라 일시적으로, 위생적으로, 그리고 광고를 통해 신체가 빛나는——신체의 이상적인 상태보다 훨씬 더 성과 있는——형태이다. 그 결과 이러한 형태에서는, 신체의 질병은 신체의 실패를 뜻한다. 패션과 외관의 관점에서 보면, 인기 있는 것은 더 이상 아름다움이나 유혹이 아니라 룩(look)이다.

저마다 자신의 룩을 찾는다. 더 이상 자신의 존재를 근거로 이용할 수 없기 때문에(사람들은 더 이상 서로를 바라보지 않는다. 유혹은 끝났다!) 존재하는 것에도, 누군가가 자기를 바라보는 것에도 개의치 않은 채 그저 **허울뿐인 행동**을 할 뿐이다. '나는 존재한다' '나는 거기에 있다' 가 아니라 '나는 볼 수 있다' '나는 이미지이다' —— '나는 룩, 룩이다' 라는 것이다. 그것은 자기 도취에도 속하지 않는다. 그것은 저마다 자신의 외관을 기획하게 되는 광고에 의한 일종의 꾸밈 없음, 깊이 없는 외향성이다.

룩은 일종의 최소 이미지이며, 맥루한(McLuhan)이 말하듯이 비디오 영상처럼 촉각 영상의 최소 선명도이다. 사실 촉각 영상은 패션의 경우처럼 시선을 자극하거나 감탄을 자아내게 하지 않고, 특수한 의미 작용도 없이 순전히 특수한 효과만을 불러일으킨다. 룩은 이미 패션에 속하지 않는다. 룩은 이미 패션을 넘어선 형태이다. 이제 그것은 구별의 논리에 준거하지 않는다. 그것은 차이의 놀이가 아니다. **그것은 차이를 믿지도 않은 채 차이가 있는 듯한다.** 그것은 무관심에 속한다. 자신을 잃지 않는 것은 일시적이고 덧없는 성과가 되며, 꾸밈 없는 세계에서 매혹이 빠져 나간 기교가 된다…….

돌이켜 보건대, 성전환자와 성도착자의 이러한 승리는 이전의 세대들이 시도했던 성 해방에 기이한 빛을 던져 준다. 여성과 쾌락에 대한 특권이 부여된 가정(남성은 오히려 그때까지 권력의 영역을 확보해두었기 때문에)과 더불어 에로틱한 육체의 최대 가치가 뜻밖에 출현하기는커녕 자신의 담론에 따라, 성 해방은 성의 혼동을 향한 중간 단계에 불과했을 것이다. 성 혁명은 성전환을 향한 결정적인 단계에 불과했을 것이다. 근본을 파헤쳐 보면, 그것은 모든 혁명이 지니는 불확실한 운명이다. 욕망의 모든 잠재성을 해방함으로써, 성혁명은 다음과 같은 근본적인 물음에 이른다. '나는 남자 아니면 여자인가?' (어쨌든 정신분석은 성의 이 불확실성 원리에 기여했을 것이다.) 다른 모든 혁명들의 전형인 정치적·사회적 혁명에 관해 말하면, 그것은 인간에게 자신의 자유와 고유한 의지를 행사하게 하면서, 냉혹한 논리에 따라 자신의 고유한 의지는 어디에 있으며, 결국 그는 무엇이 되려고 하고, 자기 생각대로 무엇을 기대할 권리가 있는지——이것은 이전에는 전혀 알려지지 않았던 문제이다——생각해 보도록 했을 것이다. 이것이 바로 모든 혁명의 역설적인 결과이다. 즉 모든 혁명과 더불어 불명확함, 불안과 혼돈이 시작된다. 그러나 많은 다른 쾌락들——선택·다양성·민주주의——도 시작된다.

간단히 말해서, 민주주의적인 성의 원리는 없다. 성은 인간의 권리에 속하지 않으며, 성 해방의 원리도 없다. 일단 섹스파티가 지나가면, 순환하는 기호들과 다양한 쾌락으로 인해 가능한 대답이 점점 더 줄어들겠지만, 성 해방의 목적은 모든 사람들에게 자신의 '성'(젠더)과, 자신의 성적 동일성을 탐구하게 하는 것이었을 터이다. 이런 식으로 우리는 교묘하게 성전환자가 되었다. 마찬가지로 우리는 은밀하게 초정치적인 존재가 되었다. 다시 말하면 우리는 가면만을 쓰고 있는 가장 모순적인 이데올로기들을 포위하고 이해하고 배격한 후 정치적으로 무관심하고 미분화된 존재, 정치적으로 남녀 양성적이고 자웅동체적인 존재가 되었으며, 우리의 생각 속에서, 아마도 우리도 모르는 사이에 정치적인 것에서 생겨난 게이가 되었다.

우리는 무엇이 동시에 승리하는 것을 보는가? 이는 일반적으로 정치적(초정치적) 형태로서의 테러리즘, 병리학적 형태로서의 에이즈와 암, 성적·성형적 형태로서의 성전환자와 성도착자이다. 오늘날 이 유일한 형태들은 마음속으로 매혹하는 것들이다. 성혁명도, 정치적 논쟁도, 심장과 혈관의 질병이나 노동으로 인한 사고도, 인습적인 싸움도 더 이상 함께 어느 누구의 관심도 끌지 못한다. (그것은 싸움의 경우에는 다행스러운 일이다. 즉 많은 싸움들은 일어나지 않았을지도 모른다. 왜냐하면 그것들은 어느 누구의 관심도 끌지 못했을 것이기 때문이다.) 진짜 환상들은 다른 곳에 있다. 그것들은 기능 원리의 이상(dérèglement)과, 그로 인한 결과들의 혼동에서 비롯된 세 가지 형태들——테러리즘, 성도착자, 에이즈——속에 있다. 이 형태들의 각각은 정치적인 것과 성적인 것의 코드들의 결함과 붕괴에 관련되는 동시에, 정치적·성적 또는 유전적인 작용의 악화에도 관련되기 때문이다.

이 세 가지 형태들은 모두 이미지의 독성에 의해 증식된, 매혹적이고 무관심한 바이러스성의 형태들이다. 왜냐하면 현대의 모든 미디어들, 정보, 커뮤니케이션 자체는 바이러스성의 힘을 지니기 때문이며, 그들의 독성은 쉽게 전염되기 때문이다. 우리는 기호와 이미지를 통해서 육체와 정신을 확산시키는 문화 속에 있다. 그리고 이러한 문화가 가장 바람직한 효과를 산출하더라도, 그것이 또한 가장 위협적인 바이러스를 산출한다면 어떻게 놀라지 않을 수 있겠는가? 물질의 원자력화는 히로시마에서 시작되었다. 그러나 그것은 미디어·이미지·기호·프로그램·망의 확산을 통해서 끊임없이 영속적으로 계속되고 있다.

1987년 10월 14일

3

마르틴 하이데거를 둘러싼 네크로스펙티브

하이데거를 둘러싼 무익한 논쟁은 고유한 철학적 의미를 갖지 않는다. 이 논쟁은 오늘날의 사유의 빈곤을 시사할 뿐이다. 사실 오늘날의 사유는 스스로 새로운 힘을 찾아내지 않으면 강박 관념에 사로잡혀 자신의 기원과 자신의 순수한 기준을 재검토하게 되며, 이같은 세기말에 세기초의 원초적 무대를 고통스럽게 다시 체험하게 된다. 보다 일반적으로 말하면, 하이데거의 경우는 한 세기를 결산해 볼 때, 이 사회를 지배했던 집단적 부활(파시즘의 부활, 나치즘의 부활, 말살의 부활)을 시사한다. 거기에는 또한 이 세기의 원초적인 역사적 무대를 다시 알리고, 범죄의 누명을 벗게 하고, 양심에 한 점의 부끄러움도 없고 싶어하는 욕망과 동시에 폭력의 근원으로 되돌아가려는 타락한 유혹, 악의 역사적 진리에 대한 집단적 환각도 포함된다. 오늘날 우리의 상상력은 매우 빈곤하며, 우리 자신의 상황과 사유에 대한 우리의 무관심 또한 우리가 역행하여 기적을 행하는 힘을 필요로 하는 것에 비하면 매우 대단하다.

하이데거에 관해서는, 40년 동안 사람들은 그를 있는 그대로 매우 잘 받아들였는데도 오늘날 그에게서 지식인의 반역(?)을 발견하게 된다. 게다가 사람들은 마르크스와 프로이트에게서도 똑같은 충격을 받았다. 마르크스의 사상이 의기양양하게 효력을 발휘하는 것을 멈추었을 때, 사람들은 마르크스의 삶을 추적하기 시작했으며, 그가 부르주아였고 자신의 하녀와 성관계를 가졌다는 사실을 밝혀내었다. 정신분석 사상이 이론의 여지가 없는 자신의 위광을 잃기 시작했을 때, 사람들은 프로이트의 삶과 심성을 파고들었다. 물론 그가 성차별주의자이자 부자(父子)주의자였다는 사실을 알아차리게 되었다. 이제 사람들은 하이데거를 나치당원이라고 비난한다. 더욱이 사람들이 그를 비난하거나 그의 결백을 밝히려고 애쓰는 것은 문제될 것이 없다. 왜냐하면 모든 사람들은 양쪽에서 저속한 사유, 즉 무기력한 사유의 동일한 함정에 빠져들기 때문이다. (물론 이때 무기력한 사유란 자신의 기준에 대한 긍지도 자신의 기준을 넘어서는 힘도 지니지 못하며, 소송, 불만, 증거 서류, 역사적 검증을 통해서 자신에게 남아 있는 것을 헛되이 소모해 버리는 사유이다.)

이제는 자신의 대가들의 모호함을 부러운 눈으로 바라보는(게다가 대가들-사상가들인 그들을 짓밟는) 철학의 자기 방어, 또 다른 역사를 만들어 낼 수 없었기 때문에 자신의 존재와 자신의 범죄를 증명하기 위해 이전의 역사를 지겹게 되풀이할 수밖에 없는 사회 전체의 자기 방어가 있을 뿐이다. 그렇다면 이러한 증명이란 도대체 무엇인가? 우리가 **오늘날** 정치적으로, 역사적으로 사라져 버렸기 때문에(이것이 바로 우리의 문제이다) 우리는 자신이 1940년과 1945년 사이에 아우슈비츠나 히로시마에서 죽었다는 사실——어쨌든 이것은 대단한 역사이다——을 증명하고자 한다. 마치 아르메니아인들이 자신들이 1915년에 학살당했다는 사실을 증명——접근할 수 없는 쓸데없는 증명이지만 어떻게 보면 대단히 중대한 증명——하려고 엄청난 노력을 했듯이 말이다. 이는 오늘날 철학이 사라져 버렸기 때문이며(이것은 바로 사라짐의 상황에서 어떻게 살아가야만 하는가?라는 철학적 문제이다), 또한 철학이 결정적으로 하이데거와 타협을 했거나 아우슈비츠에 의해 실어증에 걸렸다는 사실을 증명하기 때문이다. 이 모든 것은 사후의 진실에, 사후에 무죄함을 밝혀 주는 것에 완전히 역사적으로 호소하는 것이다——그리고 그것은 어떤 확인에 이를 정도로 충분한 사실이 없는 순간에,

이론과 실천 사이의 어떤 관계를 확립할 정도로 충분한 철학이 없는 순간에, 이미 일어난 것에 대해 어떤 역사적 증거를 내세울 정도로 충분한 이야기가 없는 순간에 호소하는 것이다.

사람들은 과거의 비극적 사건들을 포함한 우리의 모든 현실이 미디어의 흐름에 따라 지나가 버린 것을 다소 잊고 있다. 이는 과거의 비극적 사건들을 확인하고 역사적으로 이해하기에는 너무 늦은 감이 있다는 것을 뜻한다. 왜냐하면 정확히 말해서 **우리의** 시대, 우리의 세기말을 특징짓는 것은 이렇게 이해하기 쉬운 매개물들이 사라졌다는 것이기 때문이다. 역사가 존재했을 때 역사를 이해해야만 했다. 하이데거를 폭로(또는 옹호)해야 할 시기였을 때 그를 폭로(또는 옹호)해야만 했다. 소송은 뒤이어 계속되는 과정이 있을 때에만 알 수 있는 것이다. 이제는 너무 늦다. 우리는 다른 것에 책임을 전가하게 되었다. 우리는 텔레비전에서 방영된 《홀로코스트 *Holocauste*》나 《쇼아 *Shoah*》를 통해서 실제로 그것을 보게 되었다. 이러한 사태들을 우리가 이해할 수 있었을 때에는, 우리는 그것들을 이해하지 못했다. 이제부터는 우리는 더 이상 그것들을 이해하지 못할 것이다. 왜냐하면 책임, 객관적 이유, 의미(또는 비의미)의 개념들과 마찬가지로 근본적인 개념들은 사라졌거나 사라져 가고 있기 때문이다. 도덕적 의식이나 집단적 의식의 효과들은 완전히 미디어에 의한 효과들이며, 사람들은 의학적 수단에 의한 생명 연장을 읽을 수 있다. 그리고 이와 더불어 사람들은 이러한 의식, 즉 자신에게 얼마 남지 않은 영감을 불러일으키려고 한다.

우리는 나치즘·수용소·히로시마가 이해할 수 있는 것인지 아닌지 결코 알지 못할 것이며, 우리는 더 이상 동일한 정신 세계 속에 있지 않다. 희생자와 사형집행인 사이의 역전 가능성, 책임의 분산과 사라짐, 이러한 것들은 우리의 놀랄 만한 인터페이스가 지니는 미덕이다. 우리는 더 이상 잊어버리는 힘도 없다. 우리의 기억 상실은 이미지에 대한 기억 상실이다. 기억 상실은 기억 상실을 퍼뜨릴 것이다. 모든 사람들이 죄가 있기 때문일까? 사체 부검에 관해 말하면, 어느 누구도 사건의 해부학적 진실성을 믿지 않는다. 즉 우리는 모델들을 조사한다. 실제로 사건이 우리의 눈앞에 명백하게 드러나게 되면, 그것은 증거도 확신도 가져다 주지 못할 것이다. 그런 식으로 나치즘과 가스실 등을 분석하기 위해 주의 깊게 조사함으로써 사건은 점점 더 이해할 수 없는 것이 되고, 마침내 사람들은 다음과 같은 믿기지 않는 물음을 논리적으로 제기하게 된다. "그러나 결국 그 모든 것은 실제로 존재했는가?" 이러한 물음은 터무니없거나 도덕적으로 참을 수 없는 것이 될 터이지만, 흥미로운 것은 그것을 논리적으로 가능하게 만드는 것이다. 그리고 그것을 가능하게 만드는 것은 미디어를 통해 사건·관념·역사를 대체하는 것이다. 그 결과 사람들은 사건·관념·역사를 주의 깊게 조사하면 할수록, 그 원인을 이해하기 위해 그 세부적인 것을 더 잘 파악하게 될 것이다. 그리고 그것들이 존재하는 것을 멈추면 멈출수록 점점 더 그것들은 존재했던 것을 멈출 것이다. 사태를 알리고 기억에 남게 한 나머지 사태의 동일성에 대한 혼동이 생겨난다. 기억에 대한 무관심, 즉 역사에 대한 무관심은 역사를 객관화하려는 노력과 같다. 언젠가 사람들은 하이데거가 존재했었는지 의아하게 생각할 것이다. 포리송적(faurissonien) 역설은 가증스러운 것처럼 보일 수 있다. (그리고 이 역설은 가스실이 역사적으로 실재하지 않는다고 주장하는 가운데 가증스럽게 보였다.) 그러나 다른 관점에서 보면, 이 역설은 한 문화 전체의 움직임——자신의 기원에 대한 두려움에 사로잡힌 환각적인 세기말의 곤경(이 세기말에 망각은 불가능하며, 유일한 해결책은 이 세기말을 부정하는 것이다)——을 정확하게 표현한다.

　어쨌든 증거가 도움이 안 된다면, 더 이상 예심을 할 수 있는 역사적 담론이 없기 때문에 처벌 역시 불가능하다. 아우슈비츠와 몰살은 속죄받을 수 없는 것이다. 거기에는 벌과 등가물은 있을 수 없다. 그리고 벌의 비현실성은 사건의 비현실성을 초래한다. 우리가 체험하고 있는 것은 이와는 전혀 다른 것이다. 모든 소송과 모든 논쟁을 통해서 집단적으로 불분명하게 일어나고 있는 것은 역사적 단계에서 신화적 단계로의 이행이며, 신화적으로 그리고 미디어를 통해서 이 모든 사건들을 재구성하는 것이다. 그리고 어떤 의미에서, 이 신화적 전환은 도덕적으로 우리의 무죄를 밝혀 주지 않고 환상적으로 우리의 이 원죄를 사할 수 있는 유일한 작용이다. 그러나 그 점에 있어서 범죄가 신화가 되려면, 자신의 역사적 현실을 마무리지어야 한다. 그렇지 않으면 파시즘·수용소·몰살, 이러한 모든 것들은 우리의 관점에서 보면 역사적으로 해결될 수 없는 것이었고, 또 해결될 수 없는 것으로 존속하기 때문에 우리는 그것들을 원초적인 사건으로 끊임없이 되풀이할 수밖에 없다.

위험한 것은 파시스트적인 향수가 아니다. 위험하고 터무니없는 것은 과거를 병적으로 다시 현실화하는 것이다. 가스실의 실재를 옹호한 사람들과 부정한 사람들, 하이데거를 옹호한 사람들과 비방한 사람들 모두는 이 과거에 대해 동시에 반응하는 거의 공범적인 관계자들이다. 이러한 집단적 환각은 지나간 시대를 회상하며, 거기에 있지 않았다는 근본적인 죄의식의 강박을 통해 우리 시대에 부재하는 모든 상상적인 것, 그리고 오늘날의 폭력과 허망한 현실의 모든 문제점을 저 지나간 시대로 옮겨 놓는다. 이 모든 것은 이러한 사건들이 현실적 차원에서 우리로부터 벗어나고 있는 중이라는 사실에 대한 완전한 해제 반응을 나타낸다. 하이데거 사건, 바르비(Barbie) 소송 등은 오늘날 현실, 즉 우리 현실의 상실에서 비롯되는 터무니없는 혼란이며, 포리송(Faurisson)의 명제는 과거 속에서의 현실 상실을 시니컬하게 표현한 것이다. "그것은 존재하지 않았다"라는 것은 우리가 기억을 유지할 정도로 충분히 존재하지 않으며, 그저 우리가 살아 있다고 느낄 수 있는 환각의 수단밖에 없다는 것을 의미할 뿐이다.

후기(post-scriptum): 이 모든 것을 고려해 볼 때, 우리는 이 세기말을 피할 수 있을 것인가? 나는 90년대가 미리 사라져 버리고, 우리가 1989년에서 2000년으로 직접 옮겨가기 위해 집단 건의문을 세상에 내놓기를 제안한다. (이것은 대통령에게 보내는 우리의 인도주의적 건의문들을 다소 바꾸어 놓을 것이다.) 왜냐하면 이 세기말은 죽은 문화에서 느낄 수 있는 그 모든 페이소스, 비탄, 추도, 한없이 계속되는 박물관화와 더불어 이미 거기에 있기

때문이다. 우리는 이 어려운 상황 속에서 10년 이상이나 지루해하는 것은
아닐까?

1988년 1월 27일

4

가상적 공황에 대한 찬사

최근 몇 달간 증권 거래와 관련된 희·비극적인 사건을 통해 엿볼 수 있는 흥미로운 것은 대재난에 관한 불확실성이다. '진짜' 대재난은 일어났으며, 또 일어날 것인가? 대답은 다음과 같다. 대재난은 가상적이며, 우리가 가상적 대재난의 분위기 아래에서 살고 있기 때문에 실제의 대재난은 없을 터라는 것이다. 그리고 이 경우에 그것은 명백하게 발생했던 사태와 관련된다. 말하자면 명목상의 경제와 실제 경제 사이의 불균형과 관련된다. 사실 이러한 불균형은 생산적인 경제의 실제 대재난으로부터 우리를 보호해 준다. 이것은 선인가, 악인가? 궤도 전쟁과 영토 전쟁 사이의 불균형도 마찬가지이다. 영토 전쟁은 도처에서 계속되지만 핵 전쟁은 발생하지 않는다. 이 두 전쟁의 분리가 없었다면, 오래 전에 핵 충돌이 일어났을 것이다. 우리는 폭탄과 발생하지 않은 가상적 대재난에 의해 지배를 받는다. 즉 국제적인 금융 거래와 증권 거래와 관련된 공황(이것은 실제로 발생하지 않았으며, 또 발생하지 않을 것이다), 핵 충돌, 제3세계의 부채라는 폭탄, 인구 폭탄, 이러한 모든 것은 언젠가 불가피하게 폭발할 것이라고 사람들은 말할 수 있다. 마치 사람들이 향후 50년간 태평양 연안의 캘리포니아에서 주(州) 지진에 의한 침하가 확실히 발생할 것이라고 예언했듯이 말이다. 그러나 사실은 우리가 그것이 발생하지 않는 상황 속에, 즉 가상적이고 영원히 가상적인 대재난의 상황 속에 있다는 점이다. 우리의 관점에서 보면 그것은 사태, 즉 우리가 객관적으로 관계되어 있는 유일한 현실이다. 예를 들면 자본의 과도한 궤도 순환은, 그것이 무너지게 되면(명목상의 경제와 실제 경제 사이의 분리가 이루어지지 않고, 하나의 대재난이 다른 대재난에 영향을 미치게 되는 1929년의 위기와는 달리) 실제 경제에——실제 경제가 너무나 유동적이어서 1929년에 흡수할 수 없었던 것을 오늘날 매우 쉽게 흡수할 수 있기 때문이든, 가상 자본의 영역이 너무나 자동화되고 궤도화되어서 경우에 따라서는 확산될 수 있거나 흔적도 남기지 않은 채 서로 잠식될 수 있기 때문이든 간에——심각한 불균형을 초래하지는 않는다. 그러나 자본의 과도한 궤도 순환은 적어도 대재난을 초래할 수 있는 흔적을 남긴다. 즉 공황은 경제 속에서보다 오히려 경제 이론 속에서 자기 대상의 이러한 폭발에 대해 속수무책이다. 왜냐하면 모든 것은 커뮤니케이션의 문제가 되어 버렸기 때문이다. 자본의 궤도 영역에서는, 그것은 놀랄 정도로 잘 통한다. (역효과를 가져다주는 컴퓨터와 **골든 보이즈**(golden boys)는 인간이 만든 컴퓨터들이다.) 그런 이유로 그것은 끊임없는 대재난의 상태에 있다. 즉 그것은 너무도 잘 통한다. 그와 반대로 두 영역(가상의 영역과 현실의 영역) 사이에서는, 그것은 더 이상 통하지 않는다. 다행히도, 혹은 불행히도. 왜냐하면 이러한 단절, 가상 경제를 지시하는 대상의 이러한 상실은 가상 경제에 상당한 효과를 산출할 수 있게 하지만, 그것은 또한 다른 영역에서 일어날 수 있는 대재난으로부터 실제 경제를 보호하기 때문이다. 실제 경제는 명목상의 경제의 지시 대상과 기준이 다시 되는 편(이는 모든 경제학자의 꿈이다)이 더 나을까? 이보다 불확실한 것은 없지만, 어쨌든 그것은 상상할 수 없는 것이다.

전통적인 전쟁이론가들은 자신의 대상의 폭발에 대해 똑같이 속수무책이었다. 역설적으로 폭발하는 것은 폭탄이 아니며, 분리된 두 부분으로 폭발하는 것은 대상-전쟁(궤도상에서 일어나는 완전한 가상 전쟁과 지상에서 일어나는 다양한 실제 전쟁)이기 때문이다. 가상 경제와 실제 경제가 동일한 차원이나 동일한 규칙을 갖지 않는 것과 마찬가지로, 가상 전쟁과 실제 전쟁도 동일한 차원이나 동일한 규칙을 갖지 않는다. 우리는 거의 결정적인 이러한 분리에 익숙해져야 하며, 이러한 불균형에 의해 지배되는 세계에도 익숙해져야 한다. 물론 1929년의 위기와 히로시마의 폭발, 이 두 세계가 폭발적으로 전염되는 순간, 공황과 핵무기가 실제적으로 되는 순간이 있었지만, 그 결과 거기에서 어떤 기만적인 결과를 끌어내어서는 안 된다. 자본도(마르크스가 그렇게 원했듯이) 공황이나 점점 더 악화되는 위기를 거듭하지 않았고, 전쟁도 충돌을 거듭하지 않았다. 사건은 한 번 일어났고, 그것이 전부이다. 다음에 계속되는 사건은 이와는 전혀 다른 것이 될 터이다. 즉 그것은 금융 자본을 지나치게 현실화하는 것, 파괴의 뛰어난 수단을 지나치게 현실화하는 것인데, 이 둘 모두는 완전히 우리로부터 벗어나긴 하지만, 다행히도 동시에 현실 자체로부터 벗어나는 매체들을 통해 우리 인간을 초월하여 궤도화된다. 예를 들면 통화가 지나치게 현실화되고 전쟁이 지나치게 현실화되면, 통화와 전쟁은 접근할 수는 없지만 세계를 있는 그대로 존속하게 하는 공간 속에서 순환한다. 결국 명목상 경제 변동의 최소의 논리적 결과만으로도 이미 경제를 파괴하는 데 충분했었는데도(상업적인 차원에서 1천억 건의 일상적 교환은 자본 이동의 경우에는 9천억 건이 된다는 사실을 잊지 말자) 경제는 계속 산출해 낸다. 사용 가능한 핵무기의 1천분의 1만으로도 이미 세계를 파괴하는 데 충분했었는데도 세계는 계속 존속한다. 자신의 부채를 회계·감사하려는 최소의 생각만으로도 이미 제3세계를 지도상에서 사라지게 하는 데 충분했었는데도 제3세계는 살아남아 있다. 즉 그 모든 것 대신에 통화는 궤도상에 자리잡기 시작하며, 그것을 다시 사는 한 은행에서 다른 은행으로, 한 나라에서 다른 나라로 순환하기 시작한다——이런 식으로, 사람들은 핵폐기물과 많은 다른 것들처럼 그것을 궤도에 진입시킴으로써 마침내 그것을 잊게 될 것이다.

부채가 너무도 방해가 되면, 사람들은 그것을 가상 공간 속으로 몰아낼 수 있다. 물론 이때 부채는 자신의 궤도상에서 응고된 대재난을 나타낸다. 부채는 지구의 위성 같은 것이 된다. 마치 전쟁이 지구의 위성이 되어 버렸듯이, 수십억 달러의 유동 자본이 지구 주위를 끊임없이 도는 위성 더미가 되어 버렸듯이 말이다. 그리고 확실히 그렇게 되면 더 낫다. 이러한 유동 자본이 순환할 때, 그리고 그것이(1987년의 공황으로 '사라져 버렸던' 수십억 달러처럼) 공간 속에서 폭발하더라도 세계는 변화하지 않았는데, 그것이 바로 사람들이 기대할 수 있는 최상의 것이다. 왜냐하면 명목상의 경제와 실제 경제를 조화시키려는 '합리적인' 기대는 완전히 유토피아적이기 때문이다. 즉 수십억 달러는 가상적으로만 존재할 뿐이며——다행히도——실제 경제로 바꾸어 놓을 수 없는 것이다. 만약 알 수 없는 어떤 기적을 통해 사람들이 생산 경제 속에 이 수십억 달러를 다시 순환시킨다면, 그것은 당장에 진짜 대재난이 될 것이기 때문이다. 마찬가지로 특히 전쟁으로 분리된 두 부분을 결합시키려고 하지 말고, 궤도상에서 일어나는 가상 전쟁을 내버려두자. 왜냐하면 바로 그곳에서 가상 전쟁은 우리를 보호하기 때문이다. 말하자면 자신의 극단적인 추상화를 통해서, 그리고 자신의 끔찍스런 엉뚱함을 통해서, 핵무기는 우리의 최상의 방어 조치가 되기 때문이다. 그리고 이 끔찍스런 부수적인 결과들——궤도 폭탄·금융 투기·세계적 부채·인구 과잉(이 경우에는 과잉 인구들을 중심에서 벗어나게 이동시키고 순환시키는 가운데서도 궤도에 의한 해결책이 발견되지 않았다)——의 그늘 아래에서 살아가는 데 익숙해지자. 이 부수적 결과들은 있는 그대로, 자체의 과도함 속으로, 자체의 하이퍼리얼리티 속으로 쫓겨나고, 어떻게 보면 세계를 있는 그대로, 자신의 복제에서 해방된 채로 내버려둔다.

우리는 마르크스와 더불어 자본의 위기에 대한 불가피한 논리에 따라 계급의 사라짐과 사회적인 것의 투명성을 통해서 정치경제학의 종말을 열망해 왔다. 그리고 같은 계기에 의해, 우리는 정치경제학과 마르크스주의 비판의 가설을 부정하면서 정치경제학의 종말을 열망해 왔다. 근본적인 대안은 첫번째 심급이나 열번째 심급에서 정치적인 것과 경제적인 것의 모든 우위를 부정하는 것이다. 정치경제학은 그저 단순히 부대 현상으로서 사라지고, 자신의 시뮬라크르와 탁월한 논리에 의해 패배하게 될 것이다.

오늘날 우리는 정치경제학의 이 종말을 더 이상 열망할 필요는 없다. 정치경제학은 우리의 눈앞에서 투기를 넘어서는 경제가 되면서 끝나고 있다. 사실 투기를 넘어서는 경제는 자신의 논리(가치 법칙, 시장의 법칙, 생산·잉여 가치, 자본의 논리 자체)를 무시하며, 더 이상 정치적인 것도 경제적인 것도 지나지 않는다. 이제는 유동적이고 임의적인 규칙에 따르는 순수한 놀이, 대재난을 초래하는 놀이만이 있을 뿐이다. 따라서 정치경제학은 끝나게 될 것이지만, 사람들이 예상했던 대로, 그리고 매우 특이한 방식으로 패러디에 이를 정도까지 격화되면서 끝나지는 않을 것이다. 투기는 잉여 가치에 속하지 않는다. 투기는 생산도 생산의 실제 조건도 참조하지 않는 가치의 황홀경이다. 자신의 순환(자신의 궤도 순환)만을 노리는 것은 가치의 순수한 형태(그리고 가치가 없는 형태), 가치가 제거된 형태이다. 어떻게 보면 지나치게, 그리고 아이러니컬하게 불안정하게 되면서 정치경제학은 동시에 모든 대안을 종결짓는다. 자기 방식대로, 자신의 논리에 따라 포틀래치, 포커(pocker), 도전의 모든 상징적인 힘을 되찾고, 어떤 의미로는 정치경제학의 이상한 미적 단계로 옮겨가는 이러한 한술 더 뜨기——이것은 실제로 정치경제학을 끝장내는 가장 예기치 않은 방식, 결국 우리의 정치적 유토피아보다 훨씬 더 독창적인 방식이다——를, 우리는 그 무엇에 견줄 수 있기 때문일까? 이론은 이 공중제비보다 우위를 지키기 위해 이중의 공중제비를 실행할 수 있을까?

1988년 3월 2일

5

바이러스성 경제

에이즈, (증권투매꾼과 연쇄적인 증권 공개 매입을 수반한) 증권 거래와 관련된 공황, 전자 바이러스와 더불어 사실상 우리는 더 이상 국가·개인·제도가 아니라 다양한 영역의 구조 전체(성·돈·정보·커뮤니케이션)와 관계 있는 '초전도성의' 사건들, 즉 일종의 대륙간의 갑작스러운 폭발로 엉망진창이 된다.

이 세 가지는 서로 교환될 수 없지만 많이 닮았다. 에이즈는 실제로 성적 가치를 침범하는 일종의 공황이고, 오늘날 일종의 에이즈에 감염된 컴퓨터는 월 가(街)의 공황에서 '독성 있는' 역할——이것을 잊지 말자——을 맡았다. 그러나 그들의 급증하는 감염 역시 정보 가치의 공황과 닮은 것처럼 보일 수 있을 것이다. 감염은 모든 체계의 내부에서 효력이 강할 뿐만 아니라 한 체계에서부터 다른 체계에까지 효력을 나타낸다.

전체는 대재난의 형태라는 일반적인 형태 주위를 순환한다. 물론 이러한 내적인 기능 이상과 이러한 독성을 보여 주는 징후들은 이미 오래 전부터 모든 체계 속에서 나타났다. 예를 들면 만성적인 상태의 에이즈, 유명한 선례가 된 1929년의 공황과 가치의 동요 속에 늘 존재하는 공황의 위험, 이미 20년의 역사를 지니고 있는 전자적 해적 행위(그리고 연쇄 사건들) 속에서 나타났다. 그러나 이 모든 만성적인 형태들의 결합, 그리고 이러한 형태들이 거의 동시에 독성의 상태로, 급증하는 이상 상태로 옮겨감은 매우 기이하고 흥미로운 상황을 만들어 낸다. 게다가 효과는 반드시 집단 의식을 통해 나타나는 동일한 차원의 것은 아니다. 즉 에이즈는 진짜 대재난으로 체험될 수 있으며, 그와 반대로 공황은 오히려 대재난을 일으키는 움직임처럼 나타날 수 있다. 그리고 전자 바이러스는 가상적 결과로 보면 확실히 심각하지만, 우스꽝스러운 아이러니에 속하며, 어떻게 보면 대재난을 초래하는 패러디이다. 이러한 감염 또한 비웃음의 감염이다. (비웃음은 대재난과 현실에서 태어난 아주 미세한 감염의 형태이다. 비웃음은 유사요법적인 대재난이다.) 그리고 방어 체계와 면역 체계를 파괴하면서 컴퓨터를 덮치는 갑작스러운 감염은 적어도 상상으로는(전문가들의 경우를 제외하면) 정당화된 희열을 일으킬 수 있다.

나는 똑같이 기이하게 모호한 상태의 이 다양한 양상들에 결정적으로 동일한 메커니즘을 연상시키는 전혀 다른 두 사태를 덧붙이고자 한다. 이 두 사태들 중의 하나는 미술이 가짜·진짜·복사·복제·시뮬레이션의 문제에 휩싸이는 것(미적 가치들을 불안정하게 만드는 진짜 감염으로 인해 미적 가치들은 자신의 면역을 상실한다)이고, 다른 하나는 미술이 그와 동시에 이루어지는, 미술 시장의 상식을 벗어난 투기적 경쟁에 휩싸이는 것(그것은 더 이상 미술 시장이 아니라 돈에 의해 확산된, 신체의 전이에 완전히 일치하는, 중심에서 벗어나려는 가치의 증식이다)이다.

두번째 효과는 정치적인 차원 속에 있다. 즉 그것은 바로 테러리즘이다 ——(게다가 무엇에 의해? 행복, 안전, 정보, 커뮤니케이션의 과용해에 의해? 상징적 핵심, 기본적 규칙, 사회적 계약의 파괴에 의해?) 해체된 우리 사회에서는 에이즈·증권투매꾼·해커들의 연쇄 반응 이외에는 테러리즘의 연쇄 반응과 유사한 것은 없다. 그리고 테러리즘의 감염은 이 모든 현상들의 감염과 마찬가지로 일시적이고, 덧없고, 수수께끼 같고, 억제할 수 없는 것이다. 납치 역시 감염적이다. 즉 소프트웨어 제작자가 압력 수단으로 우발적인 파괴를 하면서 프로그램에 **독성이 적은 폭탄**(soft bomb)을 끌어들일 때,

프로그램과 차후의 그 모든 조작을 볼모로 삼는 것 이외에 달리 무엇을 하겠는가? 그리고 증권투매꾼들은 증권 투기 매매에 달려 있는 회사의 사활을 이용하면서 회사를 볼모로 삼는 것 이외에 달리 무엇을 하겠는가? 따라서 앞서 언급한 이 모든 효과들이 불안정하게 만들고 연쇄 반응을 일으키는 동일한 효과, 동일한 경쟁, 동일한 예측 불가능과 더불어 테러리즘(볼모는 증권이나 그림처럼 시세가 매겨진 가치를 지닌다)과 동일한 모델로 작용한다고 사람들은 말할 수 있다――그러나 사람들은 또한 테러리즘을 에이즈, 전자 바이러스, 증권 공개 매입의 모델로 복귀시킬 수도 있다. 말하자면 거기에는 서로에 대한 우위도 없고 원인과 결과의 과정도 없다. 그것은 현대의 공모적인 현상들이 똑같이 찬란히 빛나는 것과 같다.

공황은 열광적인 증권 공개 매입으로 연장된다. 사람들은 증권을 살 뿐만 아니라 회사도 다시 산다. 사람들은 가상적인 거품을 만들어 내며, 이러한 거품이 경제의 재구조화에 미치는 우발적인 파급 효과는 말이 많음에도 불구하고 순전히 투기적인 것이다. 사람들이 기대할 수 있는 것은 증권거래소에서처럼 이 불가피한 순환으로부터 얻어내는 증권중개인의 이익이다. 그것은 정확히 말하면 객관적인 이익이 아니다. 투기에서 얻는 이익은 잉여가치가 아니며, 확실히 자본주의 목적과는 다른 목적을 이룬다――포커나 룰렛처럼 투기는 열광, 연쇄 반응, **잠재적 상승**(Steigerung)이라는 자신의 논리를 지닌다. 이때 게임과 경쟁의 현기증은 중요시된다. 그래서 투기와 경제 논리를 비교하는 것은 쓸데없는 일이다. (게다가 그것은 이러한 현상들――경제적인 것이 불확실하고 현기증나는 형태로 넘쳐나는 현상――을 매우 흥미롭게 만든다.)

게임은 자멸로 이끌게 되는 그러한 것이다. 즉 대기업들은 결국 자신의 주식을 다시 사게 되는데, 이는 경제적인 관점에서 보면 비정상적이다. 대기업들은 결국 스스로 주식 공개 매입을 하게 된다! 그러나 그것은 같은 광기의 성질을 띤다. 기업들은 서로 교환되지 않으며, 주식 공개 매입의 전형적인 예에서 보면 실제 자본처럼, 생산 설비처럼 순환되지도 않는다. 기업들은 경제의 가상적 변화를 이끌어 내는 데 충분한 생산의 유일한 가능성으로서, 주식의 총계로서 교환된다. 그것은 다른 공황들에 과감하게 맞설 수 있다. 그리고 주식 거래의 경우와 같은 이유로 그것은 너무도 빨리 순환한다. 사람들은 노동 자체, 즉 노동력이 이 투기적 궤도 속으로 들어간다고 생각할 수 있을 것이다. 노동자는 고전자본주의의 과정에서처럼 임금에 대항하여 자신의 노동력을 팔지는 않을 것이다. 그는 노동의 주식 시장의 변동에 따라 자신의 고용 자체와 자신의 작업장을 팔 것이며, 다른 것을 사고 다시 팔 것이다. 결국 노동이라는 말은 그 모든 의미를 지니게 될 것이다. 노동의 실제 변화를 대신할 수 있는 고용의 잠재적 변화를 창출하면서 고용을 행사하기보다 오히려 고용을 순환시키는 것이 문제가 될 것이다.

이는 공상과학 소설 같은 것인가? 거의 그렇지 않다. 정보와 커뮤니케이션의 원리 자체는 지시적인 가치가 아니라 순수한 순환에 근거를 둔 가치의 원리이다. 따라서 거기에는 메시지와 의미가 이미지에서 이미지로, 스크린에서 스크린으로 옮겨간다는 사실에 의해 덧붙여진 순수한 가치가 있다. 그것은 (이미 이러한 과정을 예상하는) 잉여 가치도, 상품의 교환 가치도 아니다. 사실 상품의 교환 가치는 원칙적으로 사용 가치에 늘 연결되고, 여전히 경제의 영역에 속한다. 여기에는 엄밀하게 말해서 더 이상 교환이 없으며, 사람들은 망의 흐름에 따라 연쇄 반응과 순수한 순환 속으로 들어간다. 그것은 가치에 대한 완전히 새로운 정의이다. 다시 말하면 교환의 순수한 속도와 증대에 연결된, 순전히 중심에서 벗어나는 가치에 대한 완전히 새로운 정의이다. 그것은 대부분의 경우에 조작적이 아닌 실제적인 가상성으로 이루어진 커뮤니케이션과 정보의 영역에서 일어나는 것이다.

그러나 '경제를 넘어서는' 가치의 이러한 모델은 어떻게 보면 이미 원시 문화에서 존재했다. 따라서 **쿨라(Kula)**는 선물들을 수없이 주고받음으로써 더욱더 가치를 지니게 되는 선물들의 순환을 의미한다. 선물들은 변하지 않은 채 출발점으로 되돌아올 수 있지만 1백 배 더 가치가 있을 수 있다. (오늘날 미술 시장의 경우에도 마찬가지가 아닐까?) 오로지 어떤 것에서 다른 것으

로 옮겨간다는 사실은 가치로 바뀌는, 일종의 순환의 상징적인 힘을 창조해
낸다. (그러나 이러한 가치는 실현될 수 없으며, 유용한 가치들의 순환(ginwali)
속에서 '산출' 될 수도, 그 속으로 옮겨질 수도 없다.) 그것은 무한히 순환하는
동시에 증대할 수밖에 없다. (혹은 움직임이 멈춘다면, 경우에 따라서 무너질
수밖에 없다.) 그런데 **쿨라**는 어떤 의미로는(상징적) 교환의 성스러운 차원
이자 현혹적인 차원이다. 물물 교환과 등가의 차원인 다른 차원은 어떤 상
징적 가치도 지니지 않으며 기능적이다. **포틀래치** 역시 경쟁의 투기적 구조,
즉 무조건적인 경쟁을 통해 가치를 생산하는 투기적 구조이다.

따라서 근본적으로 가치와 등가의 경제 원리, 노동과 생산의 원리에 어긋
나는 이 혼란스러운 효과 속에는 **쿨라**와 **포틀래치**의 반향이 있는 것일까?
논리적으로(급진적 비판의 논리로) 우리는 이러한 극단주의를 비난할 수 없
을 것이다. 더구나 모든 사람들은 스펙터클(증권거래소, 미술 시장, 증권투매
꾼들)처럼 그것을 즐기고 있다. 우리 모두는 자본의 눈부신 일시적 호전, 말
하자면 자본을 미적으로 열광하는 눈부신 일시적 호전처럼 그것을 즐기고
있다. 동시에 우리는 매우 어렵게, 매우 고통스럽게, 매우 모호하게 이 체계
의 눈부신 병리학을 즐기고 있다. 다시 말하면 에이즈·공황·정보 바이러
스처럼 이토록 멋진 기계 장치에 부가되어 그것을 고장내는 바이러스를 즐
기고 있다. 그러나 사실은, 그것은 동일한 논리이다. 즉 바이러스와 독성은
우리의 모든 체계가 지니는 논리적이고 지나치게 논리적인 일관성에 속하
는데, 그것들은 이러한 일관성의 모든 길로 접어들면서 새로운 길을 터준
다. (전자 바이러스는 네트워크조차도 예측하지 못했던 네트워크의 경계를 탐
색한다.) 전자 바이러스는 세계를 통해 정보의 위협적인 투명성을 표현한다.
에이즈는 집단 전체에 부합되는 성 해방의 위협적인 투명성을 발산한다. 증
권 거래와 관련된 공황은 경제의 위협적인 투명성을 표현하고, 나아가 생산
과 교환을 해방시키는 토대가 되는 가치의 급격한 순환을 표현한다. 일단
'해방되면' 모든 과정들은 과융해의 전형인 핵의 과융해처럼 과융해 속으
로 들어간다. 사건 과정들의 이러한 과융해가 그들의 실제적인 실체로부터

벗어나는 것은, 우리 시대가 지니는 최소한의 매력이 아니다.

미디어의 경우를 포함하여(미디어 세계가 바이러스성 세계라는 점과, 이미지와 메시지의 순환이 끊임없는 소문처럼 작동한다는 점을 잊지 말자), 경제가 의기양양하게 시사적인 문제로 되돌아가는 것을 보는 것 또한 최소한의 역설이 아니다. 그러나 사실 사람들은 여전히 '경제'에 대해 말할 수 있을까? 게다가 정치경제학(자본의 논리)에 대해 말할 수 있을까? 확실히 그렇지 않다. 어쨌든 경제의 명백한 시사성은 고전적 분석이나 마르크스주의적 분석의 경우와 같은 의미를 지니지 않는다. 왜냐하면 경제의 동인은 더 이상 물질적 생산의 하부 구조도, 상부 구조도 아니기 때문이다. 그것은 가치의 구조 상실이며, 시장과 실제 경제를 불안정하게 만드는 것이다. 그리고 그것은 이데올로기·사회과학·역사·정치경제학으로부터 벗어난 경제의 승리이자 순수한 투기에 전념하는 경제의 승리이며, 또한 실제 경제로부터 벗어난 가상 경제(물론 실제적으로서가 아니라 가상적으로 그렇다——그러나 정확히 말하면 오늘날 권력을 장악하는 것은 현실이 아니라 가상성이다)의 승리이자 바이러스성의 다른 모든 과정들과 아주 유사한 바이러스성 경제의 승리이다. 따라서 특수 효과와 예측할 수 없는 (거의 기상에 의한) 사건의 현장으로서, 자기 논리의 파괴와 격화로서, 이러한 경제는 전형적인 시사극의 일종이 다시 된다.

1988년 11월 9일

6

서방의 압력 저하

러슈디(**Rushdie**) 사건[1]과 더불어, 호메이니는 납치의 역사에서 새로운 시대를 열 것이다. 알다시피 가장 어려운 일은 인질에 차꼬를 채워 망신을 주고, 인질을 잃지 않는 것이다. 호메이니는 서방 세력 자체에 의해 인질을 억류하게 하고 감시하게 하는 어려운 일을 실현했을 것이다. 그리고 러슈디를 통해, 그는 서방 전체가 인질로 잡히게 되는 이 어려운 일을 성공시켰을 것이다. 납치의 이 놀랄 만한 성공으로 말미암아, 이 어려운 일은 발언의 단순한 효과에 의해 모든 세력 관계를 뒤엎을 수 있는 상징적 전략, 즉 세계적 전략이 되었다.

아야톨라(**ayatollah**)[2]의 시대에 뒤떨어진 무지에 대해 객적은 이야기를 하거나 모든 것이 그의 죽음과 함께 기적적으로 사라질 것이라고 기대하는 대신에, 사람들은 어떤 제스처의 상징적 · 악마적 효력과 상징적인 힘을 이루는 것에 대해 의아하게 생각하는 편이 나을 것이다.

힘든 전쟁을 치른 후 전적으로 부정적인 정치적 · 경제적 · 군사적 세력 관계로 결합된 전세계에 직면하여, 아야톨라는 오로지 미세하고 비물질적이긴 하지만 거의 절대적인 무기인 악의 원리를 마음대로 이용한다. 그런데 이 악의 원리는 진보 · 합리성 · 정치적 도덕 · 민주주의 등의 서구 가치들을 절대적으로 부정하는 입장이다. 바람직한 이 모든 것들에 대한 보편적 합의를 부정함으로써 악의 원리는 악의 모든 힘, 세상에서 배척당한 사람이 지닌 모든 악마적인 힘, 저주받은 부분의 광채를 발휘한다. 오늘날 오직 악의 원리만이 발언권을 갖는다. 왜냐하면 악의 원리만이 악의 원리에 대한 이원론적 입장에 맞서기 때문이며, 악의 원리만이 악을 말하고 악을 몰아내는 것을 수용하고 공포를 통해 악을 구현하는 것을 받아들이기 때문이다.

우리의 관점에서 보면, 악의 원리를 결정짓는 것은 이해하기 힘들다. 그리고 그것은 이슬람의 내분에 대해 왈가왈부하는 데 아무런 도움도 되지 않는다. 그와 반대로 우리가 확인할 수 있는 것은 악의 원리에 의해 서방에 대한 이슬람의 우월성을 나타내는 것이다. 사실 서방에서는 어디에서도 악을 말할 수 없으며, 최소한의 비판, 즉 최소한의 철저한 부정성까지도 협상과 화해의 모든 가치들에 근거한 잠재적 합의에 의해 사라지게 된다. 우리의 정치 권력들은 다른 것들 사이에서 타자·적·쟁점·위협·악을 지칭하는 데에 있는 그들의 기능을 따를 뿐이다. 권력은 이러한 상징적인 힘을 지닐 때에만 존재한다. 오늘날 권력은 더 이상 상징적인 힘을 지니지 않으며, 권력을 악으로 나타낼 수 있거나 나타내고자 하는 대립도 없다. 우리는 악마적이고, 아이러니컬하고, 논쟁적이고, 절대적인 힘에는 매우 약해져 버렸다. 우리는 광적으로 미친, 혹은 미친 듯이 광적인 집단이 되어 버렸다.

우리 내부에 있는 저주받은 부분을 집요하게 추격하고 긍정적인 가치들만을 파급시킴으로써, 우리는 비극적으로 최소한의 바이러스성 공격까지도 받기 쉽게 되어 버렸다. 물론 아야톨라의 공격은 면역 결핍의 상태 속에 있지 않다. 우리는 어쨌든 정치적 면역 결핍에 속하는, 보잘것없는 능력을 지닌 인간의 권리만으로 아야톨라에 대항해야 한다. 그리고 인간의 권리라는 이름으로, 우리는 결국 아야톨라를 '절대 악' 으로 취급하게 되었다.(미테랑) 다시 말하면 우리는 양식 있는 말——오늘날 사람들은 미치광이를 미치광이로 취급하는가?——의 규칙과 전적으로 모순되는 아야톨라의 비이성적인 저주에 동화되어 버렸다. 이제 우리는 '장애자' 를 장애아로 취급하지 않는다. 우리가 악을 두려워하면 할수록 더욱더 우리는 타자·불행·타협을

모르는 사람을 지칭하는 것을 피하기 위해 완곡어법(euphémisme)을 즐기게
될 것이다.

  말 그대로, 의기양양하게 악의 언어로 말할 수 있는 누군가가 전세계 지
식인들의 항의에도 불구하고 서구 문화의 결점을 터뜨리기 시작하는 것에
대해 놀라지 말자. 이는 모든 합법성, 인도주의적인 떳떳한 의식, 이성 자체
가 저주 앞에서 소멸되어 버리고, 세계의 모든 미디어들과 동시에 완전히
저주에 꼼짝 못하게 되며, 저주에 은밀히 동조하는 것이 되어 버렸기 때문
이다. 모든 합법성, 인도주의적인 떳떳한 의식, 이성 자체는 맹렬히 비난하
고 악으로 규정할 수 있는 자신의 모든 힘을 동원하지만, 그 결과 그것들은
동일한 언어에 빠져들고, 본질적으로 쉽게 파급되는 악의 원리라는 함정에
빠져들게 된다. 그러면 누가 승리를 거두었는가? 물론 아야톨라이다. 확실
히 우리는 아야톨라를 파괴할 수 있는 힘을 지니고 있지만, 상징적으로 승
리를 거둔 것은 아야톨라이다. 그리고 상징적 힘은 늘 무기와 돈의 힘보다
우세하다. 우리의 현대적 이상주의는 우리에게 그것을 가르쳐 주어야만 했
을 것이다. 그것은 어떤 의미로는 다른 세계에 대한 복수이다. 제3세계는
진정한 도전으로 서방에 결코 대항할 수 없었다. 그리고 수십 년 동안 서방
에 대해 악의 원리를 구현했던 소련은 분명하게 서서히 선의 편이 되고, 세
계의 사태에 매우 온건하게 대처하고 있다. 놀랄 정도로 아이러니를 드러내
는 소련은 오늘날 서방과 테헤란의 사탄 사이에 중재자로 나서고 있다. 소
련이 아프카니스탄에서 5년 동안 서구의 가치를 옹호한 후에(사람들은 실제
로 이 사실을 알아채지 못했다), 자신의 이러한 경험으로 인해 소련은 사실상
이러한 중재에 있어 적임자가 되었다. 어쨌든 어떤 해설자들은 이단을 배척
하는 호메이니가 러슈디에게 내린 사형 선고로 인해, 러슈디의 책은 (그것이
더 이상 갖지 못했던) 환상적인 가치를 지니게 되었다는 점을 씁쓸히 인정하
게 되었다. 이는 사실상 우리의 무책임을 인정하는 것인데, 우리의 정치적
사태는 이러한 무책임에 빠져 있다는 것이다.

  아야톨라가 러슈디에게 내린 사형 선고로 촉발된 매혹적이고 매력적인 효

과, 즉 세계적 반감을 일으키는 효과는, 비행기의 동체가 손상되거나 부서질 때 조종사실에 갑작스럽게 닥쳐오는 압력 저하 현상과 완전히 유사하다. (설사 이러한 압력 저하가 사고로 말미암은 것이라 할지라도 그것은 언제나 테러 행위와 유사하다.) 모두는 두 공간 사이의 압력 차이에 따라 외부 쪽으로, 빈 공간 쪽으로 향하기를 강렬히 열망하게 된다. 두 세계를 갈라 놓는 아주 얇은 막에 틈이나 구멍을 내는 것만으로도 충분하다. 테러리즘, 즉 납치는 인위적이고 인위적으로 보호받는 세계(우리의 세계)에 이런 형태의 틈을 내는 전형적인 행위이다. 이슬람 전체, 즉 **현재의** 이슬람은 중세의 이슬람이 전혀 아니며, 우리는 도덕적 또는 종교적인 관계 속에서가 아니라 **전략적인** 관계 속에서 그것을 평가해야 한다. 이슬람 전체, 즉 '현재의' 이슬람은 (동구의 나라를 포함한) 서방의 체계 주위에 빈 공간을 만들고, 유일한 행위나 유일한 말을 통해서 이러한 체계에 때때로 손상을 가하고 있는 중이다. (물론 이때 우리의 모든 가치들은 빈 공간 속으로 휩쓸려 들어간다.) 이슬람은 서방 세계에 대해 혁명적인 압력을 행사하지 않으며, 서방 세계를 바꾸어 놓거나 정복할 가능성이 없다. 즉 이슬람은 우리가 조금도 대항할 필요가 없는 악의 원리의 이름으로, 그리고 이 가상적 대재난을 근거로 하여——두 세계 사이의 압력 차이, 그리고 우리가 호흡하는 공기(가치)의 갑작스런 압력 저하로부터 보호를 받는 세계(우리의 세계)에 대한 끊임없는 위험은 이 가상적 대재난을 구성한다——바이러스성 공격으로 서방 세계를 불안정하게 만드는 것에 만족한다. 꽤 많은 산소가 온갖 종류의 균열과 틈을 통해서 우리의 서방 세계로부터 이미 빠져 나간 것은 사실이다. 우리는 우리의 산소 마스크를 쓰는 것이 이롭다.

우리의 모든 체계는 아야톨라를 위해서 앞으로 나아가고 있다. 그는 조금 노력하기만 하면 된다. 그리고 악의 원리는 우리의 열광적인 유혹을 열망한다. 따라서 사람들이 실제로 말하고자 하는 이 모든 것과는 달리, 악의 원리가 지니는 전략은 놀랍게도 현대적이다. 그것은 우리의 전략보다 훨씬 더 현대적이다. 왜냐하면 악의 원리가 지니는 전략은 현대적 상황 속에 시대에 뒤떨어진 요소들(**파트와**,[3] 죽음의 명령, 저주, 어느것이라도)을 교묘하게 주입하는 데 있기 때문이다. 만약 우리의 서방 세계가 확실하다면, 그것은 의미조차 갖지 못할 것이다. 그와 반대로 우리의 모든 체계는 아야톨라 속으로 휩쓸려 들어가 공명상자의 구실을 한다. 즉 그것은 이 바이러스에 초전도체의 구실을 한다. 어떻게 이해해야만 할까? 그 점에서 여전히 그것은 다른 세계에 대한 복수이다. 즉 우리는 다른 사람들에게 충분한 병원균·질병·전염병·이데올로기를 가져다 주었는데, 그들은 그것들에 맞서 방어하지 못했다. 그러나 아이러니컬한 귀결로서, 오늘날 우리는 시대에 뒤떨어진 이 고약한 작은 세균을 방어하지 못하고 있다.

인질 자체는 세균이 된다. 자신의 최근 책 《인질으로서의 역할 *Le Métier d'otage*》에서 알랭 보스케(Alain Bosquet)는 빈 공간 쪽으로 방향을 바꾼 서방 세계의 이 일부분이 왜 자신에게로 되돌아올 수도 없고, 되돌아오려고 하지도 않는지를 보여 주고 있다. 왜냐하면 그것은 확실히 자신이 보기에는 타락한 것처럼 보이기 때문이지만, 특히 자기 가족, 자기 나라, 자기 동국인들이 자신의 불가피한 수동성에 의해, 자신의 일반적인 비겁함에 의해, 자신의 품위를 떨어뜨리는 근본적으로 무익한 협상에 의해 집단적으로 타락해 보이기 때문이다. 협상을 넘어서서, 모든 납치가 자신의 최소 구성원들에 대한 집단 전체의 피할 수 없는 비겁함을 증명해 주기 때문이다. 게다가 자신의 구성원들에 대한 집단의 무관심은 집단에 대한 각 개인의 무관심과 상관 관계가 있다. 이런 식으로, 우리는 서방에서 (잘못) 행동하고 있다. 그리고 이러한 정치적 불행을, 인질의 전략은 가차없이 폭로하고 있다. 유일한 개체를 불안정하게 하면서, 사람들은 체제 전체를 불안정하게 한다. 그래서 인질은 자기 동료들이 그 사이에 자기를 영웅으로 만들었던 것을 용서하지 않는다. (물론 사람들은 즉각 그를 낚아채게 된다.)

우리는 아야톨라의 머릿속에도, 회교도의 마음속에도 있지 않다. 그리고 그들의 열정이나 그들의 믿음을 지지하는 것은 문제가 되지 않는다. 우리가 할 수 있는 모든 것은, 그 모든 것을 종교적 광신의 탓으로 돌리는 독단적이고 설득력 없는 사유로부터 벗어나는 것이다——그것은 적어도 이 상징적 도전 속에서 작용하는 것에 대해 전략적 지성의 번득임을 갖는 것이다. 그러한 관점에서 보면, 우리가 읽어낼 수 있는 경건하고 감동적인 뒤섞인 반응은 쓸데없는 것이고, 무조건적인 몰아냄의 영역에 속하는 것이다.

합의와 마찬가지로 부풀려지는 구조처럼 보이는 기념식을 위해, 우리가 공포를 프랑스 대혁명의 기억에서 사라지게 하려는 바로 그 순간에, 이슬람의 이 상징적 폭력에 의한 도전에 응하려고 무력을 사용할까봐 걱정이다. 만약 우리가 폭력을 우리 자신의 역사에서 사라지게 하는 것을 택한다면, 우리는 이 새로운 폭력 앞에서 어떻게 해야만 할까?

1989년 3월 14일

7

동유럽의 해동과 역사의 종말

세기말의 사건은 진행중이다. 모든 사람들은 전체주의 이데올로기의 지배로 억압당하는 순간에 동유럽 국가들에 대한 봉쇄가 해제되면서 역사가 이전보다 격렬하게 자신의 흐름을 되찾는다는 생각에 안도의 숨을 쉬게 되었다. 역사의 장은 결국 예측할 수 없는 민중 운동과 민중들의 자유의 갈망에 따라 다시 열리게 되었다. 일반적으로 세기말을 수반하는 우울한 신화와는 달리, 역사는 궁극적인 과정을 명백히 재연하고 새로운 희망의 길을 열어 주고 모든 쟁점을 재개하는 것처럼 보인다. 역사의 종말이라는 모든 흉조는 물러가라! 이러한 사건들이 우리가 보는 앞에서 일어나고 있는데도 어떻게 역사의 현실과 활력을 의심할 수 있겠는가?

가까이 살펴보면, 사건은 조금 수수께끼 같지만 확인할 수 없는 '역사적' 목표에 훨씬 더 가까이 있을 것이다. 동유럽 국가들의 이러한 해동과, 자유의 이러한 해동은 확실히 놀랄 만한 급격한 변화이다——그러나 얼어붙었던 자유가 녹으면, 자유는 어떻게 될까? 이는 위험한 작용이며, 그 결과는 불확실하다. (사람들이 이미 해동되었던 것을 다시 얼릴 수 없다는 사실을 제외하면.) 소련과 동유럽 국가들은 자유를 얼리는 냉동실, 자유를 시험하고 실험하는 환경을 구성했다. 왜냐하면 자유는 이 환경 속에 감금되어 최고도의 압박을 받았기 때문이다. 반면에 서방은 인간의 자유와 권리를 보관하거나 저장하는 곳에 불과했다. 초냉동이 동유럽 세계를 변별적으로, 그리고 부정적으로 나타내는 것이라면 서방 세계의 초유동성은 훨씬 더 심각한 것이었다. 왜냐하면 풍속과 견해를 자유롭게 함으로써, 자유의 문제는 더 이상 그저 단순히 제기될 수 없기 때문이다. 그것은 잠재적으로 해결된 것이다. 서방에서는 자유, 즉 자유의 관념은 최근의 모든 기념식들에서 볼 수 있듯이 멋진 죽음으로 사라져 버렸다. 동유럽에서 그것은 살해되었지만, 결코 완전 범죄는 아니었다. 사람들이 자유를 상징하는 모든 기호들을 사라지게 했을 때, 진실로 자유가 무엇인지를 아는 것은 실험의 관점에서 보면 매우 흥미로울 것이다. 사람들은 탈현대적 회복과 소생의 과정이 무엇인지를 파악하려고 할 것이다. 해동된 자유는 그렇게 멋져 보이지는 않을 것이다. 그리고 해동된 자유가 자동차와 발전(électrogène)에 관한 열정으로, 향정신성과 포르노에 관한 열정으로 협상하려고 서두른다는 것을 사람들이 알아차리게 된다면? 다시 말해서 서방의 유동성 속에서 즉각적으로 서로 교환하려고 서두른다는 것을, 냉동에 의한 역사의 종말에서 초유동성과 순환에 의한 역사의 종말로 옮겨가려고 서두른다는 것을 사람들이 알아차리게 된다면?

왜냐하면 동유럽 국가들에서 일어나는 것 가운데 매우 흥미로운 것은, 확실히 회복중인 민주주의에 신선한 힘(그리고 새로운 시장)은 가져다 주면서 그들이 이러한 민주주의에 고분고분하게 합류하는 것을 보는 것이 아니라 역사의 종말이라는 특수한 두 양상——강제 수용소에서 역사가 결빙에 의해 끝나게 되는 양상과, 그와 반대로 전적으로 그리고 중심으로부터 벗어나는 커뮤니케이션의 확산 속에서 역사가 끝나게 되는 양상——이 포개지는 것을 보는 것이기 때문이다. 이는 이 두 경우에 가능한 궁극적인 해결책이다. 그리고 인간 권리의 해동은 사회주의의 관점에서 보면 '서방의 압력 저하'와 등가물일지도 모른다. 다시 말하면 반세기 동안 동유럽에 갇혀 있던 에너지가 서방의 공간 속에서 단지 파괴되는 것일지도 모른다. 사건들에 대한 열정은 기만적일 수 있다. 만약 동유럽 국가들의 열정이 탈이데올로기화에 대한 열정, 자유 국가들을 모방하는 열정(자유 국가들에서는 모든 자유가 이미 기술적인 삶의 안락함과 교환되었다)에 불과하다면, 따라서 우리는 결국 자유가 무슨 가치가 있는지를, 그리고 자유는 결코 두번째에는 다시 발견되지 않는다는 것을 알게 될 것이다. 역사는 결코 식탁에서 요리를 다시 돌리지 않는다. 그와 반대로——그리고 그것은 우리 서방의 경우에는 예측할 수 없는 양상이다. (그래도 악의 지배가 무너질 때 선은 있는 그대로 남을 수는 없다!) 동유럽의 이러한 해동은 대기 상층에 있는 과다한 탄산가스와 마찬가지로 장기간 불길한 것이 될 수 있다. (서방의 국가들이 잠길 수 있는 거대한 빙산들이 녹으면서 정치적 온실 효과, 즉 다시 따뜻해지는 인간과 지구의 관계를 만들어 내면서 말이다.) 기이하게도 우리는 기후에 의해 얼음과 빙산이 녹는 것을 대재난처럼 몹시 두려워하고 있다. 정치적인 차원에서 우리가 그것을 민주주의적으로 한껏 열망하는데도 말이다.

만약 옛날에 소련이 자신이 많이 보유하고 있던 금을 세계 시장에 내놓았다면, 소련은 세계를 완전히 불안정하게 할 수 있었을 것이다. 만약 동유럽의 국가들이 자신이 냉동해 두었던 엄청난 자유를 다시 순환시킨다면, 그들 역시 매우 취약한 서구 가치들의 물질대사를 불안정하게 할 수 있을 것이다. (사실 이러한 서구 가치들의 물질대사는 자유가 더 이상 행위로서가 아니라 상호 작용의 가상적이고 합의적인 형태로서, 그리고 드라마로서가 아니라 자유주의의 보편적 사이코드라마로서 나타나기를 바란다.) 실제 교환으로서의, 강렬하고 적극적인 초월성으로서의, 그리고 관념으로서의 자유를 갑작스럽게 주입하는 것은 적절한 상태로 유지되고 있는 가치들을 재배열하는 우리의 형태에 대재난을 초래하게 될 것이다. 그러나 우리가 그들에게서 바라는 것은 바로 자유의 구체적 기호 대신 자유, 즉 자유의 이미지이다. 이는 완전히 악마적인 계약인데 어떤 국가들은 그들의 영혼을 잃어버릴 위험이 있고, 다른 국가들은 그들의 안락함을 잃어버릴 위험이 있다.

그러나 양쪽은 이렇게 하는 편이 더 나을 것이다. 가면을 쓴 사회들(공산주의 사회들)은 가면을 벗으면 된다. 그들의 얼굴은 어떤 것일까? 이미 오래 전에 우리는 가면을 벗었으며, 더 이상 가면도 얼굴도 없다. 또한 우리는 기억도 없다. 우리는 물 속에서 흔적 없는 기억을 찾게 된다. 다시 말하면 우리는 분자의 흔적이 사라졌는데도 여전히 무엇인가가 남아 있기를 바라게 된다. 우리의 자유에 대해서도 마찬가지이다. 즉 우리는 우리의 자유의 어떤 기호를 만들어 내기가 어려울 것이며, 고도로 희석화된(프로그래밍화되고 조작 가능한) 환경 속에서——여기서 오직 자유의 유령만이 물의 기억에 지나지 않는 기억 속을 떠돈다——극히 작고, 보이지 않고, 발견할 수 없는 자유의 실체를 가정하게 된다.

서방에서는 자유의 근원이 너무 고갈되어 있어서(그 증거로 프랑스 대혁명의 기념식을 들 수 있다), 우리는 마침내 공개되어 발견된 동유럽의 보고(寶庫)를 몹시 기대할 필요가 있다. 그러나 이렇게 많이 보유하고 있던 자유가 일단 해체되면(자유의 관념이 어떤 천연자원과 마찬가지로 고갈되어 버렸기 때문에), 모든 시장의 경우 말고는 어떻게 피상적으로 교환의 강렬한 힘이 생겨날 수 있으며, 또한 차별적인 힘과 가치를 급속히 무너뜨릴 수 있겠는가?

글라스노스트(glasnost)[4]는 무엇을 의미하는가? 그것은 퀵 모션으로, 그리고 간접적으로 나타나는 현대성의 모든 기호들(이것은 현대성의 오리지널판을 탈현대적으로 거의 다시 만드는 것이다), 뒤섞인 긍정적이고 부정적인 모든 기호들, 다시 말하면 인간의 권리뿐만 아니라 범죄·대재난·사고들(사람들은 체제의 자유화 이후로 소련에서 이러한 현상이 다시 심해지는 것에 주목하게 된다)이 지니는 반작용적인 투명성이다. 게다가 그것은 포르노그래피와 외계인들까지도 재발견하는 반작용적인 투명성이다. (사실 이 모든 것은 지금까지 검열로 충격을 받았지만, 그밖의 모든 것과 동시에 자신의 재출현을 축하하고 있다.) 그것은 바로 이러한 해동 전체에서 엿볼 수 있는 실험적인 것이다. 예를 들면 우리는 범죄와 대재난이 핵에 의한 것 또는 자연적인 것이라는 사실과, 억압당했던 모든 것이 인간의 권리에 속한다는 사실(물론 어떤 사람도 거부하지 않는 종교적인 것과 유행도 인간의 권리에 속한다)을 파악하게 된다——그리고 이것은 민주주의적인 사건들에 대한 훌륭한 교훈이다. 왜냐하면 우리는 서구 '문화'에서 볼 수 있는 최악의 것, 가장 진부한 것, 가장 케케묵은 것, 그리고 이제부터 더 이상 경계가 없는 것을 포함하여 일종의 이상적인 환각과 억압된 것의 회귀를 통해서 있는 그대로의 우리의 모든 것, 즉 소위 인간의 모든 보편적인 상징들이 다시 나타나는 것을 보기 때문이다. 따라서 전세계의 미개 문화에 과감히 맞서는 것이 진실의 순간이었듯이, 그것은 이러한 문화의 입장에서는 진실의 순간이다. (사람들은 이러한 문화가 실제로 곤경에서 벗어났다고 말할 수는 없다.) 사태의 아이러니는 우리가 언젠가 스탈린주의에서 역사적 기억을 보전할 수밖에 없을 것이라는 점이다. 동유럽의 국가들이 더 이상 그것을 기억하지 않는데도 말이다. 우리는 역사의 움직임을 동결시켰던 이 압제자의 기억을 동결된 채로 보전해야만 할 것이다. 왜냐하면 냉혹한 이 시대 또한 인류의 보편적인 유산에 속하기 때문이다.

이러한 사건들은 다른 양상 아래에서는 주목할 만하다. 역사의 종말에 냉담한 사람들은 현재의 사건들을 통해 역사가(여전히 단조로운 이야기의 환상에 속했던) 자신의 종말을 향해 방향을 바꿀 뿐만 아니라, 자신의 급변과 체계적인 사라짐을 향해서도 방향을 바꾸는 것에 대해 의아하게 생각할 것이다. 우리는 20세기 전체를 사라지게 하고 있는 중이다. 우리는 냉전의 모든 기호들, 제2차 세계대전의 모든 기호들, 그리고 20세기의 정치적 또는 이데올로기적 모든 혁명의 기호들을 하나씩 사라지게 하고 있는 중이다. 독일의 통일과 많은 다른 것들은 역사의 선두에서 노력한다는 의미에서가 아니라 20세기 전체를 거꾸로 다시 기술한다는 의미에서(사실 20세기 전체를 거꾸로 다시 기술하는 것으로 세기말의 마지막 10년이 대체로 다 지나가게 될 것이다) 불가피한 것이다. 우리가 이러한 추이로 나아간다면, 우리는 곧 신성로마제국으로 되돌아가게 될 것이다. 그리고 그것은 바로 이 세기말을 계시하는 것이 될 것이며, 역사의 종말이라는 논쟁의 대상이 되는 이러한 표현의 진정한 의미가 될 것이다. 그것은 흥분하게 하는 일종의 슬픈 일을 통해서 우리가 이 세기의 특기할 만한 모든 사건들을 견뎌내고, 이 세기의 오명을 벗게 하고 있는 중이기 때문이다. (마치 이 세기에서 일어났던 모든 것

──혁명, 세계의 분할, 몰살, 국가들의 극단적인 초국가성, 핵무기에 의한 긴박감, 요컨대 현대적인 과정에 놓여 있는 역사──이 해결책 없는 혼돈에 불과했듯이 말이다.) 복원, 명예 회복, 옛날의 경계와 차이의 부활, 특이성과 종교의 부활, 도덕적 차원에서의 회개……. 1세기 전부터 획득된 해방의 모든 기호들이 약화되고, 마침내 하나씩 사라지는 것처럼 보인다. 우리는 역사를 재검토하는 비이데올로기적인 **수정주의**(révisionnisme)의 거대한 과정 속에 있다. 그리고 우리는 세기말 이전에 서둘러 거기에 도달하려고 하는 것처럼 보인다──새로운 밀레니엄과 더불어 제로 상태에서 다시 시작하려는 비밀스러운 희망 속에서일까? 만약 우리가 최초의 상태에서 모든 것을 복구할 수 있다면? 그러나 무엇 이전에, 20세기 이전에? 프랑스 대혁명 이전에? 이러한 단계적 해소, 이러한 참아냄을 통해서 우리는 어디까지 이를 수 있을까? 그것은 (동유럽에서 일어난 사건들이 증명해 주듯이) 매우 빨리 진행될 수 있다. 이제 중요한 것은 역사를 세우는 것이 아니라 거의 바이러스성과 전염성의 형태를 지닌 역사를 집단적으로 해체하는 것이다. 우리가 예전에 제안한 바 있듯이, 결국 2000년은 그저 단순히 일어나지 않을 것이다. 왜냐하면 역사의 굽어짐(courbure)은 너무 반대 방향으로 이루어져서 더 이상 시간의 이차원을 넘어서지 못할 것이기 때문이다.

1989년 12월 15일

8. 걸프전은 일어나지 않을 것이다
1991년 1월 4일

9. 걸프전은 일어나는가?
1991년 2월 6일

10. 걸프전은 일어나지 않았다.
1991년 3월 29일

《리베라시옹 *Libération*》지에 발표된 이 세 편의 글들은 모음집의 형태로
《걸프전은 일어나지 않았다 *La guerre du Golfe n'a pas eu lieu*》(갈릴레,
1991)로 출판되었다.

11

—

사라예보에 대해서는 동정도 없다

스트라스부르(Strasbourg)에서 사라예보(Sarajevo)까지 다원방송되는 아르테(Arte)의 프로그램 〈발언을 위한 통로 *Le Couloir pour la parole*〉(12월 19일)에서 눈길을 끌었던 것은 불행, 비참, 완전한 환멸이 나타내는 절대적인 우월성, 즉 예외적인 위상이었다. 특히 완전한 환멸 자체는 사라예보 사람들에게 경멸적으로 '유럽인들'을 대할 수 있게 하거나, 혹은 유럽인들의 위선적인 회개와 뉘우침과는 대조를 이루는 빈정거리는 자유의 모습으로 그들을 대할 수 있게 했다. 그들은 동정을 필요로 하지 않았으며, 오히려 우리의 불행한 운명을 동정하고 있었다. '나는 유럽을 경멸한다'라고 그들 중의 한 사람이 말했다. 적에 대한 정당화된 경멸이 아니라 자신의 떳떳한 의식을 연대성의 햇빛에 태워 버리는 모든 사람들에 대한 정당화된 경멸을 통해서가 아니면, 어느 누구도 사실상 자유롭지도 못하고 당당하지도 못하다.

그리고 그들은 저 좋은 친구들이 연이어 나타나는 것을 보았다. 최근에는 수잔 손탁(Susan Sontag)이 사라예보에 《고도를 기다리며 *En attendant Godot*》를 상연하러 왔다. 《부바르와 페퀴세 *Bouvard et Pécuchet*》는 왜 소말리아나 아프가니스탄에서 상연되지 못하는가? 그러나 가장 나쁜 것은 문화적 영혼을 보충하는 데 있지 않다. 그것은 강점과 약점에 대해 판단하는 거만함과 실수 속에 있다. 그들은 강자들이고, 우리는 약자들이다. 그리고 우리는 우리의 약점과 현실감 상실을 쇄신할 수 있는 것을 찾을 것이다.

우리의 현실, 그것이 바로 문제이다. 우리에게는 현실만이 있을 뿐이며, 우리는 현실을 구해야만 한다. 다음과 같은 최악의 슬로건을 통해서일지라도 말이다. "정말 무엇인가를 해야만 한다. 사람들은 정말 무엇인가를 할 수 있다." 그런데 정말 그것을 할 수 있다는 이유만으로 무엇이건 하는 것은, 결코 행동의 원리도 자유의 원리도 구성하지 못했다. 그것은 정확하게 말해서 자신의 무력함을 용서하고, 자신의 운명에 대해 동정하는 형태를 구성했다.

사라예보의 사람들은 이러한 문제를 제기할 필요가 없다. 그들은 자신들이 있는 위치에서, 자신들이 하는 것을 하고 필요한 것을 하는 절대적 필요성 속에 있다. 종말에 대한 환상도 없이, 자신들에 대한 동정도 없이. 그것이 바로 실제로 존재하는 것이고, 현실 속에서 존재하는 것이다. 그것은 그들의 불행이 지니는 '객관적' 현실, 즉 존재하지 않으면 좋을 현실, 우리가 동정을 느끼는 현실이 아니라 있는 그대로 존재하는 현실——행위와 운명이 지니는 현실——이다.

이것이 바로 그들이 살아 있고, 우리가 죽게 되는 이유이다. 그래서 우리는 맨 먼저 우리 자신의 눈앞에서 전쟁으로부터 현실을 구해 내고, 어떻게 보면 전쟁으로 고통을 겪지만 전쟁과 비참한 가운데서 실제로 현실을 믿지 않는 사람들에게 (동정적인) 이 현실을 받아들이게 해야만 한다.

자신의 논평을 통해, 수잔 손탁은 보스니아인들도 자신들을 둘러싸고 있는 불행을 실제로 믿지 않음을 인정한다. 그들은 마침내 비현실적이고 엉뚱하고 이해하기 어려운 이 모든 상황을 발견하게 된다. 그것은 지옥이지만, 어떤 의미로는 하이퍼리얼한 지옥, 몹시 피곤하게 만드는 미디어와 인도주의로 인해 훨씬 더 하이퍼리얼하게 된 지옥이다. 왜냐하면 그들의 관점에서 보면 몹시 피곤하게 만드는 미디어와 인도주의로 인해, 전세계의 태도는 훨씬 더 이해할 수 없는 것이 되었기 때문이다. 따라서 그들은 일종의 전쟁의 환영 속에서 살아간다——다행스럽게도 그렇지 않으면 그들은 결코 이 지옥을 견뎌낼 수 없을 것이다. 지옥을 말하는 것은 내가 아니고 그들이다.

그러나 뉴욕 출신의 수잔 손탁은 현실이 무엇인지 그들보다 더 잘 알아야 만 한다. 그녀는 그들이 현실을 구체화하는 데 더할나위없는 적임자였기 때 문이다. 혹은 그녀에게, 그리고 서방 세계 전체에 가장 결여되어 있는 것은 현실 인식이기 때문일 것이다. 우리는 피가 나는 곳에서 현실을 회복해야만 한다. (그들에게 우리의 식량과 우리의 '문화'를 전달하기 위해, 우리가 터놓은 이 모든 '통로들'은 사실상 비참한 통로들인데, 이 통로들을 통해 우리는 그들 의 불행에서 솟아나는 힘과 그들의 활력을 도입하게 된다.) 한번 더 말하지만, 이는 불공평한 교환이다. 그리고(우리를 지배하는 동시에 유럽 현실 원칙의 일부를 이루는 정치적 합리성의 원칙에 대한 철저한 환멸을 포함하여) 자신들 의 현실에 대한 철저한 환멸을 통해 일종의 제2의 용기, 즉 의미 없는 것을 견디며 살아가는 용기를 발견하는 사람들에게 수잔 손탁은 그들의 고통스 러운 '현실'을 납득시켰다. 연대성이 그 일부를 이루는 서구 가치들을 표현 하는 연극에, 그녀 자신이 참조의 구실을 할 수 있도록 그들의 고통스러운 현실에 관심을 갖고 그것을 연극화하면서 말이다.

그렇지만 수잔 손탁 자신이 문제가 되고 있는 것은 아니다. 그녀는 이제 일반적인 상황을 사교적으로 설명할 뿐이다. 물론 이때 악의 없는 무력한 지식인들은 자신들의 비참과 불행한 사람들의 비참을 교환한다. 일종의 타 락한 계약 속에서 한쪽이 다른 한쪽을 지지하는 것이다. 이는 마치 정치 계 급과 시민 사회가 오늘날 각자의 비참을 교환하는 것과 같다. 정치 계급은 자신의 부패와 스캔들을 가십거리로 보여 주고, 시민 사회는 자신의 인위적 인 혼란과 무기력을 보여 주는 것이다. 따라서 사람들은 얼마 전에 부르디 외와 피에르 신부가 비참을 사회학적으로 표현하는 메타 언어와 감동적인 언어를 서로 교환하면서 텔레비전의 홀로코스트가 되겠다고 자원하는 것을 볼 수 있었다.

우리 사회 전체는 보편적인 페이소스를 가장하여 글자 그대로의 의미에 서 '동정'의 길로 접어들고 있다. 그것은 마치 역사의 두려움과 가치의 쇠퇴와 관련하여 지식인들과 정치인들이 크게 뉘우치는 순간에 세계의 비참이라는 이 최소 분모에 호소하면서 가치를 창조하는 곳, 즉 지시 대상을 창조하는 곳을 다시 제공하며, 사냥의 구역에 인위적인 사냥감을 다시 제공해야 하는 것과 같다.

"정보에 관한 방송을 통해 텔레비전에서 고통과는 다른 광경을 보여 주는 것은 실제로 불가능한 일이다."(다니엘 슈나이더만(Daniel Schneidermann)) 희생을 강요하는 사회. 이러한 사회는 자신의 환멸과, 자신에게 가하는 불가능한 폭력에 대해 회한만을 표현한다는 생각이 든다.

어디에서나 지적인 새로운 질서는 세계의 새로운 질서가 터놓은 길을 따라간다. 어디에서나 다른 사람들의 불행과 비참과 고통은 주요한 사건과 원초적 무대가 되어 버렸다. 희생성(victimalité)은 오로지 슬픈 이데올로기로서 인간 권리를 수반하게 된다. 직접적으로 희생성을 이용하지 않고, 대리인으로 그렇게 하는 사람들이 있다. 우리에게는 도중에 그들의 재정적 또는 상징적인 잉여 가치를 끌어내는 중재자들이 있는 것이다. 국제적인 부채처럼 적자와 불행은 사변적 거래에서——여기에서는 실제로 불행한 기억을 지닌 군·산 복합체(complexe militaro-industriel)에 상당하는 정치적 지적 거래에서——협상되고 다시 조정된다.

모든 동정은 불행의 필연적 귀결 속에 있다. 불행을 참조하는 것은, 그것이 불행과 맞서 싸우기 위한 것이라 할지라도 그것에 무한한 객관적 재생산의 토대를 제공하는 것이다. 어쨌든 무엇이건 맞서 싸우기 위해서는 결코 불행으로부터가 아니라 악으로부터 출발해야 한다.

그리고 그것은 사실 사라예보에서는 악의 투명성을 보여 주는 연극이었다. 억압된 악은 그밖의 모든 것, 즉 바이러스를 악화시키는데, 이제부터 유럽의 마비는 이 바이러스의 증상을 나타낸다. 가트(GATT)의 협상을 통해 사람들은 유럽의 동산(動産)을 구해 내지만, 사라예보에서는 그것을 불태워 버린다. 어떤 의미에서 그것은 바람직한 일이다. 가장 위선적인 혼란 속에서 조작된 유럽, 가장된 유럽이 사라예보에서는 실패를 거듭한다. 그리고 이러한 의미에서 세르비아인들은 거의 기만에서 깨어나게 하는 매개자가 될 것이고, 또한 사건으로 타락하고 자신의 담론에 도취해 있는 기술-민주주의적 정치를 하는 유럽, 즉 환영에 사로잡혀 있는 유럽을 잔혹하게 분석하는 사람이 될 것이다. 왜냐하면 유럽에 관한 담론이 꽃을 피움에 따라 유럽이 타락하는 것을 사람들이 보기 때문이다. (마치 인간의 권리에 관한 담론이 확산됨에 따라 인간의 권리가 타락하는 것을 사람들이 보듯이 말이다.) 그러나 사실 이것이 바로 역사의 진상은 아니다. 진상은 민족을 순화시키는 매개자로서의 세르비아인들이 형성되고 있는 유럽의 극단이라는 점이다. 왜냐하면 '실제의' 유럽은 도덕적으로, 경제적으로, 혹은 민족적으로 통합되고 순화된 결백한 유럽, 오명을 벗는 유럽이 되고 있기 때문이다. 유럽은 사라예보에서 승리를 거두고 있는 중이다. 그리고 이러한 의미에서 보면, 사라예보에서 일어나는 것은 존재하지 않는 경건하고 민주주의적인, 유럽 같은 곳에서 일어나는 우발적인 사건이 아니다. 그것은 어디에서나 '백인' 체제 유지주의, 보호주의, 차별과 통제로 특징지어지는 세계의 새로운 질서의 자식인 유럽의 새로운 질서가 지니는 상승하는 논리적 단계이다.

만약 사람들이 사라예보에서 간섭을 하지 않는다면, 그후에 우리 역시 간섭을 받지 않을 권리가 있다라고 말한다. 그러나 우리는 이미 거기에 이르렀다. 유럽의 모든 국가들은 민족을 순화시키고 있는 중이다. 이것이 바로 서서히 국회의 보호 아래 있게 되는 진정한 유럽이다. 그리고 이러한 유럽의 첨병은 세르비아이다. 어떤 수동성, 즉 어떤 반응을 할 수 없음을 내세우는 것은 쓸데없는 일이다. 왜냐하면 논리적으로 실행에 옮기고 있는 계획이 중요하며, 보스니아는 이러한 논리적 실행의 새로운 한계에 불과하기 때문이다.

르 펜이 왜 오래 전에 정치 무대에서 사라졌다고 믿는가? 그의 관념의 실체가 도처에서 프랑스적인 예외, 신성한 결합, 유럽 민족주의적인 반응, 보호주의 형태로 정치 계급에 스며들었기 때문이다. 더 이상 르 펜이 필요 없을 것이다. 왜냐하면 그는 정치적으로서가 아니라 바이러스에 의해 정신 상태에서 승리를 거두었기 때문이다. 이러한 것이 왜 사라예보에서 멈추기를 바라는가? 똑같은 사태가 문제되기 때문인가? 사라예보에서는 어떤 연대성도 아무것도 바꾸어 놓지 못할 것이며 몰살이 끝나게 될 때, '결백한' 유럽의 경계선이 그어질 때, 그것은 기적적으로 멈추게 될 것이다. 그것은 마치 모든 민족성이 결합되고 모든 정치가 뒤섞인 유럽이 유럽의 하찮은 일들을 실행하는 사람이 되어 버린 세르바인들과 '계약' 즉 청부살인자의 계약을 체결했던 것과 같다——마치 서방 세계가 예전에 이란에 대항하는 사담 후세인과 계약을 체결했던 것처럼 말이다. 단지 청부살인자가 지나쳐 보일 때는 경우에 따라서 그를 제거해야만 한다. 이라크와 소말리아에 대한 작전은 세계의 새로운 질서의 관점에서는 상대적인 실패였지만, 보스니아 작전은 유럽의 새로운 질서의 관점에서는 성공하고 있는 것처럼 보인다.

이러한 사실을 보스니아인들은 알고 있다. 그들은 자신들이 파시즘이라고 불리는 끔찍스런 부수적인 결과나 어떤 흔적에 의해서가 아니라 '민주주의적인' 국제 질서에 의해서 비난받고 있음을 알고 있다. 그들은 자신들이 세계 도처에 있는 이질적이고 굴절시키는——결정적인——모든 요소들처럼 몰살시키거나 추방하거나 배척할 수밖에 없음을 알고 있다. 왜냐하면 서방의 민주주의자들과 인도주의자들의 위선적인 떳떳치 못한 의식에도 불구하고, 그것이 바로 진보의 피할 수 없는 길이기 때문이다. 현대의 유럽은 이미 도처에서 그렇게 하듯이 이민 노예로서가 아니라도 회교도와 아랍인들을 척출한다면 대가를 치르게 될 것이다. 그리고 떳떳치 못한 의식에 의한 공격에 대한 주된 반박은 스트라스부르 사건 같은 해프닝을 통해서 드러나듯이, 소위 유럽 정치의 무력함이 지니는 이미지와 자신의 무력함에 의해 비난받는 서구 의식의 이미지를 보존함으로써, 유럽이 의심스러운 점을 자신에게 유리하게 해석하는 원칙을 보장하면서 실제적인 모든 활동을 숨긴다는 것이다.

아르테 방송의 화면에 모습을 드러낸 사라예보 사람들은 확실히 환상도 희망도 없는 것처럼 보였지만, 그와 반대로 잠재적으로 고통받는 사람들처럼 보이지도 않았다. 그들의 관점에서 보면, 그들은 자신들의 객관적인 불행을 지니고 있었지만 진짜 비참, 즉 가짜 옹호자들과 기꺼이 고통받는 사람들의 진짜 비참은 다른 쪽에 있었다. 그런데 정확히 큰 소리로 말해졌듯이 "기꺼이 고통받는 사람은 저승에서도 고려되지 않을 것이다."

1993년 1월 7일

12

타자성을 다루는 성형외과

현대성과 더불어 사람들은 타자를 생산하는 시대에 접어들고 있다. 이제는 타자를 죽이고, 타자를 사로잡거나 유혹하고, 타자와 과감히 맞서고, 타자와 경쟁하고, 타자를 사랑하거나 증오하는 것은 문제가 되지 않는다. 무엇보다도 타자를 생산하는 것이 문제가 된다. 타자는 더 이상 정열의 대상이 아니라 생산의 대상이다. 타자는 자신의 철저한 타자성 속에서, 혹은 자신의 환원될 수 없는 특이성 속에서 위험한 존재나 끔찍한 존재가 되어 버린 것일까? 그래서 타자의 유혹을 몰아내야만 할까? 그저 단순히 타자성과 결투적 관계는 개인적 가치가 지니는 힘의 상승과 상징적 가치의 파괴와 더불어 점차 사라져 버리는 것일까? 어쨌든 타자성은 부족하게 되고, **운명으로서의 타자성을 체험하지 않으면 차이로서의 다른 것을 생산하지 않으면** 안 된다. 이것은 또한 육체·성·사회 관계와 마찬가지로 세계에도 해당된다. 차이로서의 다른 것의 생산을 상상해 보는 것은 바로 운명으로서의 세계로부터, 운명으로서의 육체로부터, 운명으로서의 성(그리고 다른 성)으로부터 벗어나기 위함이다. 성적 차이에 대해서도 마찬가지이다. 각각의 성은 자신의 해부학적이고 심리적인 특성, 자신의 고유한 욕망, 그리고 뒤이어 오는 해결될 수 없는 모든 급격한 변화를 갖는다. 물론 여기에는 이론상으로 그리고 본질적으로 근거 있는 성적 차이의 유토피아와, 성과 욕망의 이데올로기도 포함된다. 유혹에서는, 그 모든 것은 아무런 의미도 지니지 않는다. 사실 유혹에서는 욕망이 아닌 **욕망과의 유희**가 문제가 된다. 그리고 성들간의 평등도 서로간의 소외도 문제가 되지 않는다. 왜냐하면 유희는 상대들간의 완벽한 상호성(차이와 소외가 아닌 타자성과 공모)을 내포하기 때문이다. 유혹은 전혀 히스테릭하지 않다. 어떤 성도 다른 성에 자신의 성 본능을 투영하지 않는다. 성들간의 차이는 있을 수 있지만, 타자성은 변하지 않는다 ——욕망과의 유희는 바로 극도의 환상이 지니는 조건이다.

낭만주의와 19세기의 전환기에는, 그와 반대로 **남성의 히스테리**가 출현하고 성의 패러다임 변화가 일기 시작했는데, 사람들은 성의 이러한 패러다임 변화를 타자성의 패러다임 변화의 매우 일반적이고 보편적인 범위 내에서 한번 더 재현해야만 했다.

히스테리의 이러한 변화 과정에서는 남자의 여성성은 여자에게 투영되고, 또한 자기와 닮은 이상적인 형태로서의 모델에 투영된다. 낭만적인 사랑에서는 여자를 정복하거나 유혹하는 것은 중요하지 않다. 여자를 내부로부터 창조하고, 때로는 실현된 유토피아로서, 이상화된 여자로서, 또 때로는 숙명적인 여자로서, 히스테리적이고 초자연적 은유인 스타로서 창조하는 것이 중요하다. 조화, 사랑의 일치, 쌍둥이의 거의 근친상간적인 형태라는 이러한 이상을 연출한 것이 낭만적 에로스(Éros)의 모든 작업이다. 이 경우 여자는 동일한 것을 투사적으로 재현하고 자신의 초자연적인 형태를 동일한 것의 이상으로만 간주하는 여자, 말하자면 사랑할 수밖에 없는 인공물로서의 여자, 즉 존재와 성의 이상적인 유사함에 감동할 수밖에 없는 인공물로서의 여자, 유혹의 이중적 타자성을 대신하는 감동의 혼란을 겪을 수밖에 없는 여자를 뜻한다. 모든 성적 기교는 방향을 바꾼다. 왜냐하면 예전에 타자성에서, 그리고 타자의 기이함에서 생겨난 성적 매력은 이제는 동일자 쪽으로, 닮은 것과 유사함 쪽으로 이동하기 때문이다. 이는 자기 색정인가? 근친상간인가? 둘 다 아니다. 오히려 동일자의 실체이다. 다시 말하면 다른 사람을 부러운 눈으로 바라보고, 다른 사람에게 매우 집착하고, 다른 사람에게서 소외되는 동일한 사람의 실체이다. 그러나 다른 사람은 나와 유사해 보이는 차이의 일시적인 형태일 따름이다. 이는 바로 낭만적 사랑과 그 모든 실제 부산물과 더불어 성이 죽음과 유사해 보이는 이유이다. 즉 그것은 성이 일반화된 근친상간, 이 근친상간의 운명과 유사해 보이기 때문이다. (이제는 신화적이고 비극적인 근친상간은 중요하지 않다. 현대의 에로티시즘과 더불어 우리는 파생된 근친상간적 형태, 즉 다른 것의 이미지로 동일한 것을 보호하는 형태——이때 다른 것의 이미지는 모든 이미지들의 혼동 · 타락과 같다——와 관계가 있을 뿐이다.)

따라서 결국 여성성의 발견은 여자를 쓸모없는 존재로 만든다. 차이의 발견은 자기와 꼭 닮은 사람과의 간접적인 연결에 불과하며, 근본을 파헤쳐 보면 타자성과의 모든 만남을 불가능하게 만든다. (게다가 여성 쪽에서 볼 때 남성과 남근의 신화 구조에는 히스테릭한 상대물이 없었다는 사실을 안다면 흥미로울 것이다. 페미니즘은 여자가 남성의 히스테리를 구체화하고, 나아가 여자의 남성성을 히스테리적으로 투영하는 예이다.)

그러나 필연적으로 차이를 정함으로써 불균형이 초래된다.

이는 바로 여자가 남자와 다르다는 것보다 남자가 여자와 더 많이 다르다는 것을, 내가 역설적으로 말했던 이유이다. 나는 성적 차이의 범위 내에서 남자는 단지 여자와 다를 뿐이라고 말하고 싶다. 철저한 타자성을 지닌 여자에게 차이의 박탈된 지위를 능가하는 무엇인가가 남아 있는데도 말이다.

요컨대 타자의 생산에 동일자를 확대 적용하고, 쌍둥이 자매로서의 성적인 타자를 히스테리적으로 발견하는 이러한 과정을 통해(쌍둥이 출산에 관한 주제가 매우 시사성이 있는 것은, 그것이 리비도적인 인간 복제의 양식을 반영하기 때문이다) 성들간의 점진적인 동화가 생겨난다. 그리고 이러한 동화는 차이에서부터 성들간의 전환과 잠재적 미분화에 이르는 최소한의 차이에까지 나아가며, 마침내 성을 쓸모없는 기능으로 만든다. 따라서 인간 복제를 통해 쓸데없이 생식 기관을 가진 존재들이 번식될 것이다. 왜냐하면 성은 더 이상 그들의 생식에 필요하지 않기 때문이다.

만약 실제의 여자가 여성을 히스테리적으로 발견하는 가운데(그러나 실제의 여자는 이에 저항하는 다른 수단을 지니고 있다) 사라지는 것처럼 보인다면, 그리고 실제의 여자가 성적 차이를 발견하는 가운데(이때 남성은 단번에 특권이 부여된 극을 차지하는 반면에, 페미니스트들의 모든 투쟁은 이러한 특권이나 해결할 수 없는 차이를 계속 없애려고 할 것이다) 사라지는 것처럼 보인다면, 남성의 욕망이 완전히 의심스러워지는 것을 파악해야 한다. 왜냐하면 남성의 욕망은 자기 모습을 지닌 다른 사람에게 투영되고 순전히 사변적이 될 수밖에 없기 때문이다. 따라서 남근에 관한 모든 쓸데없는 행위와 남성의 성적 특권 등은 재검토되어야 한다. 이제 성적 환상에는 일종의 초월적인 공평함이 있을 수 있는데, 미분화 상태에서 가차없이 절정에 달하는 성적 분화의 이러한 과정을 통해 두 성은 똑같이 자신의 특이성이나 타자성을 상실한다. 우리는 성전환의 시대에 있다. 성적 차이에 결부된 모든 갈등은 실제의 모든 성과, 두 성이 지닌 실제의 모든 타자성이 사라진 후에도 오랫동안 존속되고 있다.

히스테리에 의해 여성이 남성을 투영하게 되는 이러한(성공한?) 과정을, 각 개인(남자 혹은 여자)은 자신의 육체에서 되풀이한다. 이는 타자성으로서, 그리고 운명으로서가 아니라 자아 투영으로서의 육체와 자신을 동일시하고 그것에 적응하는 것이다. 얼굴 모습에 의해, 성에 의해, 질병이나 죽음에 의해 동일성은 끊임없이 변한다. 이때 우리는 아무것도 할 수가 없다. 그것이 바로 운명이다. 그러나 정확히 말하면 그것은 육체의 동일시를 통해, 육체의 개인적 적응을 통해, 우리의 욕망으로부터, 우리의 외관으로부터, 우리의 이미지로부터 반드시 배격되어야만 한다. 그것은 신체의 모든 부위에 조처를 강구하는 성형외과와 같다. 왜냐하면 육체가 타자성과 투쟁적 관계의 장소가 아니라 동일시의 장소라면, 우리는 긴급히 육체와 화해하고, 육체를 되찾고, 육체를 완전하게 하고, 육체를 이상적인 대상으로 만들어야 하기 때문이다. 우리가 앞서 기술한 바 있는 투영적 동일시를 통해 남자가 여자를 대하듯이 각자는 자신의 육체를 대한다. 즉 그는 맹목적 숭배의 대상처럼 육체를 대하고, 자기 자신을 육체와 완전히 동일시하려고 시도하는 가운데 맹목적 숭배의 대상처럼 육체를 사용한다. 육체는 자폐증적 숭배와 거의 근친상간적인 조종의 대상이 된다. 그리고 육체와 자신의 모델과의 유사함은 에로티시즘과 '순수한' 자기 유혹의 근원이 된다. (사실 이러한 유사함은 잠재적으로 타자를 배제하고, 다른 이유에서 생겨난 모든 유혹을 거부하는 최상의 방법이 된다.)

많은 다른 것들은 여전히 타자의 이러한 생산, 즉 히스테리적이고 사변적인 생산——예를 들면 인종 차별, 현대성의 흐름에 따른 그것의 발전, 그것의 실제적인 악화——의 영역에 속한다. 논리적으로 당연히 인종 차별은 진보와 계몽의 흐름에 따라 줄어들어야만 했다. 그런데 인종의 유전 이론이 근거 없다는 사실을 알게 되면 될수록 인종 차별은 더욱더 강화된다. 그러나 그것은 문화들의 특이성(그들의 타자성)이 점진적으로 쇠퇴하는 것에 근거하여 타자를 **인위적으로 구성하고**, 차이를 맹목적으로 숭배하는 체계 속으로 들어가는 것이 문제가 되기 때문이다. 타자성, 기이함, 결투적인 관계 (경우에 따라서는 폭력적인 관계)가 있는 한 엄밀하게 말해 인종 차별은 없다. 대체로 18세기까지 인류학적인 이야기들은 이를 잘 증명한다. 일단 '자연적인' 이러한 관계가 상실되면, 사람들은 인위적인 타자와 지수함수적인 관계를 맺게 된다. 그리고 우리 문화에는 인종 차별을 억제할 수 있게 하는 것은 없다. 왜냐하면 우리 문화의 모든 움직임은 미친 듯이 차별적으로 타자를 구성하고, 타자를 통해 끊임없이 동일자를 확대 적용하는 방향으로 나아가기 때문이다. 우리 문화는 바로 속임수를 쓰는 이타주의의 형태를 지닌 자폐증적 문화인 것이다.

사람들은 소외에 대하여 말한다. 그러나 최악의 소외는 다른 사람에 **의해**서 박탈당하는 것이 아니라 다른 사람**으로부터** 박탈당하는 것이다. 그것은 다른 사람이 없으면 다른 사람을 만들어 내어야만 하는 것이며, 자기 자신과 자기 자신의 모습으로 되돌려보내지는 것이다. 만약 오늘날 우리가 우리의 모습을 유지할 것을 강요받는다면(즉 우리의 육체, 우리의 룩(look), 우리의 동일성, 우리의 욕망을 유지할 것을 강요받는다면), 그것은 소외의 행위라기보다는 오히려 소외의 종말과 타자의 잠재적 사라짐에 해당되는 행위이다. 그것은 훨씬 더 나쁜 숙명이다. 사실 소외의 정의는 자기 자신을 주목의 대상으로, 관심의 대상으로, 욕망의 대상으로, 고통과 의사 소통의 대상으로 간주하는 것이다. 다른 사람을 결정적으로 고려하지 않고 뛰어넘는 것은 투명성의 시대의 막을 여는 것이다. 성형외과는 보편적인 것이 된다. 얼굴과 신체를 다루는 성형외과는 매우 철저한 외과——타자성과 운명을 다루는 외과——의 징후에 불과하다.

그러면 어떤 해결책이 있을 수 있는가? 모든 문화의 성적 움직임, 이러한 매혹, 타자성과 모든 기이함과 모든 부정성을 부정하는 이러한 현기증, 악의 이러한 배제, 그리고 동일자와 파급된 그 형태들——근친상간, 자폐증, 쌍둥이 출산, 인간 복제——을 둘러싼 이러한 화해에는 어떠한 해결책도 없다. 우리는 다른 사람과 화해하지 않고, 타자의 기이함을 보존하는 데는 유혹이 존재한다는 사실을 기억할 수밖에 없다. 우리는 자신의 육체와 화해해서도 안 되고, 자기 자신과 화해해서도 안 된다. 다른 사람과 화해해서도 안 되고, 자연과 화해해서도 안 되며, 여성과 화해해서도 안 된다. (이것은 또한 여자들에게도 적용된다.) 바로 거기에 기이한 매력이 지니는 비밀이 있다.

1993년 7월 5일

13

가상의 무력함

최근 프랑스 대학생들이 앙굴렘(Angoulême) 역에서 시위를 하며 TGV를 정지시킨 사건이 있었다. 차창을 뒤로 한 채 꼼짝하지 않는 승객들을 따라 수많은 대학생들이 열차의 양쪽으로 지나갔다. 시끄럽게 항의하고, 슬로건을 내세우고 노호하였다. 그러나 누구에게 항의한 것이었을까? 이는 마치 인공위성을 향해 분노하여 외치는 것 같았다. 왜냐하면 TGV는 지나가는 가상 현실, 즉 **시험관 속의** 프랑스를 가로지르는 가상 현실이기 때문이다. 다시 말하면 돈, 속력, 순환하는 모든 것을 구체적으로 표현하는 TGV는 잠재적인 실업자들의 현실 세계에 직면해 있는 프랑스를 가로지르는 가상 현실이기 때문이다. 이 사건은 시간의 화살과 이미 지나간 젊음 사이의 초현실적인 대결이다. 그들이 부자들의 투명성으로부터 얻어낼 수 있는 모든 것은, 자신들이 희생자가 되고 있는 텔레비전 방영의 10분간 정지, 즉 일시적인 영상 정지이다.

이 사건은 현실과 가상의 충돌, 그리고 우리의 세계에 부합되는 환상적 결과라는 아주 작은 에피소드일 뿐만 아니라 초단파의 가상 공간과 무주파의 현실 공간의 분리라는 단순한 에피소드이기도 하다. 가상 공간과 현실 공간 사이에는 어떠한 공통점도 커뮤니케이션도 없다. (새로운 영상이나 원격 시뮬레이션뿐만 아니라 전지구적 금융의 가상 공간, 멀티미디어와 정보 고속도로의 가상 공간도 포함하는) 가상의 무조건적인 확장은, 현실 공간과 우리를 둘러싸고 있는 모든 것에 대해 전례 없는 사막화(désertification)를 초래한다. 통행의 고속도로에 대해서도, 정보의 고속도로에 대해서도 마찬가지이다. 풍경이 소멸되고, 영토가 사막화되고, 실제 거리가 사라진다. 우리의 정보 고속도로의 경우에 물리적이고 지리적인 것은, 정신적 거리의 사라짐과 시간의 절대 단축과 더불어 전자적으로 그 모든 의미를 지니게 된다. 모든 단락(短絡)——그리고 세계적 규모의 하이퍼 공간을 새로 만들어 내는 것은 엄청난 단락과 같다——은 전기 충격을 일으킨다. 그리고 우리가 예상할 수 있는 것은, 정보가 자체의 집중화를 통해 초래할 수 있는 영토의 사라짐만이 아니라 사회적인 것의 사라짐, 노동의 사라짐, 육체의 사라짐이다. 이는 금융 거래와 정보망의 빅뱅이 동시에 이루어지는 일종의 **대위기**이다. 우리는 이러한 과정의 시작에 있을 뿐이지만, 사라짐과 사막화는 이미 정보의 과정보다 훨씬 더 빨리 확산되고 있다. 가상 세계와 현실 세계라는 두 세계는 말 그대로 서로 단절되어 있지만 똑같이 지수함수적(exponentiel)으로 작용한다. 그러나 이러한 불균형은 새로운 정치적 상황이나 진짜 위기를 만들어 내지 못한다. 왜냐하면 기억은 현실과 동시에 사라지기 때문이다. 그것은 단지 파국적인 것이나 다름없다.

가상의 모든 분야에서 일류의 사람들——세계 금융의 불가사의한 전략가이든 정보의 보편적 민주주의 지지자이든간에——이 파악하지 못하는 다른 파국적인 시각은 **임계질량**(masse critique) 현상이다. 사람들은 우주의 차원에서 임계질량 현상에 관한 데이터들을 알고 있다. 만약 우주의 질량이 어떤 한계에 미치지 못하면, 우주는 팽창되고 빅뱅은 끝없이 연장된다. 만약 한계를 넘어서게 되면, 우주는 내파되고 축소되는데, 이는 바로 **대위기**이다. 그런데 모든 관계를 고려해 보면, 정보의 영역은(이미지나 메시지의 궤도 순환과 마찬가지로 돈의 궤도 순환이 실시간으로 이루어지므로) 무한히 발전할 수 있는 전망 속에서, 그리고 사람들이 우리에게 약속하는 모든 망을 보편적으로 연결할 수 있는 전망 속에서 같은 종류의 갑작스러운 역전을 겪을지도 모른다. 정보의 고속도로와 더불어 우리는 이 위험 수위를 넘어서기 위해 전력투구하고 있는 것처럼 보인다. 정보의 고속도로를 옹호하는 사람들이 원심 분리의 놀라운 확대만을 보게 될 때, 우리는 수축과 자동 붕괴를 초래하게 될 그러한 포화 상태와 밀도를 향해 나아가는 것은 아닐까? 이러한 우발성은 최고도의 영역, 즉 초접속 영역과 사막화된 다른 세계(정보의 제4세계) 사이의 불균형의 우발성이 아니라 최첨단의 가상 세계에 내재하는 대재난, 즉 과도한 임계질량에 의한 내파이다.

게다가 우리가 이미 이 위험 수위를 넘어선 것은 아닌지, 그리고 수많은 멀티미디어 데이터들이 폐기되고 정보의 객관적 실체라는 항목으로 이루어진 종합 평가가 이미 부정적인 것이 됨에 따라 정보의 대재난이 이미 거기에 있는 것은 아닌지 의심스러울 수 있다. 거기에는 사회적인 것에 대한 선례가 있다. 사회적인 임계질량은 수많은 사람들, 수많은 통제망, 사회화의 망, 의사 소통망, 모니터를 통한 인간과 기계와의 대화의 망과 더불어 그 위험 수위를 폭넓게 넘어섰다──당장에 사회적인 것과 그 개념의 실제 영역의 내파를 초래하면서 말이다. 모든 것이 사회적인 것이 되면, 갑자기 사회적인 것은 더 이상 없게 된다.

그러나 테크놀로지에 대한 이 열광적인 낙관주의 이면에서, 가상에 대한 구체적인 표현 이면에서 우리는 이 위험 수위와 정보 영역의 단계적 반전을 열망한다. 세계적 차원에서 이 엄청난 사건, 즉 이 일반적인 내파를 겪지 않으면, 우리는 마이크로-모델의 차원에서 그 실험적 기쁨을 누릴 것이다. 과정의 가속화에 비추어 보면, 종국은 매우 가까워질 수 있다. 그러므로 정보와 커뮤니케이션의 과융합을 적극적으로 조장해야 한다.

어쨌든 여기에서 우리는 선택적인 가정을 해볼 수 있다. 그것은 마이크로소프트와 원격자본주의의 지배자들이라는 세계의 새로운 지배자들이 지니는 통제할 수 없는 힘에 이르기까지 가상의 테크놀로지가 지니는 힘, 즉 가상 현실의 억제할 수 없는 증대를 묘사하는 것이다.(《르 몽드 디플로마티크》, 1995년 5월) 이와 같은 묘사는 이러한 환경 자체의 자동 중독을 반향하는 미디어에 의한 중독을 매우 폭넓게 보여 준다.

따라서 두 가지의 사태가 전제될 수 있다. 하나는 더 이상 어떻게 해볼 도리가 없다는 것이다. 즉 전세계는 이미 온갖 종류의 실제적인 힘을 집중시킬 수 있는 테크놀로지의 힘의 지배하에 있다는 것이다. 그러므로 이러한 전망 속에서는, 우리가 영토상에서 소멸되듯 지도상에서 이미 소멸된 것이나 다름없기 때문에 사라질 수밖에 없다. 다른 하나는 그러한 것이 아니라 그 모든 것 **역시 가상적인 것이라는 것이다. 가상적인 것이 지니는 힘은 정확히 말해서 가상적일 뿐이다.** 이는 가상적인 것이 지니는 힘이 환각적으로 증대될 수 있고, 이른바 '현실' 세계로부터 멀리 떨어져 현실 원칙을 상실할 수 있는 이유이다. 이제 이러한 기술적인 힘이 세계에 대한 지배력을 확장하려면 궁극 목적성을 지니든가(힘의 궁극 목적성이 없다면 힘은 있을 수 없다), 지니지 않든가 해야 할 것이다. 이 기술적인 힘은 자신의 망 속에서, 자신의 코드 속에서 무한히 전사될 수밖에 없다. 투기 자본까지도 자신의 궤도로부터 거의 벗어나지 못한다. 즉 그것은 자신의 투기 공간 속에서 축적되거나 사라진다. 미디어와 정보에 의한 이러한 힘을 정치 권력으로 변형시키는 것에 관해 말하자면, 베를루스코니(Berlusconi)의 경우에 미디어에 의한 쿠데타를 주장하는 것과는 반대로(이때 정치 권력을 지배하는 것은 경제와 커뮤니케이션을 지배하게 된 어떤 형식뿐이었다), 그것은 즉각적으로 실패하였다.

사람들은 미디어 권력에 대한 과대 평가 때문에 실제로 두려움을 느꼈다. 미디어가 최선의 경우든 최악의 경우든 모든 권력으로 하여금 현실감을 잃게 하는 것인데도 말이다. 이것이 바로 가상적인 것이 지니는 숙명이다. 이제부터는 가상의 전략**만**이 있을 뿐이기 때문에 가상적인 것에 **대한** 전략은 없을 것이다.

따라서 '세계의 지배자들'은 없고, 투명성의 지배자들만이 있다. 자발적인 예속의 새로운 형태에 지나지 않는 것에 의해, 우리가 가상적인 것의 지배권에 복종해야만 하는 것은 그들의 돈, 그들의 제품과 아이디어가 세계화된 시장의 경계를 장애물 없이 넘나들고 있기 때문은 아니다.

1995년 6월 6일

14

서방의 세르비아화

초인적인 노력과 3년간의 산발적인 학살의 대가로, 그러나 특히 국제 공동체 세력의 굴복 끝에 서방의 여론은 세르비아인들이 침략자였다는 사실을 마침내 마지못해, 그리고 가능한 조심스럽게 인정하게 되었다. 이러한 인정과 함께 사람들은 가능한 확고부동하고 명확한 방향으로 나아간 것처럼 보인다——사실 사람들은 결국 전쟁의 출발점에 이르게 되었다. 오래 전부터 '교전국'의 공식 견해에 맞서 세르비아인들의 이러한 침략을 폭로했던 사람들조차도 이러한 입장의 전환을 승리로 축하하고 있었다. (서방 세력의 입장에서 보면 바로 거기서부터 이러한 침략을 종결짓는 것 이외에는 다른 해결책이 없다는 것을 순진하게 기대하면서 말이다.) 그것은 분명히 사실이 아닐 것이다. 그리고 매우 형식적으로 침략자를 침략자로 이렇게 인정하는 것은 희생자를 희생자로 인정할 수 없게 만든다. 그 점에 대해 환상을 품기 위해서는, '웃음거리와 수치로 마음속 깊이' 상처를 받았다고 생각하고, '자멸'을 초래하는 유럽과 국제 세력의 노력에 호소하는 사람들——사실 그들은 정치인들의 항구적인 위선과 같은 자신의 헛된 노력에 대해 단 한순간도 놀라지 않고 있다——의 복음주의적인 모든 이상주의가 필요하다. 왜냐하면 신랄한 비난은 범죄와 어깨를 나란히 하기 때문이며, 이 둘은 동시에 사건의 끝없는 조화 속에서 증대되기 때문이다. 서방이 자신의 상황을 의식하

지 못하기 때문에, 서구 의식이 동시에 위선과 좋은 감정을 독차지하기 때
문에, 사람들은 살인자가 왜 거만함과 범죄를 독차지하지 못했는지를 알지
못한다.

　사실 국제 세력의 기이한 무력 시위도, 유리한 소송을 이끄는 소송대리인
들의 역겨운 한탄도 실제 효과를 지니지 못할 것이다. 왜냐하면 상황의 분
석을 통해 사람들은 결정적으로 그리고 궁극적으로 난관을 극복하지 못했
기 때문이며, 아무도 감히 이 난관을 극복하려고 하지 않기 때문이다. 그것
은 세르비아인들이 침략자일 뿐만 아니라(이는 열려진 문을 부수는 것이다),
우리의 객관적인 지지자라는 사실(그들은 거북스러운 소수 민족으로부터 해
방된 미래의 유럽, 그리고 자신의 가치들——인간의 권리와 시장의 투명성을
민주주의적으로 지배하는 가치들——에 대한 철저한 반박으로부터 해방된 미
래의 세계 질서를 제거하는 활동을 한다)을 인정하는 것일 터이다.

　이러한 모든 것을 통해 문제가 되는 것은 악에 대한 검토이다. 세르비아
인들을 '위험한 정신병자'로 폭로하면서, 우리는 우리의 순수한 민주주의
적 의도에 대해 단 한순간도 의심하지 않은 채 악의 확산을 막았기 때문에
강자가 된다. 우리는 세르비아인들을 적이 아닌 악인으로 지명하면서 모든
것을 했다고 생각한다. 그리고 그런 이유로 세계의 전선에서 서양인들, 즉
유럽인들인 우리는 이슬람·회교도들 같은 적들과 싸우고 있다. 우리는 도
처에서, 체첸에서는 러시아인들과 싸우고(이것은 서방의 수치스러운 관용이
다), 병참술에 의해 끝까지 지지하면서 우리가 군사력을 널리 알리는 알제
리에서도 싸운다. (마치 우연인 것처럼, 보스니아에서 '교전국'의 공식 견해를
비난하는 '위선적인 보수주의자들'은 정확히 동일한 언어——근본주의 테러리
즘에 대항하는 국가 테러리즘, 즉 악과 동등한 가치를 지니는 것——를 사용한
다. 그리고 우리는 이 잔인함에 무력한 구경꾼들이다——마치 국가 테러리즘이
우리의 테러리즘이 아닌 것처럼, 우리는 우리 나라에서 이미 매우 드물게 이러
한 테러리즘을 행사하고 있다.) 요컨대 우리는 연막탄으로 세르비아인들의
어떤 입장에 포격을 가할 수 있지만, 실제로 그들의 입장에 반하여 개입하

지는 않을 것이다. 왜냐하면 그들은 근본적으로 우리와 같은 일을 하기 때문이다. 우리는 분쟁을 해결하기 위해 필요하다면, 오히려 희생자들을 파멸시킬 것이다. 희생자들은 그들이 자신을 방어할 기세이면 침략자들보다 훨씬 더 거북스럽다. 그리고 우리는 그들이 회교도들과 보스니아인들이라는 사실을 알게 될 것이다. (물론 신속한 개입력은 곧 그들을 완전히 제거하고 무력화할 수밖에 없을 것이다.) 회교도들이 대규모로 공격하는 경우에는, 우리는 국제 세력이 실제로 효력을 발휘하는 것을 보게 될 것이다.

이것이 바로 이러한 전쟁이 끝없이 펼쳐지는 진짜 이유이다. 분명하게 숙고해 보자. 모든 외관에도 불구하고(그러나 자신의 모호성을 통해 외관은 자신에 대해 말한다) 이러한 근본적인 공모가 없으면, 이러한 객관적인 동맹이 없으면(그렇다고 해서 고의적이거나 의도적이 되지 않은 채), 이러한 전쟁이 이미 끝나지 않을 어떠한 이유도 없다. 이는 정확히 말해서 사담 후세인의 경우와 동일한 시나리오이다. 즉 우리는 미디어와 테크놀로지의 힘을 발휘하면서 그와 맞서 싸웠다――그래도 역시 그는 존재하며, 우리의 객관적인 지지자로 남아 있다. 그는 인간의 권리라는 이름으로 신랄하게 비난받고 고발되고 있지만, 그럼에도 불구하고 이란·쿠르드족·시아파교도들에 대항하는 우리의 객관적인 지지자이다. 게다가 그것은 이 (걸프) 전쟁이 실제로 일어나지 않았던 이유들 중의 하나이다. 그것은 사담이 결코 우리의 진짜 적이 아니었기 때문이다. 어떻게 보면 세르비아인들을 인류로부터 추방하면서, 그리고 그들에게 그들의 일을 계속하게 내버려두면서 우리가 그들을 감싸 주는 것과 마찬가지이다.

문제는 바로 보스니아인들에게 자신의 불행에 대한 책임을 납득시키는 것이다. 우리가 2년 전부터 그렇게 하려고 시도하듯이 외교적 수단으로 거기에 이르지 못하면, 우리는 힘으로 그렇게 해야만 할 것이다. 그래도 엄청난 눈가림 이면에서, 인도주의자와 군대와 외교의 상투적인 정치 선전 구호 이면에서 일어나는 것을 파악하려고 해야만 할 것이다. 모든 분쟁에서 패배당하는 것――이는 엄밀하게 말해서 전쟁의 정치적 차원이다――과 희생당하는 것, 즉 엄밀하게 말해서 제거되고 쫓겨나게 되는 것, 가장 근본적인 쟁점과 최종 목적으로 남는 것을 구별해야만 한다. 그리하여 알제리 전쟁에서 우리는 알제리군과 싸웠다. 그러나 이 싸움에서 실제로 희생되었던 것은 알제리의 혁명이다——그리고 우리는 알제리군과 함께 알제리의 혁명을 이루었다. (그리고 우리는 계속 혁명을 이루고 있다.) 보스니아에서 우리는 다문화 유럽의 이름으로 (절도 있게) 세르비아인들과 싸우고 있다. 그러나 이러한 상황에서 희생된 것은 바로 가치도 없는 무관심한 세계 질서와 (가치로) 맞서는 다른 문화이다. 그리고 그러한 것을 우리는 세르비아인들과 함께 하고 있다.

제국주의는 모습을 바꾸었다. 이제 서방 세계가 보편적인 것의 구실로 전 세계에 강요하고자 하는 것은 완전히 현실 감각을 상실한 자신의 가치가 아니라 자신의 가치 부재이다. 어떤 특이성, 어떤 소수민족, 어떤 특수한 방언, 어떤 정열이나 확고부동한 믿음, 그리고 특히 어떤 적대적인 세계관이 계속 존재하거나 지속하는 어디에서나 무관심한 질서——우리가 우리 자신의 가치들에 무관심한 것과 마찬가지로 무관심한 질서——를 받아들이게 해야만 한다. 우리는 차이에 따라 관대하게 권리를 분배하지만 비밀리에, 그리고 냉혹하게, 우리는 생기를 잃은 미분화된 세계를 만들어 내려고 노력한다.

이러한 테러리즘은 근본주의적인 것이 아니다. 그것은 정확히 말해서 근거 없는 문화가 지니는 테러리즘이다. 이러한 쟁점은 정치적 급변과 형태들을 넘어서는 것이다. 그것은 더 이상 전선도 세력 관계도 아니다. 그것은 초정치적인 분열선이다. 그리고 오늘날 이러한 분열선은 원래 이슬람을 통과하지만, 소위 민주주의적이고 문명화된 모든 나라의 한가운데로, 그리고 확실히 우리 각자의 깊숙한 곳으로 통과한다.

1995년 7월 3일

15

서방이 죽음을 대신할 때

세르비아의 침략에 반응하는 서방의 군사적 무력함은 자신의 군인들 중의 단 한 명의 생명에도 개입할 수 없음과 같다. 그 점에서 군인들은 세르비아인들이 그들을 인질로 삼기도 전에 인질이 되어 버렸다. 그것은 그들의 생명이 무엇보다도 보존되어야 하기 때문이다. 죽음의 부재, 이것이 바로 본래의 전쟁의 시도 동기이다. 이것이 바로 전쟁에 대한 조롱과 동시에 전쟁의 완벽함, 즉 실수 없는 스포츠 코스의 완벽함이다.

그것은 이미 걸프전의 경우였는데, 이때 서방의 전사자들만이 사고로 말미암은 것이었다. 어쨌든 걸프전은 힘(가상적인 절대적 힘)을 발휘하는 듯한 착각을 일으키는 테크놀로지의 증명으로 끝났다. 반면에 보스니아는 완전한 무력함의 실례를 보여 준다. 그리고 세르비아인들에게 자유롭게 행동하도록 내버려두는 이러한 무력함이 이 전쟁의 비밀스런 목적에 부합한다면, 그것은 또한 서방 전쟁의 장치를 상징적으로 제거하는 것과 같다. 가엾은 서방! 서방이 (저항하는 모든 지역을 해결하면서) 세계 질서를 확립하는 자신의 임무를 대범하게, 그리고 의기양양하게 완수할 수 있기만 한다면 좋으련만. 그러나 서방은 중재하는 외국인 용병들을 통해 세계적 규모로 이 고약한 일을 실행한다는 것을——분열된 자기 의식의 깊숙한 곳에서——무력하게 목격해야만 한다. 다시 말하면 자신의 굴욕과 명예 실추를 목격해야만 한다.

 그러나 이러한 군사적 마비는 별로 놀랄 일이 아니다. 그것은 문명 세계의 정신적 마비와 관련이 있다. 서방이 자신의 군인들 중의 단 한 명의 생명에도 더 이상 개입할 수 없을 때는 문명의 최고도의 단계——이때 군대는 인간 생활의 신성한 권리에 대한 존중과 인도주의적인 것에 동조한다——가 문제된다고 생각할 수 있다. 사실상 그것은 정반대이다. 그리고 이 가상적 군인, 즉 더 이상 군인이 아닌 군인의 운명은 문명인의 운명에 따른다. 물론 이때 문명인의 집단적 가치와 목적은 대체로 사라지고, 그의 존재는 무엇을 위해서이건 희생될 수 있다——우리는 자기 자신을 위해 어떤 가치를 지닐 수 있는 것에만 개입할 수 있는 것이다.

 우리가 만들어 낸 개인, 그의 절대적 관심을 통해 우리가 찬양하는 개인, 그의 무력함을 통해 우리가 인간 권리의 모든 법적인 책임으로부터 보호하는 개인, 이러한 개인은 바로 니체가 말하는 최후의 인간이다. 그는 혈통이나 초월성에 대한 진정한 희망도 없이 자기 자신과 자신의 삶을 이용하는 사람, 즉 최후의 개인이다. 그는 유전적으로 생식이 불가능하고 카운트다운할 수밖에 없는 영원한 인간이다. 이러한 개인은 순환과 종(種)의 종말이며, 프랙털화되고 다원화되면서, 그리고 자신의 인간과 복제 인간이 되면서 필사적으로 삶을 이어가려고 할 뿐이다. 따라서 이 최후의 인간은 더 이상 희생될 수 없다. 왜냐하면 그가 마지막 사람이기 때문이다. 자신의 사용 가치로, 실시간으로 이루어지는 자신의 생존으로 환원되면 어느 누구도 자신의 삶에 개입할 권리를 갖지 못한다. 이것이 바로 최후의 인간이 지니는 운명, 아니 오히려 최후의 인간이 지니는 운명의 부재이다. 이것이 바로 결연히 대항하거나 체면을 세우는 모험을 감행할 수 없는 문명 국가들의 무력함을 본받아 최후의 인간이 보여 주는 무력함의 연속이다.

 근본적으로 두 가지의 사태가 관련된다. 하나는 민족적 순화의 영향 아래에서 모든 외국 문화와 특이한 모든 소수 민족을 제거하는 것이고, 다른 하나는 어떤 대가를 치르더라도 보호와 생존의 영향 아래에서 특이성으로서

의, 확고부동한 사실로서의——특이성 중에서 가장 특이한——죽음을 제
거하는 것이다. 어떻게 보면 우리의 삶 자체는 순화된다——유엔의 가상적
군인이 자신의 기술적 방어물 속에서 움직이듯이 죽음을 피해 자신의 가상
적 방어물 속에서 움직이면서 말이다. 납치된 군인조차도 그렇다고 해서 매
우 실제적이 되는 것은 아니다. 그는 서방과 세르비아인들 사이의 허울뿐인
대립과 공모의 포틀래치 속에서, 그리고 군사적 속임수라는 공모와 비겁함
의 믿기지 않는 연쇄 반응 속에서——물론 이때 무명의 군인 대신에 가상
적 군인, 즉 죽지는 않지만 마비되고 꼼짝 못하게 된 채 죽음을 대신하는 가
상적 군인이 싸울 준비를 한다——교환물의 구실만을 할 뿐이다. 따라서
사람들은 더 이상 죽음을 기대하지 못했던 곳에서 온갖 형태의 죽음이 다시
펼쳐지는 것을 목격하게 된다.

　신속한 반응을 보인 군대와 포르프로뉘(forpronu)를 살펴보자. 보스니아
분쟁을 통해서 그것들 역시 즉각적으로 (자신들이 악착스럽게 막아 온) 죽음
을 대신했다. 텔레비전의 화면 이면에서, 우리 모두는 은밀하게 죽음을 대
신한다. 살인자들인 세르비아인들은 자기 방식대로 살아 있다. 희생자들인
사라예보의 사람들은 실제 죽음의 편에 있다. 그러나 우리는 기이한 상황
속에 있다. 즉 우리는 죽지도 살아 있지도 않으면서 죽음의 처지에 놓여 있
다. 그리고 이러한 의미에서 보면, 보스니아 분쟁은 세계적인 시험이다. 현
재의 세계 어디에서나 서방은 죽음을 대신했다.

　그러나 모든 수단을 동원하여 이러한 상황을 몰아낸 것은 잘못이 아니다.
스위스인들은 거의 성공을 거두었다. 그들의 매우 오래된 술책은 전유럽에
외국인 용병들을 제공하여 전쟁을 피하는 것이었다. 이것은 오늘날 부유한
모든 나라들이 행하는 것이다. 전세계에 무기를 제공하면서, 그리고 그들의
영토 내에서 일어나는 폭력은 아니라도 전쟁을 몰아내면서 말이다. 그러나
아무런 효과도 없다. 즉 우리가 죽음을 몰아내고자 하는 곳에서, 죽음은 모
든 보호막을 통해서, 그리고 우리 문화의 마지막 경계에 이르기까지 다시 나
타난다.

　우리의 인도주의적이고 생태학적인 모든 이데올로기들은 우리에게 인류와 인류의 생존에 대해서만 말할 뿐이다. 그것은 인도주의와 인간주의 사이의 차이이다. 인간주의는 자신의 철학과 도덕과 더불어 인류의 개념에 연결된, 그리고 창조되고 있는 역사를 특징짓는 강한 가치 체계이다. 반면에 인도주의는 위협받는 인류의 보호에 연결된, 그리고 폐기물을 최적으로 관리하는 부정적인 전망——사람들은 폐기물이 본래 타락할 수 없는 것이라는 사실을 알고 있다——이외의 다른 전망도 없이 해체되고 있는 역사를 특징짓는 약한 가치 체계이다. 생존의 견지에서 보면, 다시 말해서 죽음으로부터 지나치게 소중히 연장되고 보호받는 삶의 견지에서 보면, 삶 자체는 우리가 더 이상 벗어날 수 없는 폐기물, 끝없는 재생산의 위협을 받는 폐기물이 된다.

　그런데 우리는 보스니아에서 이 끝없는 재생산, 죽음의 이 패러디, 해체되고 있는 역사의 이 불길한 혼돈, 즉 군대와 인도주의가 뒤섞이는 이 희극을 목격한다.

반복되는 역사는 희극이 된다.
반복되는 희극은 역사가 된다.

1995년 7월 17일

16

대규모 숙청

혐의를 벗기는 것은 이 세기말의 매우 중요한 활동이다. 대부분이 오히려 악·폭력·타락과 유죄의 대상이 되었기 때문에 사람들은 환상적인 폐기물 앞에 다시 있게 되며, 이 폐기물에 흔적을 남겼던 모든 급격한 변화, 이데올로기, 폭로로 인한 끝없는 슬픈 일에 가담하게 된다. 이는 역사에 대한 뉘우침, 역사의 청산, 역사의 권위 실추이다. 다시 말하면 추잡한 역사, 더러운 돈, 타락한 의식, 오염된 지구의 혐의를 벗기는 것이다.

이것은 추억을 순화하는 것——환경을 위생적으로 순화하는 것——민족적으로, 그리고 인종적으로 사람들을 순화하는 것이다. 그러나 특히 정치 계급은 희생을 초래하는 뉘우침의 시대로 접어들었다. 오늘날 모든 정치인들, 즉 권력의 지위에 있는 모든 사람들은 잠재적인 혐의를 느끼고 있으며, 더러운 돈에 대해서와 마찬가지로 혐의에서 벗어나야만 한다. 그는 재순환되기 전에 세뇌(lavage de cerveau)는 아니더라도 적어도 평판의 세척을 받아야만 한다. 마치 동맥계에 피를 다시 주입하기 전에 피를 세척하는 것처럼 말이다. (게다가 그것은 에이즈의 경우는 아니지만 오래 전부터 정치 계급에 대단한 스캔들을 불러일으켰다——오염된 피의 바이러스는 환자들의 동맥 총에서보다는 정치적인 것의 망 속에서 훨씬 더 빨리 순환한다.)

경우에 따라서는 미덕을 회복하기 위해 자신의 악덕을 공공연히 표방해야 한다. 그것은 유행에 따르는 일종의 정치적 전략이 되어 버렸다. 말하자면 그것은 자신의 과오, 자신의 타락, 자신의 부도덕함을 하소연하는 것이고, 어떤 대가를 치르더라도 혐의로 고발당하려고 애쓰는 것이다. 그것은 가장한 속죄 방식이고 혐의를 벗는 기술인데, 대중 의식은 크게 신경 쓰지 않고 그것을 즐기게 된다. 모든 사람들이 베레고브와(Bérégovoy)처럼 자살하면서 혐의를 벗을 수는 없다. 사실 베레고브와는(사람들이 고상한 일로 죽을 수 있기 때문에 정치 계급을 고상한 직업으로 만들면서) 동시에 정치 계급의 혐의를 벗겼지만, 그 자신에게는 독이 든 선물을 하였다. 왜냐하면 그는 동일한 무력함과 동일한 불명예를 받아들이면서, 다시 말해서 사라지는 동일한 이유를 받아들이면서 고상한 일로 죽지 않으려고 하는 모든 사람들의 비겁함과 비참함을 강조했기 때문이다.

정치 계급의 혐의를 벗기고 그 권위를 실추시키려는 이같은 관점은 다른 점에서 보면 사법적 공격, 즉 반부패 운동을 명확히 설명해 준다. 깨끗한 손은 스타들의 사생활과 같은 이유로 일상적인 화젯거리가 된다. 상황은 이러하다. 정치 계급은 자신의 면책특권과 처벌받지 않음을 통해서 불안해한다는 것이다. 사회 집단으로부터 동떨어진 채 무중력 상태에서 진화하는, 정치 계급은 대중들의 원거리 부재를 통해서, 그리고 자기 면책이 되어 버린 원거리 시민에 직면하여 치명적인 것이 되어 버린 면책특권을 통해서 대표 행위의 다른 면에서 죽을 지경이다. 자신의 원거리 면책특권을 통해서 스크린의 다른 면에서 죽을 지경인 미디어 계급의 경우도 문제는 마찬가지이다. 그리하여 거대한 **리얼리티 쇼**와 상호 작용적 지속 주입의 필요성은 대중들에게 완전한 단역을 부여하게 된다. 정치적인 영역에서, 절대적인 필요성은 역시 정치 계급에게 자신의 감금으로부터 벗어나서 탯줄을 다시 잇는 기회를 부여하기 위해 스캔들에 의해 고발하고 폭로하는 것을 포함하여 모든 수단들에 의해 이 처벌받지 않음을 없애는 것이다.

정치 계급의 관점에서 보면, 그것은 생사가 걸려 있는 문제이다. 그런데 정치 계급은 자신의 특권을 폐기할 수 없다. 앞서 보았듯이 정치 계급은, 단지 집단적으로 특사를 받을 수 있을 뿐이다. 따라서 어떻게 보면 정치 계급은 이러한 일을 하기 위해 재판관들을 임명한다. 정치 계급은 자신의 면책 특권으로부터 혐의를 벗기 위해, 감금과 자신이 괴로워하는 무관심으로부터 자신을 정당화하기 위해 사법 계급을 이용한다. 비판받기 쉽고 상처받기 쉬운 것처럼 보이면서, 열려 있고 접근하기 쉬운 것처럼 보이면서 말이다.

우리의 체계 속에서 정치 계급과 사법 계급이 실제로 싸울 수 있다고 생각하는 것은 커다란 착각이다. 그 모든 것은 자기 자신에 대해 숙청하는 시늉을 할 뿐인 특권 계급 내부에서 나누어 일하는 것에 지나지 않는다──보다 잘 다시 안정되기 위해 아주 희미하게 불안정하게 되면서 말이다. 그러나 이러한 안정이 장기적인 행운을 갖는다는 것을 의미하지는 않는다. (수법의 혐의를 벗긴 후에) 이렇게 혐의를 벗기는 수법이, 마치 수법을 수반하는 집단적 세뇌의 수법처럼 언젠가 냉혹한 권력을 공격하지 않는다는 것을 의미하지 않는다. 미디어와 정치 계급은 비싼 대가를 치를 것이다. 그것들은 이미 모든 신뢰와 신뢰성을 상실하면서 우리의 선금으로 발행한 어음의 대금을 치르고 있는 중이다.

대대적으로 조직된 캠페인은 최근에 공중 도덕성의 구실로 대통령의 사면을 공격하였다. 자동차 운전자가 역시 선거의 부차적인 이익에 대해 대거 예상하고 말하는 것은 사실상 처음이다.

그러나 이러한 '비도덕적인' 행위가 이 선거의 정치적 쟁점의 부재를 보완할 수 있겠는가? 적어도 그러한 방법으로 시민들은 그들에게 현실적인 쟁점을 되돌려 주었다. 어쨌든 시민들은 선거 자체의 진실을 표현했다. 사실 선거는 대표자를 선출하는 정치적 행위라기보다는 오히려 국민들의 백지 서명에 의해 지지를 받는, 이전의 모든 정치적 타락과 불행을 사라지게 하고 사면하는 집단적 행위이다. 스캔들·실패·독직·과오──이 모든 것이 당장의 혐의를 벗게 되고, 사면을 받게 된다. 우파는 승리를 거두었고, 좌파는 자신의 재로 다시 태어난다. 모든 것은 제로에서 다시 출발한다──이는 선거 체제의 놀랄 만한 마술이 아닌가! 따라서 문제가 되는 것은 작은 범죄의 사면이 아니라 정치 체제의 전반적인 사면이다. (재정적인 큰 범죄가 이같은 선거의 자금을 조달하는 데 폭넓게 소용되었기 때문이다.) 선거는 정치 체제의 검은 상자와 같다. 즉 **인풋**(Input)은 더러운 돈, 추잡한 의식, 타협, 기회주의이며, **아웃풋**(Output)은 순수한 정치적 상황이다. 그리고 자동차 운전자들의 부도덕은 (선거로 인한 잘못에 대해 큰 용서를 구하는) 정치인들, 전문가들, 재정전문가들, 각양각색의 배후조종자들이 파렴치하게 예상하는 것에 비하면 아무것도 아니다. 범죄자들, 불법행위자들, 정치적·재정적인 다른 투기가들 역시 사전에 기탄없이 그리고 거리낌없이 선거의 허울뿐인 민주주의 활동이 나타내는 시민의 모든 범죄 행위를 매수하고 상징적으로 사면하는 것을 이용했다. 스캔들을 이용하여 자신의 출혈과 월경의 유출에 주의를 기울인 후에 민주주의는 선거의 성교 속에서 쇄신된다.

그럼에도 불구하고 시민의 미덕은 논쟁에서 이긴다. 즉 3점을 넘어서면, 자동차 운전면허 사면은 이루어지지 않을 것이다. 이는 떳떳한 의식이다. 왜냐하면 벌점 부과제 운전면허는 뛰어난 방책이기 때문이다. 오로지 자동차 운전만이 사면을 이용한다면 언어도단이 될 것이다. 사면을 확대하고 실존적인 벌점 부과제 운전면허를 창안해야 할 것이다. 모든 위반이나 비도덕적인 운전은 실존적인 점수를 잃게 할 것이다——점수를 다 써버리게 되면 운전면허증은 취소될 것이다. 따라서 일단 운전할 줄 모르는 모든 사람들로부터 벗어나게 되면, 도로들은 덜 혼잡하게 될 것이다. 양심적인 전문가들의 지도로 재교육받는 것을 제외하고는, 면허 정지는 즉각적으로 집행되어야 할 것이다. 자동적인 상실로 말을 잘 듣지 않는 사람을 제거하기 위해서는 벌점 부과제 운전면허에 프로그램화된 이식용 조직편과 같은 형태를 박아넣는 것으로 충분할 것이다. 이는 인간의 권리를 무조건적으로 적용하는 것이 될 것이다. 그리고 우리는 정확하게, 냉혹하게 민주주의를 적용함으로써 보다 명확해지는 것을 보게 될 것이다.

1995년 8월 7일

17

시민들이여, 그대들의 슬픔을 위해!

민주주의는 체계들이 자신의 원리에도 불구하고 자신의 규칙과 반대로만 더 잘 작용하기를 바라는 규칙에서 벗어나지 않는다. 그것은 체계들의 근본적인 결점이며, 개인들과 마찬가지로 체계들은 그들의 결점으로부터 힘을 끌어낸다. 언제나 망드빌(Mandeville)을 통해서 토크빌(Tocqueville)을 수정해야 하고, 《벌들의 우화 *La Fable des Abeilles*》를 통해서 《아메리카의 민주주의 *La Démocratie en Amérique*》를 수정해야 한다. 정치적인 것의 고찰을 통해서 가장 흥미를 끄는 것은 원리의 끊임없는 방향 전환, 즉 원리의 유쾌한 타락이다. 모든 위대한 정치가들은 그것에서 영감을 얻었다. 그것은 오히려 슬퍼해야 할 파렴치한 이성의 종말이자 감정적인 이성의 출현이다. 정치적인 것의 타락은 자신을 자신의 원리와 동일시하려는 필사적인 시도와, 권력의 행사로 인한 뉘우침과 맞선다. 정치적인 것이나 희극배우의 패러독스나 마찬가지이다. 만약 정치적인 것이 희극배우가 자신의 등장 인물과 혼동되듯이 자신의 원리와 혼동된다면, 연극이나 정치적인 것의 환상 자체는 사라지게 된다.

그런데 우리가 알고 있는 정치적인 것은 자신의 무대를 희생시켰다. 단역을 맡는 모든 사람들을 감정적이고 민중 선동적인 참여의 큰 충동 속에 통합함으로써, 정치적인 것은 놀이의 근본적인 규칙인 차이를 사라지게 했다.

수의 법칙이 놀이의 규칙을 대신하게 된 것이다. 이는 바로 연극의 종말이
자 정치 무대의 종말이다.

우리는 우리가 자발적으로 준수하는 규칙에 따라 우리 자신의 원리에도
불구하고 부도덕의 한가운데에서 활동한다. (물론 이때 우리가 자발적으로 준
수하는 규칙은 우연에 의해서만 도덕법과 혼동되고, 우리가 누구에게도 설명할
필요가 없는 의례적인 것을 미묘하게 거치게 된다.) 모든 제도와 정치 제도도
똑같이 그렇게 한다. 우리는 악을 잘 알고 가치를 희생시킨다. 오늘날 이러
한 전략은 슬프게도 통하지 않는다. 오늘날에는 정치적으로 정직해야 하기
때문이다. 그러나 실제 상황과의 이러한 모순을 고려해 보면, 그것은 흥미
로운 것이다. 우리를 놀라게 하는 것은 이러한 실제 상황과 관련하여 양식
있는 사람들이 보여 주는 전적인 몰이해이다. 민주주의 의식은 자기 자신과
자신의 원리를 부인한다——르 펜이 이민자들을 맹목적으로, 그리고 무조
건적으로 추방하듯이 그를 똑같은 방식으로 추방하면서, 폭력과 불관용이
생겨나는 곳에서 그것들을 폭로하긴 하지만 동시에 '떳떳한' 불관용을 내
세워 뽐내면서, 그리고 알제리와 덴마크에서처럼 대의의 승리를 보장하기
위해 선거 제도를 공공연하게 조작하면서 말이다. 거기에는 이러한 부인에
대한 정당화와, 비밀스런 체제유지주의의 수치스러운 실천에 대한 정당화
에 의해 전적으로 흡수된, 일상적으로 지루하게 반복되는 정치적 담론과 미
디어들이 추가된다. 이것이 바로 전염에 의한, 감염에 의한 국민 전선의 승
리이다. 나쁜 생각을 하는 사람에게 화가 있으리라…….

정치인들의 역할은 권력의 본질인 사회적인 것의 만성적인 병, 즉 사회적
인 것의 저주받은 부분을 자신들에게 집중시키고 사회적인 것을 정치적으
로 이용하는 방법을 찾아내는 것이 아닐까? 특권이 부여된 왕의 역할은 그
가 사회 속에 분산되고 확산된 모든 자유 의지를 자기에게 집중시키는 것에
서 생겨나며, 따라서 사회는 그로부터 해방된다. 만약 자유 의지가 왕에게
로 집중되지 않는다면, 그것은 사회 속 어디에나 있게 된다——제국의 구조
가 무너질 때의 제국의 구조와 동일한 역효과로, 자유 의지가 분산되고 만

성적인 것이 되는 민주주의 국가의 경우도 마찬가지이다.

마찬가지로 '지식인'의 역할은 사유의 저주받은 부분을 자신에게 집중시키고, 사유로 사회 전체를 정화하는 것——이것은 사회 자체를 위해 자유롭게 선과 악의 균형을 이루게 한다——이 아닐까? 그의 역할은 사유의 병을 자신에게 집중시키고, 사유를 사악하게 이용하는 방법을 찾아내는 것이 아닐까?

그런데 지식인도 정치인도 전혀 이러한 역할을 맡지 못하며, 슬로터디크(Sloterdijk)가 말하는 이러한 파렴치한 이성을 받아들이지 못한다. 그들은 표현하고, 이끌어 가고, 해명하고, 합리화하기를 바랄 뿐이다. 그들은 (분명히 선의) 투명성을 통해서만 판단하고, (자신들이 확실히 속해 있는) 혼란스러운 가치들에 대해 도덕적 가치, 고통, 증거, 사상이나 주의의 선전, 의학적 수단에 의한 생명 연장을 내세운다. 그들은 더 이상 표현하기를 바라지 않으며, 모든 사람들이 자신의 생각을 표현할 수 있도록 하기 위해 사라지기를 바란다——이는 바로 말과 권력을 다른 사람들에게 떠넘기기 위해 그것들을 공손하게 떠맡기는 노화 증상의 질병과 같다. (그것은 현상태로서는 오히려 자유의 부담을 늘리는 것이다.) 물론 이러한 위선적인 사라짐은 사태와 모든 지식인과 정치인들에게 도움이 되지 않으며, 결국은 그들의 역할이 아닌 어떤 역할 속에서 폭로된다. 사회와 사유에 관해 말하자면, 그것들은 말 그대로 내적인 혼란과 독성에 빠져 있다. 다시 말하면 그것들은 악의 투명성에 빠져 있는데, 이때 악은 어디서 나타나야 할지를 아무 데서도 찾지 못한 채 어디에서나 회개, 무관심과 증오 속으로 스며든다.

권력의 행사는 늘 죽음의 위험을 내포했다. 그것은 공공 생활이 전적인 무관심에 빠져들지 않도록 하기 위해 치러야만 하는 대가와 같다. 그러나 사실은, 왜 정치 계급의 현재의 퇴폐와 노화 현상을 비난해야만 하는가? 마치 사람들이 반대에 대한 명백한 확신을 갖고 있는데도 여전히 힘 있는 지성을 믿듯이 말이다! 사람들은 정치적인 것의 이러한 종말과 정치 계급 자체의 이러한 공모를 기뻐해야 하는가! 모든 분파들이 구별되지 않는데도,

정치 계급은 우리가 그것에 대해 내린 해체와 사라짐의 명령, 즉 **파트와**(fatwa)를 실행하고 있다. 이제는 정치 계급을 비난할 필요가 없다. 정치 계급은 자발적인 자기 파괴를 실행한다. 우리가 해야만 하는 모든 것은, 위험에 처해 있는 누구에게도 냉혹하게 도움을 주지 않는 것이다.

그러나 이는 수치스러운 결말이다. 따라서 우리는 사람들이 수치스러움을 함께 느낄 수 있는 이 수치스러운 행위 상태에 대한 확인된 사실과, 이 예고된 해체에 대한 은밀한 기쁨 사이에서 분열되어 있다. 오늘날 우리는 정치인들의 사명이 정치적인 것의 잔해를 소화하고, 현재에도 쓰이는 석관들처럼 그들이 사회 전체를 휩쓸어 버릴 수 있는 죽음으로 인한 부패(pourriture)로부터 우리를 보호하는 것이라고 주장할 수 있을 것이다.

모든 불행은 최악의 것으로부터 우리를 보호해 준다. 그리하여 어리석은 무분별한 정치인들은 뛰어난 역할을 해야만 한다. 즉 그들은 그들이 퍼뜨리는 비열한 행위와 말의 깊은 가장을 통해서, 그들 없이 우리가 행사할 수밖에 없고, 또한 우리 자신에게로 돌릴 수밖에 없는 판단의 은밀한 폭력으로부터 우리를 보호하는 역할을 해야만 한다.

특히 우리는 그들의 말이 지니는 환상을 수정하려고 해서는 안 된다. 왜냐하면 그것으로 인해 우리는 우리 자유에 대한 책임과 실수에 관하여 매우 격렬하게 토론할 것이기 때문이다.

1995년 8월 21일

18

하층민과 엘리트

우리는 완전히 분리된 정치적 현실 속에서 살고 있다. 한편으로는 은밀히 기술상의 조업 정지 상태에 있는 유사한 마이크로-사회인 정치 계급이 있다. 정치 계급은 벌받지 않고 진화하며, 모든 분파들의 근친교배적 뒤섞임——우파와 좌파의 근친상간적 동맹은 근친교배의 특징을 나타내는 모든 병리학과 퇴화를 초래하지 않기 때문에——속에서 번식하는 유일한 임무를 수행할 수밖에 없는 것처럼 보인다. 다른 한편으로는 정치적 영역으로부터 점점 더 단절되는 '현실' 사회가 있다. 아주 빨리 서로 멀어지는 두 사회 모두는 그들의 공간 속에서 제각기 다소 쇠퇴하거나 붕괴할 운명에 놓여 있는 것처럼 보인다——미디어와 여론 조사의 유일한 탯줄에 의해 관류받는 채로 말이다. 정치적 의지가 상상으로 보는 텔레비전의 화면에서만, 그리고 여론 조사에 의해서만 작용한다는 의미에서 가상성(virtualité)은 정치적 역할과 무대를 거의 쓸데없는 흔적으로 만든다. 갈등을 일으키는 어떤 변증법조차도 더 이상 상호 작용하는 두 극을 지탱하지 못한다.

게다가 우리는 경제에서 똑같은 상황을 다시 발견한다. 한편으로 생산과 실제 경제의 일부, 다른 한편으로 가상적 자본의 엄청난 순환과 그 급격한 변화——증권과 관련된 공황과 다른 재정 파탄——는 더 이상 실제 경제의 붕괴를 초래하지 못한다. 따라서 그것들은 서로 분리된다. 정치적 영역의 경우도 마찬가지이다. 즉 스캔들, 부패, 일반적인 타락은 분리된 사회에서 결정적인 결과를 갖지 못한다. (물론 이때 책임감(양측의 경우에 서로 **융할 수 있는 가능성**)은 더 이상 놀이의 일부를 이루지 못한다.)

따라서 이러한 역설적인 상황은 어떻게 보면 유리한 것이다. 말하자면 그것은 정치적 영역의 변동으로부터 시민 사회(남아 있는 것)를 보호한다. 마치 그것이 증권 거래소와 국제 증권계의 불확실성으로부터 경제(남아 있는 것)를 보호하듯이 말이다. 한쪽의 특권은 똑같이 다른 한쪽의 특권을 만들어 낸다——그것은 바로 거울에 비친 모습처럼 반대의 무관심이다. 좀더 구체적으로 말하면, 현실 사회는 정치 계급을 보여 주면서 정치 계급에 대해 무관심해진다는 것이다. 따라서 결국 미디어들은 무엇인가에 소용되고, '스펙터클의 사회'는 이 신랄한 아이러니를 통해서 그 모든 의미를 지니게 된다. 대중들은 부패한 정치 계급의 불확실성을 통해서 항의라는 기능 장애를 보여 주기 때문이다. 정치 계급은 대중들의 즐거움에 필요한 구경거리를 보장하기 위해 자기를 희생하는 의무밖에 없다. 왜냐하면 권력의 원리가 예전에 죽음의 위험을 내포했다면, 오늘날 권력의 완전 부재는 인위적인 사라짐만을 내포할 뿐이기 때문이다. 한번 더 말하지만, 정치인들에게 감사하자. 그들은 권력이 되어 버린 이 빈 공간을 관리하는 견딜 수 없는 의무로부터 우리를 해방시켜 준다——마치 다른 사람들에게 돈·사건·여가·도덕·문화를 관리하는 것이 할당되어 있듯이 말이다. 적절하게 말하는 철학자들은 차치하더라도 쓸데없는 모든 의무들은 다행스럽게도 선동가들, 적대적인 주식 공개 매입자들, 투기가들에게 부여되어 있다.

정치적인 것의 이 백혈병에 대해, 사회주의의 에피소드는 가장 바람직한 예증이 되었을 것이다. 정치적 의지가 발휘되지 않고 권력의 유리한 위치가 (68년 이후로?) 부재한 것이나 다름없기 때문에, 좌파는 권력을 장악하기 위해 서둘렀지만 바로 허공 속에서 해체되어 버렸다. (같은 방식으로, 남성의 유리한 위치가 부재한 것이나 다름없기 때문에——남자의 특권이 사라져 버렸기 때문에——페미니즘은 다급하게 남자를 포위했으며, 남자는 권력의 빈 공간이라는 함정에 빠져들었다.)

게다가 우리는 미테랑이 상당한 부분의 일을 수행한 것에 대하여 칭찬해야 한다. 다시 말하면 그가 일종의 사후의 숙청을 통해서 모든 정치 제도의 근본적인 타락을 방지하고, 모든 신성한 좌파를 바보로 만들고 몰아낸 것에 대하여 칭찬해야 한다!

따라서 좌파가 자신의 실제적인 쇠퇴를 넘어서 붕괴되고 권력을 상상하는 모든 꿈들이 무너졌던 것은, 좌파가 권력을 장악하기에는 부적격하거나 치명적인 실수를 범했기 때문이 아니라(좌파는 불행히도 진부한 실수만을 거듭했다), 역사적으로 예상된 자신의 주된 요소 상실에도 불구하고 사회 집단의 이 무관심과 이 무기력을 수용할 수 없었기 때문이다. 어떤 의미에서는, 좌파는 자기 이상을 포기하면서 결정적으로 거기로부터 벗어날 줄 몰랐기 때문에 자기 명예를 거의 실추하게 된 것이다. 반면에 우파는 자발적으로 자신을 사회 집단의 무기력한 환각과, 정치적인 것에 대한 깊은 유감과 동일시하였다. 이러한 의미에서 보면, 우파는 정치적이라기보다는 오히려 초정치적이다. 다시 말하면 우파는 정치적으로 무관심해진 사회의 최소 공통 분모에 따른다. 따라서 우파는 이러한 무관심에서 결실을 얻어낸다. 그러나 우파 역시 정치적 전망이 없기 때문에, 좌파와 우파의 탈당은 조화롭게 서로 결합한다.

누가 권력을 상상하는 것에 대해 말했던가? 권력을 상상하는 것이란 결코 없다.

분리된 이 사회가 산출하는 사건들의 유형에 관해 말하면 유럽은 좋은 예이다. 그것은 현대의 사건, 무의미한 사건, 무의미한 환상의 유형 자체이다. 정치적 의지, 관계 자료, 담론, 프로그램, 계산의 몽유병적인 공간을 통해서가 아니라면——그리고 정치인들과 전문가들의 교활한 이상주의에 따라 엄격하게 방향이 잡히고 통제된 보통 선거라는 여론의 인위적인 종합을 통해서가 아니라면——유럽은 누구의 머리를 통해서도, 누구의 꿈을 통해서도, 누구의 자연스러운 영감을 통해서도(어쨌든 자신의 현재의 계획을 통해서도)

이루어지지 않았을 것이다. 윤곽이 드러나듯이, 유럽은 어떻게 보면 사회적 사막화(désertification)의 한가운데에 투영된 시뮬레이션 모델이다——말하자면 디지털 결합 같은 불가피한 가상 현실이다. (사람들은 또한 우리에게 이미 가상 현실 같은 무의미한 전쟁인 걸프전을 떠넘겼었다.)

우리는 인터넷, 단일 화폐, 냉동식품 체인에서 벗어날 수 없는 것과 마찬가지로 가상 현실에서 벗어날 수 없을 것이다. 어쨌든 이러한 사태들은 일어났으며, 그것들은 모든 모순적인 감정에도 불구하고 그들의 흐름을 좇아가고 있다. 어떤 집단적인 견해도 고려하지 않은 채 우리는 엘리트, 전문가와 전략가들 사이에서 순환하면서 계속 결정을 하게 될 것이다. 우리가 질려 버린 정보에도 불구하고, 혹은 우리가 질려 버린 정보와 관련하여 우리의 무기력은 완전하다. 우리는 실제로 이러한 무기력을 르완다에서 보았다. 즉 모든 미디어들은 살해자와 주모자들이 어디에 있는지(다른 관점에서 보면 우리도 그들에 속했다) 분명히 말했다. 그러나 사건은 그 흐름을 좇아갔다. 정보는 완전하지만 어떤 결과도 갖지 못한다. 합의와 집단적 비겁합은 일반적인 정보를 통해서 그들의 알리바이를 찾아낸다. 이 일반적인 정보는 세계의 모든 나라에서 권력을 쥔 정권과 모든 집단 의지를 구별하고, 그로 인한 모순들을 치유하는 메스의 역할을 한다.

하층민과 엘리트 사이의 이러한 단절 속에서, 신성한 좌파와 그 민주주의적 오만의 형태를 드러내면서 최근 이탈리아와 베를루스코니의 경우나 프랑스의 르 펜과 시의회의 경우처럼 미디어와 선거 제도의 희생자들인 대중들의 어리석음을 개탄하는 것은 헛되고 우스꽝스러운 일이다. 그 모든 것은 정치적 이성에 대한 근시안적이고 관례적인 분석을 나타낸다. 사태의 본질을 생각해 보면, 마치 '맹목적인' 대중들이 '양식 있는' 지식인들보다 더 미묘한 비전을 갖고 있는 것처럼 모든 일은 이루어진다. 즉 마치 권력이 희망 없는 타락한 빈 공간인 것처럼, 그리고 마치 거기에 상황을 이상적으로 구체화하는 같은 조건을 갖춘 사람들——아무 생각도 하지 않는 사람들, 어릿광대들, 익살광대들, 협잡꾼들——을 논리적으로 당연히 끌어들여야 하는 것처럼 모든 일은 이루어진다. 예를 들면 베를루스코니의 경우가 그러하다……. 있는 그대로의 정치 세계는, 설사 그것이 비합리적인 것이라고 할지라도 오직 가능한 '현실'에만 일치한다. 만약 우리가 무엇인가를 변화시키고자 한다면, 그저 현실을 침해해야 한다. 이는 또 다른 사건이다. 베를루스코니와 르 펜은 있는 그대로이며, '비합리적인' 대중들에 대한 모든 비난은 순진한(정치적으로 정직한 만큼 교활한) 환각 상태에서만 생겨난다. 그러나 우리가 이러한 상태도, 베를루스코니도, 르 펜도, 정치적인 것의 현재의 퇴폐도 지지하지 않는 것 또한 이론의 여지가 없다. 따라서 우리가 자신에 걸맞는 제도를 갖는다는 이 모순적인 명백함과, 우리가 지지하지 않는 만큼 거의 무시할 수 없는 사실을 고려해야만 한다. 그것은 바로 해결될 수 없는 딜레마의 형태이다. 우리는 본능적인 반응, 즉 반(反)대중, 반(反)암거래 상인, 근본적인 반(反)프랑스를 가질 수 있다. 그러나 우리는 또한 반엘리트, 반특권 계급, 반문화, 반특권자 명부 같은 본능적인 반응도 가질 수 있다. (특히 대중들에게 충성을 서약할 때) 무기력한 대중들의 편을 들어야 하는가, 아니면 오만한 특권 계급의 편을 들어야 하는가? 해결책이란 없다. 우리는 두 체제유지주의 사이에 놓여 있다. 하나는 민중주의적(혹은 이슬람적, 근본주의적)이고, 다른 하나는 자유주의적이고 엘리트주의적이며, 보편적인 것과 불가피한 민주주의를 유지한다. 사실 계몽에 대한 열광은 더 이상 어떤 가치들에 열중해야 하는지를 모르며, 민중주의적이고 이슬람적인 체제유지주의는 섭리의 대상이 된다. 그러나 한결같은 불관용으로, 이 민중주의적이고 이슬람적인 체제유지주의는 자유주의적이고 엘리트주의적인 체제유지주의에 비해 도덕적으로, 그리고 정치적으로 존재할 권리를 더 많이 인정하지 않는다. 두 체제유지주의는 무관심한 세계의 새로운 질서라는 동일한 토대 위에서 작용한다. 두 체제유지주의 사이에는 여전히 종교와 무관하게 자유를 행사할 만한 여지가 있는 것일까?

1995년 9월 4일

19

기상 단계에서의 정보

오래 전에 정보는 진실도 허위도 아닌 하이퍼 공간에서 진화하기 위해 진실의 벽을 뛰어넘었다. 왜냐하면 이 경우에는 모든 것이 즉각적인 신빙성에 근거를 두기 때문이다. 아니 오히려, **정보는 실시간으로 진실한 것이기 때문에** 진실보다 더 진실한 것이다——그래서 정보는 근본적으로 불확실하다. 하물며 만델브로트(Mandelbrot)의 최근의 이론을 빌리면, 우리는 프랙털한 공간에서와 마찬가지로 정보의 공간에서나 역사적 공간에서도 사건들이 더 이상 1차원, 2차원 또는 3차원에 속하지 않는다고 말할 수 있다. 즉 사건들은 중간 차원 속에서 떠돈다는 것이다. 따라서 더 이상 진실이나 객관성의 기준들은 없지만, 진실임직함의 단계는 있다.

우리는 정보를 세상에 내놓는다. 정보가 거짓이라고 반박되지 않는 한, 그것은 진실임직한 것이다. 그리고 유리한 사건을 제외하고는 정보는 실시간으로 결코 거짓이라고 반박되지 않을 것이며, 언제나 믿을 만한 것으로 남을 것이다. 거짓이라고 반박되는 정보조차도 절대적으로 허위적인 것은 아닐 것이다. 왜냐하면 그것은 믿을 만한 것이었기 때문이다. 진실과는 반대로 신빙성에는 한계가 없다. 신빙성은 반박되지 않는다. 왜냐하면 그것은 가상적인 것이기 때문이다. 우리는 일종의 **프랙털한 진실**(vérité fractale) 속에 있다. 프랙털한 대상이 더 이상 1차원, 2차원 또는 3차원이 아니라 1,2차원이나 2,3차원에 속하는 것과 마찬가지로, 사건은 반드시 진실이나 허위가 아니라 진실의 1,2옥타브나 2,3옥타브 사이에서 동요한다. 진실과 허위 사이의 공간은 관계의 공간이 아니라 불확실한 분류의 공간이다.

물론 우리는 선과 악, 아름다움과 추함, 원인과 결과 사이의 공간에 대해서도 똑같이 말할 수 있을 것이다. 오늘날 성조차도 남성도 여성도 아닌 기이한 중간 차원 속에서, 그러나 두 성 사이의 어디에선가 1,5차원이나 1,7차원에서 진화한다. (그리하여 성을 정의할 수 없음으로써 성적 차이의 개념으로 그칠 수는 없다.) 불확실성의 원리는 물리학의 영역에만 속하는 것이 아니며, 우리의 모든 행위의 한가운데에, '현실'의 한가운데에 있다.

이 불안정한 상황, 이 예기치 않은 변화, 이 일반화된 불확실성으로 말미암아 모든 행위들과 사건들과, 그것들에 대한 해석은 **기상적**(météorologi-que)이라고 불릴 수 있는 단계로 나아갈 수 있다. 물론 이 단계는 자연력·바람·악천후 같은 자연을 예측할 수 없는 단계가 아니라 계산과 정보의 완벽함에서 비롯되는, 이차적으로 진위를 결정할 수 없는 단계이다.

텔레비전의 일기 예보의 경우를 보자. 해설자들은 일기 예보를 텔레비전 게임으로 만들고 있다. 과학적 알리바이의 구실을 하는 위성 데이터들에 근거하여, 해설자들은 이상적인 술책을 찾는다. 즉 그것은 사건들에 대해 지나치게 반박하지 않은 채 시청자를 만족시킬 것이다. 그들은 대기 흐름의 불안정과 집단적 예상의 불안정——특히 집단적 예상은 일기 예보를 거의 정치적인 사건으로 만든다——사이에 사로잡혀 있다. 그들은 매일 일시적인 시뮬레이션 모델 속에서 다소 의식적으로 그 모든 것을 받아들이려고 애쓴다. 따라서 기상 정보는 우리가 창문을 통해서 보는 것과 반대로 나아갈 수 있지만 **시뮬레이션 속에서는** 진실한 것이다. 왜냐하면 기상 정보는 시나리오 모델의 다양한 데이터들로부터 도출되기 때문이다. 더욱이 기상 고찰과는 다른 많은 것들은 어디서 비롯되는 것일까? 해설자는 철야 예보로 인한 실수, 연달아 세 번이나 주말 날씨가 나쁘지 않을 것이라는 것(사람들은 그것을 받아들이지 않을 것이다), 저기압과 고기압권에 접근한다는 객관적 사실도 고려할 것이다——그러나 매우 자주 거짓이라고 반박되는 이 사실은 결정적인 것이 될 수는 없을 것이다. 따라서 기상 정보의 타당성의 단계는 대체로 일반적인 직관의 단계보다 낮으며, 우리는 매일 하늘의 시적 불확실성에 기상 담론의 임의적인 불확실성을 덧붙여야만 한다.

그러나 극도로 고도화된 정보 기술에 힘입어 실수 없이 다음날과 그 다음 다음날의 날씨를 예측할 수 있을 것이라고 사람들은 우리에게 알려 준다. 간단하게 컴퓨터로 그렇게 하는 데는 나흘이 필요할 것이다. 따라서 우리는 정확하게 나흘 후에는 전날과 이틀 전의 날씨가 어떠했는지 알 수 있을 것이다. 날씨에 관한 진실은 날씨를 형성하기만 하면 된다. 그리고 사건은 실제로 일어나기만 하면 된다. 필요할 경우에는 진실을 돌이켜보며 사건을 수정할 수 있을 것이다. 설사 비가 왔다 할지라도 날씨는 좋을 수 있었을 것이다. 왜냐하면 사건은 사건이고, 진실은 진실이기 때문이다. 진실은 항상 너무 늦게 오지만, 진실이 오게 되면 진실은 증명된다.

게다가 모든 미디어를 통해서 일기 예보가 증권거래소의 흐름을 바로 뒤따라가거나 앞서는 것은 우연한 일이 아니다. 증권 변동의 비일관성은 날씨에 관한 산정의 변동과 일치한다. 여기에는 여론의 차원에서 동일한 논리의 영역에 속하는 다양한 조사의 변동이 덧붙여진다.

만약 우리가 경제 활동의 진실성, 날씨의 진실성, 여론의 진실성이 존재한다고 가정할 수 있다면, 증권거래소와 기상과 조사를 통해서 우리에게 주어지는 진실성에 대한 설명은 관련된 진실성만을 막연하게 반영하는 순전히 사변적인 설명이 된다. 시뮬레이션에 의한 전사(transcription)는 확실히 어떤 전략과 일치하지만, 사실 유행의 경우와 마찬가지로 아무도 이러한 전사가 무엇에 소용되는지 말할 수는 없다. 아무도, 특히 조사를 조작한다고 생각하는 사람들은 조사를 이용하는 것을 기대할 수 없다. 증권거래소의 의도에 관해 말하자면, 그것은 이해하기가 어렵다. 비율·시세·교환을 결정할 수 없는 이러한 변동이 어떤 방향과 목표를 지니는지, 그러나 누구를 위해서인지, 그리고 무엇을 위해서인지 사람들은 혼란스러운 감정만을 지닐 뿐이다. 우리 정부의 타락한 체계 속에서는, 어쨌든 이러한 변동은 집단적 불확실성과 환멸의 강력한 원인이 된다. 그것은 사회 집단을 불안정하게 하는 초정치적인 형태이다.

기상이 어떤 의미에서 정치적인 것이 되는 것은, 정치가 기상적인 것이 되기 때문이다. 사람들은 하늘의 상황의 불확실함처럼 숫자·계수·비율·지수에 따라 투기한다. 그리고 하락과 상승은 성층권에서와 마찬가지로 사태와 여론의 영역에서도 주기적으로 바뀐다.

아이러니의 극치에 의해, 현실은 결국 (시의적절하지 않은) 이러한 투기에 일치하는 것처럼 보인다. 여론은 마침내 조사와 혼동되고, 어쨌든 사실상 조사의 거울 이외에는 다른 여론의 거울은 없다. (그 점에 있어서는 바람직한 이유가 있다. 부르디외가 말하듯이 여론은 존재하지 않기 때문이다.) 실제 경제는 결국 증권거래소의 거울과 혼동된다. (물론 이때 실제 경제는 즉각적인 유통, 정확한 목적성 없는 무한한 거래, 집단적 구경거리라는 자신의 궁극적인 모습을 지닌다.) 서서히 증권 변동 방식, 판매와 구매의 방식, 양도와 덤핑의 방식, 예상과 손해를 보는 투기의 방식은 실제 경제를 생산하고 관리하는 부문을 포위했다.

이러한 방식은 마지못해 결국 모델에 따르게 되고, 일기 예보와 마찬가지로 서서히 일관성 없게 되어 버리는 느낌을 받는 날씨에까지 이르지는 못했다. 마치 일기 예보가 날씨를 불순하게 했던 것처럼 모든 일은 이루어진다. 마치 금융 투기가 결국 경제 과정을 변질시키듯이, 마치 조사가 결국 여론을 사로잡고 모호하게 만들 듯이 말이다. 원시인들의 꿈과 무의식이 정신 인류학자의 접촉에 사로잡히듯이, 현실이 모델의 접촉에 사로잡히거나 아이러니컬하게 모델에 따르는 것은 의심의 여지가 없다. 한 가지 사실은 확실하다. 즉 기상학은 참조의 시나리오가 되었다는 것이다. 바람이 합리적인 것과 예측할 수 있는 것의 방향에서 부는 동안, 인문과학에서 정확한 과학에 이르기까지 모든 규율이 혼동되면 기상학은 예측할 수 없는 것의 상징, 우리 일상성의 통제할 수 없는 요소, 그리고 끊임없는 해설의 대상(날씨에 따른 은밀한 감탄)으로 남게 된다.

그러나 물리학에서 경제학에 이르기까지, 우주생성학에서 사회학에 이르기까지, 생물학에서 역사에 이르기까지 동일한 규율들이 비합리적인 것을 제외하고는 어쨌든 불확실성의 원리로, 확률론으로, 가변적인 가정으로, 명제의 가역성과 가변적인 확인으로 전환되는 오늘날, 기상적인 것은 그들의 불확실성의 거울이 되고 그들의 변동의 패러다임이 된다. 마음에 드는 기후 변덕으로 인해, 기상적인 것은 우리를 가로지르는 새로운 형태의 사태들을 예언적·개괄적으로 나타낸다. 사회학에서의 잡보 기사나 심리학에서의 실수의 증대와 마찬가지로, 분석에 의한 무의미한 것과 우발적인 것과 불확실한 것의 증대는 새로운 것이 아니다.

규칙에서 벗어나는 모든 것처럼 변칙은 지성의 근원이 된다. 왜 악천후는 안 되는가? 우리의 가장 정확한 계산이 예측 불가능한 날씨에 연결되는 것은 놀랄 만한 일이 아닌가? 정치가들의 전략이 마침내 성층권의 사태와 동등한 가치를 지니는 것은 그들의 가장 아름다운 행위가 아닌가?

이것은 모든 영역에서, 그러나 역시 정치에서 오래 전부터 사라져 버린 매우 긴박한 상태를 재현한다. 오늘날 유일한 사건은 통계적인 것들에 **대항하여** 일어난다. (마찬가지로 오늘날 정치에 **대항하여**, 그리고 역사에 **대항하여** 일어나는 것만이 센세이션을 일으킨다.) 더 이상 의견을 지니지도 못하고, 의견을 주장할 수도 없는 사람들의 경우에는——그들이 숫자에 의해 둘러싸이기 전에 담론에 의해 둘러싸인 채로——쟁점은 이데올로기의 영역에서 통계의 영역으로 이동한다. 그리고 때때로 이루어지는 유일한 쾌락, 즉 유일한 희망은 조사를 사실과 어긋나게 하는 것이며, 자신의 선택과 행위의 예상된 결과로부터 벗어나는 것이다. 집단적인 교활한 특성은 그렇게 하려고 애쓴다. 정치와 마찬가지로 견딜 수 없는 놀이 속에서, 흥미로운 유일한 급변은 (예를 들면 1992년 9월에 실시된 유럽의 국민 투표와 더불어) 통계적으로 상황을 뒤엎는 것이다. 변덕스러운 구름 덩어리와 유사한, 통계상의 변덕스러운 대중은 조사를 일종의 복권에 이르게 하고, 이러한 복권을 통해

서 민주주의 자체를 일종의 불확실한 놀이에 이르게 한다——경마의 놀이
가 이루어지던 바빌로니아나 비잔틴에서처럼 불확실성의 원리를 놀이 규칙
의 일부로 삼으면서 말이다.

1995년 9월 18일

20

정신적인 폭력: 증오

증오: 조상 대대로 내려온 폭력의 재출현을 매우 유감스럽게 생각하는 대신에, 이러한 형태의 폭력과 이 특수 효과——테러리즘 역시 그것의 일부를 이룬다——를 산출하는 것이 우리의 현대성 자체, 우리의 하이퍼모더니티(hypermodernité)라는 사실을 파악해야만 한다. 전통적인 폭력은 훨씬 더 열광적이고 희생적이다. 우리의 폭력은 정열과 본능에서보다는 오히려 스크린에서 생겨난다는 의미에서 가장된 폭력이다. 우리의 폭력은 어떻게 보면 그것을 기록하고 확산시키는 체하지만, 사실은 그것을 앞서가고 자극하는 스크린과 미디어들 속에 잠재해 있다. 게다가 어디에서나처럼 테러 행위의 경우와 마찬가지로 이러한 폭력에 우선하는 미디어들이 있다. 그것은 바로 폭력을 특수하게 현대적인 형태로 만들며, 또한 그로 말미암아 폭력을 진짜 원인(정치적·사회적·심리적 원인) 탓으로 돌릴 수 없게 된다. 이런 유형의 모든 설명들이 사라지고 있다는 느낌이 든다. 같은 방식으로, 미디어들이 구경거리를 통해서 폭력을 확산시킨다고 비난한다. 그리고 폭력 이야기는 거의 의미를 지니지 못한다. 왜냐하면 가상의 표면인 스크린은 어쨌든 이미지의 실제 내용으로부터 우리를 매우 잘 보호하기 때문이다. 스크린의 연속성이 해결됨으로 말미암아 이제 구경거리의 폭력과 행위의 폭력 사이의 연결이 없다. 우리가 저항할 수 없는 것은 미디어 자체의 폭력, 가상적인 것의

폭력과 눈길을 끌지 않는 가상적인 것의 증대이다. 두려워해야 하는 것은 심리적인 연결이 아니라 폭력, 즉 투명한 폭력——이것은 모든 실재와 모든 지시 대상을 현실 세계로부터 초월하게 한다——의 기술적인 연결이다. 그것은 폭력의 복제 단계이다.

이는 우리 사회가 더 이상 실제의 폭력, 역사적 폭력, 계급의 폭력에 여지를 남겨 놓지 않기 때문이며, 또한 가상적 폭력, 반응하는 폭력을 산출하기 때문이다. 사람들이 상상 임신에 대해 말하듯이, 그리고 상상 임신처럼 아무것도 낳지 않는 신경성의 폭력은 말하자면 아무것도 확립하지 않고 아무것도 야기하지 않는다. 이것이 바로 시원적(始原的)이긴 하지만 역설적으로 존재하는 충동으로 간주될 수 있는 증오이다. 왜냐하면 그것은 자신의 대상과 목적에서 벗어나고, 대도시의 하이퍼리얼리티와 동시에 이루어지기 때문이다. 사람들은 폭력의 원초적인 형태, 즉 공격의 형태, 억압의 형태, 강간의 형태, 세력 관계의 형태, 모욕의 형태, 약탈의 형태를 파악할 수 있다——말하자면 가장 강한 자의 일방적인 폭력을 파악할 수 있다. 이러한 폭력에 모순적인 폭력, 즉 역사적 폭력, 비판적 폭력, 부정적인 것의 폭력이 응할 수 있다. 이는 단절의 폭력이자 위반의 폭력이다. (물론 여기에 분석의 폭력, 해석의 폭력이 덧붙여질 수 있다.) 그것들은 바로 기원과 목적을 지닌 결정적인 폭력의 형태들이다. (우리는 이 결정적인 폭력의 원인과 결과를 알아낼 수 있는데, 그것들은 초월성, 즉 권력과 역사의 초월성이나 의미의 초월성과 일치한다.)

이 결정적인 폭력의 형태에, 엄밀하게 말해서 폭력의 현대적인 형태가 대립된다. 그것은 공격의 형태보다 더 미묘한 것이다. 말하자면 그것은 억제하고, 평화롭게 하고, 중립화하고, 통제하는 폭력——조용히 절멸시키는 폭력, 유전적 폭력, 커뮤니케이션에 의한 폭력——마약으로, 예방으로, 미디어에 의한 정신적 조절로 악의 근원 자체와 모든 급진성을 없애려는 합의와 공생의 폭력이다. 그것은 (죽음이라는 특이성의 이 궁극적 형태를 포함하여) 특이성과 부정성의 모든 형태를 몰아내는 어떤 체계의 폭력이다. 그것은 우리에게 부정성·싸움·죽음이 금지된 것이나 다름없는 어떤 사회의 폭력이다. 그것은 증오에 의해서가 아니라도 폭력 자체를 끝장내는 폭력이다. 따라서 이러한 폭력에 똑같은 폭력이 더 이상 응할 수는 없다.

무관심에서 태어난, 그리고 특히 미디어에 의해 확산된 무관심에서 태어난, 증오는 어떤 대상에 대해 텔레비전 리모콘을 이용해 채널을 이리저리 돌릴 수 있는 불연속적인 **냉정한** 형태이다. 증오는 확신도 없고 온정도 없다. 증오는 억압된 감정을 **무의식적으로 행동화하는** 가운데, 그리고 자주 자신의 이미지와 그 이미지의 즉각적인 반향 속에서 고갈되어 간다. (마치 사람들이 대도시 근교에서 발생되는 현재의 범죄 사건들 속에서 그것을 알 수 있듯이 말이다.) 만약 전통적인 폭력이 억압과 갈등에 상응하는 것이었다면, 증오는 합의와 공생에 상응한다. 우리의 전자 문화는 **잡다한 인종과 문화가 뒤섞인 나라**의 한가운데서 대립들이 뒤섞이고 모든 차이들이 공존하는 문화이다. 그러나 이러한 문화에 속지 말자. 이러한 다문화성, 이러한 관용, 이러한 공조는 전체적인 해제 반응(abréaction)[5]과 본능적인 거부 반응의 경향을 조장한다. 공조는 반감을 불러일으킨다. 지나친 보호는 방어와 면역의 상실을 초래한다. 기술상의 조업 정지 상태가 되어 버린 반육체는 유기체 자체에 해를 끼친다. 증오는 이러한 종류에 속하는 것이다. 즉 그것은 자기 공격과 자기 면역의 병리학의 형태를 띤 많은 현대적 질병을 지닌다. 우리는 대도시의 보호 아래 형성된 인위적 면역의 조건을 받아들일 준비가 되어 있지 않다. 우리는 자연의 약탈자를 제거했을지도 모르는, 그리고 매우 빨리 사라지거나 스스로 파괴될 수밖에 없는 종(種)과 같다. 어떻게 보면 우리는 이러한 사라짐에 대한 증오에 의해 다른 것으로부터, 적으로부터, 시련으로부터 우리를 보호한다. 증오는 인위적이고 이유 없는 일종의 시련을 끌어들인다. 따라서 증오는 존재를 평화롭게 하는 것에 대항하는 일종의 숙명적 전략이다. 자신의 모호함 속에서, 증오는 우리 세계의 무관심에 대항하는 필사적인 호소이다. 그리고 이런 이유로, 확실히 증오는 합의나 공생보다 훨씬 더 강력한 관계 방식이다.

폭력에서 증오로의 현대적 이행은 이유 있는 정열에서 이유 없는 정열로의 이행을 특징짓는다. 미분화된 순수한 폭력, 말하자면 제3의 형태의 폭력은 감염과 연쇄 반응이라는 바이러스성과 전염성의 모든 형태들과 테러리즘의 이 지수함수적 폭력과 동시에 이루어진다. 증오는 자신의 표시를 통해서 단순한 폭력보다 더 비현실적이고 파악할 수 없는 것이 된다. 그것은 인종 차별과 범죄의 경우에 매우 잘 드러난다. 그래서 편견에 의해서이든, 억압에 의해서이든간에 증오와 맞서는 것은 매우 힘든 일이다. 사람들은 증오를 가라앉힐 수 없다. 왜냐하면 증오는 명백한 동기 부여가 없기 때문이다. 사람들은 증오를 약화시킬 수 없다. 왜냐하면 증오는 동기가 없기 때문이다. 사람들은 증오를 거의 처벌할 수 없다. 왜냐하면 대개의 경우 증오는 자기 자신을 비난하기 때문이다. 증오는 자기 자신과 싸우는 정열의 형태 자체이다.

우리는 끝없는 동일시(identification)를 통해, 그리고 동일성의 보편적인 문화를 통해 동일자를 재생산할 수밖에 없다——바로 거기에서 엄청난 유감, 즉 자기 자신의 증오가 생겨난다. 인종 차별에 대한 피상적인 해석이 바라는 대로, 그것은 다른 사람에 대한 증오가 아니라 다른 사람의 상실에 대한 증오이며, 이 상실의 유감에 대한 증오이다. 사람들은 증오가 다른 사람에 대한 증오이기를 바란다——그리하여 관용과 차이에 대한 존중을 강조함으로써 증오에 맞서는 환상이 생겨난다. 그러나 사실 다른 사람에 대한 배척이라기보다는 오히려 증오(인종 차별 따위)는 **타자성에 대한 열광**이다. 증오는 어느 누구일 수도 있는 다른 사람을 인위적으로 내쫓음으로써 다른 사람의 상실을 필사적으로 보상하려고 애쓴다. 싸움이 직접적으로 제한되어 있는 백질 절제 수술을 한 세계에서, 증오는 타자성——설사 그것을 파괴하기 위한 것이라 할지라도——을 부활시키려고 애쓴다. 증오는 우리 문화의 움직임 자체에 의해 운명지워진 이 자폐증적인 감금, 이 숙명적인 동일시에서 벗어나려고 애쓴다. 우리의 문화는 유감을 낳는 문화이다. 그러나 이러한 문화를 통해 다른 사람에 대한 유감의 이면에서, 우리는 자기 자신에 대한 유감, 자기 파괴에까지 이를 수 있는 자기 자신과 동일자의 지배에 대한 유감을 간파해야만 한다.

따라서 우리는 그 모든 모호함을 통해서 증오를 시들어 가는 정열로 간주해야만 한다——그것은 사회적인 것의 급격한 쇠퇴, 타자성의 급격한 쇠퇴, 갈등의 급격한 쇠퇴, 그리고 마침내 중력 붕괴의 위협을 받고 있는 체계 자체의 급격한 쇠퇴를 조작하는 동시에 그 징후를 나타낸다. 말하자면 역사의 종말을 제외하고는(역설적으로 역사의 종말은 결코 없었다. 왜냐하면 역사가 제기한 모든 문제들은 결코 해결되지 않았기 때문이다) 현대성의 종말이나 실패의 징후를 나타낸다. 오히려 아무것도 해결되지 않은 채 종말을 넘어서는 이행이 존재하는 것이다. 그리고 현재의 증오 속에는, 정확히 말해서 일어나지 않았던 모든 것에 대한 반감이 있다. 그 결과 체계를 해결하기 위해, 다른 것을 생겨나게 하기 위해, 다른 것을 갑자기 나타나게 하기 위해 사태를 재촉하는 절박함이 있다——사태는 다른 곳에서 발생하기 때문이다. 이 **냉정한** 열광 속에 지복천년설의 도발적인 형태가 드러나 보인다.

우리 모두는 증오를 지닌다. 증오를 지니지 않는 것은 우리에게 달려 있지 않다. 우리 모두는 세계의 종말에 대한 모호한 향수를 지닌다. 다시 말해서 어떤 대가를 치르더라도 세계에 목적과 궁극 목적성을 부여하는 모호한 향수를 지닌다——설사 그것이 있는 그대로의 세계에 대한 반감과 완전한 거부에 의해서일지라도 말이다.

1995년 10월 2일

21

——

환각을 불러일으키는 폭력: 마약

일반적으로 마약은 더 이상 산업화된 사회의 상징적 의례에 속하지 않는다. 마약의 사용이 늘 정신적 과정의 직접성과 일종의 실현된 유토피아를 전제로 하는 데 반해, 산업화된 사회는 계산된 시간과 에너지의 희생을 전제로 하는 장래의 목표를 지향한다. 유토피아의 즉각적인 실현을 찬양했던 모든 경향들은 시대의 흐름에 따라 그 자체로서 비난받았고, 이단적이라고 선언되었다.

현대의 마약에 대한 우리의 비전을 통해서 볼 때, 마약이 자신의 오래된 미덕을 지니는 것은 조상 대대로 내려오는 이러한 비난과 동시에 불가사의한 힘이 존속한다는 것이다. 마약이 혐오감을 주는 만큼 매혹시키며, 또한 서구 이성의 관점에서 마약의 양면성이 결정적인 것이라 해도 과언이 아니다. 신체와 두뇌와 동시에 마약은 사람들이 그것에 대해 내리는 판단까지 '마비시킨다.'

일반적인 분석에 의하면, 마약은 뒤르켐(**Durkheim**)이 이 말에 부여한 의미에서, 오랫동안 '아노미적(**anomique**)인 것'으로 간주되었다. 이때 아노미적인 것은 산업화된 국가들의 사회 전체를 특징짓는 어떤 형태의 자살과도 같다. 그것은 법으로부터, 일반적인 조직으로부터, 집단의 유기적 가치 체계로부터 벗어나는 잔류적이고 부차적이고 위반적인 형태이다. 말하자면 그것은 법과 가치의 원리를 다시 문제삼지 않는 여지(marge)이며, 법과 가치는 경우에 따라서는 이러한 여지를 그들의 순환 속에 통합할 수도 있다.

내가 아노미적이 아니라 **변칙적**이라고 부르는 특수하게 현대적인 다른 현상들과 관계 있는, 마약의 현재의 위상은 전혀 다른 것이다. 변칙적인 것은 여지 속에, 불균형 속에, 유기적 결핍 속에 있는 것이 아니라, 어떤 체계를 지나치게 조직화하고 조절하고 합리화하는 데서 생겨나는 것이다. 그것은 외부에서 바라볼 때처럼 명백한 이유 없이 기능과 어긋나는 것이며, 체계의 논리 자체에서, 체계의 지나친 논리에서, 체계의 지나친 합리성에서 생겨나는 것이다. 물론 이때 어떤 포화 한계에 도달한 체계는 자신의 반육체, 자신의 내적 병리학, 자신의 이상한 기능 장애, 예측할 수 없고 해결될 수 없는 자신의 사건, 자신의 **변칙**을 퍼뜨린다.

그것은 더 이상 자신의 여지를 통합할 수 없는 사회에서 생겨나는 것이 아니라, 그와 반대로 지나치게 통합하고 규격화할 수 있는 것에서 생겨난다. 그래서 외관상으로 강력한 사회는 내부로부터 불안정하게 된다――그리고 이것은 중대한 결과를 내포한다. 왜냐하면 체계가 변칙을 흡수하고자 하면 할수록 더욱더 체계는 과도한 조직의 논리 속으로 들어가게 되며, 중심으로부터 벗어나는 자신의 증대를 조장하게 될 것이다.

우리는 합리주의적인 비전을 버려야만 한다. 즉 예전에는 아노미적인 여지는 더 많이 합리화하는 체계를 위한 계기였으며, 오늘날에는 변칙적인 사건들을 유발하고 강화하는 것은 오히려 체계의 지나친 합리화이다.

우리는 이 '타락한' 논리를 고려해야 한다. 그리고 불충분한 사회적·경제적 발전과 관련된 마약의 사용(개발 도상국들이나 빈곤 계층들에서 아직도 자주 실행되고 있는 것)과, 그와 반대로 소비의 절정과 패러디로서의 소비 사회의 포화 상태와 관련된 마약의 사용, 다시 말해서 우리가 벗어나야만 하는 세계――이 세계는 무엇인가가 부족하기 때문이 아니라 **너무도 풍부하기** 때문에――를 비판하는 변칙으로서의 소비 사회의 포화 상태와 관련된 마약의 사용을 구별해야 한다.

따라서 우리는 '제2 유형'이라고 말할 수 있는 마약의 사용, 그리고 동일한 변칙적 논리에 속하는 '제2 유형'의 현대적인 모든 과정들과 관련하여 고려해야만 하는 마약의 사용에 직면해 있다. 특히 우리는 바로 이해할 수 있는 범죄나 폭행의 영역에 속하지 않고, 산업화된 사회의 지나친 관용과 사회 집단 과보호로 인한 해제 반응의 영역에 속하는 '제2 유형'의 폭력 형태들에 직면해 있다. 테러리즘은 이러한 종류에 속한다. 테러리즘은 현대 국가들의 절대 권력에 대응한다. 사실 현대 국가들은 매우 강력하고 훨씬 더 통제되고 매우 견제력 있는 국가들로 구성되어 악순환을 되풀이하는 것을 제외하고는, 역사적 폭력으로서가 아니라 자신들이 저지할 수 없는 변칙적 폭력으로서의 테러리즘을 퍼뜨린다.

마찬가지로 이러한 종류에 속하는, 에이즈와 암 같은 '제2 유형'의 병리학은 외부 공격에 노출된 신체의 유기적 장애에 기인하는 전통적인 질병이 아니라 오히려 과보호받는 신체(위생적 · 화학적 · 의학적 · 사회적 · 심리적인 모든 보철)의 불안정에서, 그리하여 자신의 면역을 상실하고 어떤 바이러스의 희생물이 되어 버리는 신체의 불안정에서 생겨난다. 그리고 테러리즘의 문제에 대해 '정치적인' 해결책이 없는 것과 마찬가지로, 에이즈와 암의 문제에 대해 당분간은 그리고 같은 이유로 생체의학적 해결책이 없는 것처럼 보인다. 그것은 변칙적인 과정들이 즉흥적이고 반응적인 폭력과 더불어 그저 사회 집단이나 신체의 정치적 또는 생물학적 과잉 관리와 바로 어긋나기 때문이다.

마약의 사용, 즉 마약의 남용은 동일한 징후에 속한다. 우리는 이 저주받은 부분의 존재와, 마약의 사용과 관련된 행동들을 배척할 수 있다. 그러나 우리가 확신할 수 있는 것은, 그것을 근절하여 마침내 사회 집단을 순화하고자 하는 사회의 경우에는 가장 큰 위험이 뒤따른다는 점이다. 그런데도 이러한 의지는 존재하며, 그것은 우리의 사회 체계의 합리주의적 망상증(paranoïa)[6]에 속한다. 이러한 망상증 때문에 우리가 겪게 되는 심각한 장애를 면밀히 검토해야만 한다. 그러나 우리는 또한 이 망상증을 제거하는 데서 생겨나는 장애도 면밀히 검토해야만 한다. 이런 식으로 우리는 훨씬 더 유해한 암이나 바이러스들을 산출하게 되고, 그것들은 이제 저주의 마력조차도 지니지 못하게 된다.

면역에 의한 방어를 집단적으로 상실하거나 상징적 방어를 개인적으로 상실할 경우에, 어떤 사회들은 테러리즘·마약·폭력(게다가 함몰·파시즘)에 상처받기 쉽다. 그리고 유일한 해결책은 이러한 면역과 상징적 방어를 복원하는 데 있다는 것을 우리는 잘 알고 있다. 그러나 우리는 또한 과학과 진보의 이름으로 우리의 체계가 모든 자연 면역을 파괴하고, 대신 인공적인 면역 체계——보철——를 사용하려고 한다는 것도 알고 있다. 늘 같은 방향으로 더 멀리 나아가지 못하는 어떤 체계를 어떻게 기대할 수 있겠는가? 그래서 우리는 정반대의 다른 양상 아래에서 마약의 사용을 막연하게 예상해 볼 수 있다. 즉 면역 결핍의 증후군의 성질을 띠면서, 마약의 사용은 스스로 방어한다는 것이다. 물론 최상의 방어는 있을 수 있다. 그러나 겉으로는 절망적이고 자살을 초래하는 것처럼 보임에도 불구하고, 이러한 사용과 남용이 훨씬 더 나쁜 것에 대해 상징적인 생체 반응을 구성한다고 생각해 볼 수 있다.

1960년대와 1970년대의 '의식의 영역 확장'에 관한 안심시키는 이데올로기에 빠져들지 않은 채, 우리는 어떤 사회에서 삶이 구성할 수 있는 객관적인 우둔화에서 벗어나고, 또한 보편적인 규범화, 보편적인 합리화, 보편적인 프로그래밍——이는 확실히 사회와 종(種)의 경우에 훨씬 더 심각한 장기적인 위험을 초래할 수 있다——에 대해 공동으로 서투른 반응을 보일 수 있다고 훨씬 더 평범하게 생각할 수도 있다. 우리는 인간이 신경증을 통해서 광기로부터 자신을 효과적으로 보호한다는 것을 알고 있다. 마찬가지로 우리는 선에 의해서가 아니라 상대적인 악에 의해서 절대적인 악을 물리칠 수 있다. 같은 방식으로 교회는 (자신의 관점에서 보면) 불가피한 탈선, 불길한 씨앗(그러나 그래도 씨앗)처럼 이단을 잘 관리할 줄 알았다. 더 이상 이단을 낳지 않거나, 모든 이단을 제거해 버린 교회는 쇠퇴해 간다. 마치 신체를 파괴하려고 애쓰는 사람들을 포함하여 더 이상 생식 세포를 만들어 내지 않는 신체가 죽은 신체이듯이 말이다.

그런데 마약의 사용은 더 이상 자신의 집중적인 과정 속에 있지 않다. 다시 말하면 행복감을 주거나 영웅화하는, 파괴적이거나 자살을 초래하는 담론으로 유지되던 자신의 집중적인 과정 속에 있지 않다. 그것은 자신의 광범위한 과정 속에 있다. 설사 그것이 표면화되더라도, 그것은 자신의 폭력으로 약화된다. 그것은 파괴적인 아노미가 아니라 제도화되는 변칙이다.

우리는 마약의 사용에 대해 더욱 격렬하게 항의해야만 하는가? (이제는 마약에 관한 담론이 없는데도) 반마약에 관한 새로운 담론이 문제를 제기하는 것으로 나타날 수 있다. 사회 집단이나 개인 신체의 면역 불균형이나 불안정한 균형 속에서 이 담론은 엄격한 교훈적인 요소, 즉 변칙을 미묘하게 관리하지 않는 법의 엄격함을 끌어들인다. (이 담론은 가장 모호한 것이다. 왜냐하면 그것은 자주 정치적인 전략을 포함하기 때문이다. 이때 이러한 전략을 위해, 마약은 어떤 범죄처럼 치밀하지 못한 알리바이가 다시 된다.)

마약 사용의 문제는 **미묘하게** 다루어져야만 한다. 그리고 (그것은 모호한 문제이기 때문에) 모호한 전략과 더불어 무엇보다도 고발이라는 일방적인 전략을 피해야만 한다. 물론 이때 어떤 유형의 사회는 자신의 형식주의를 통해, 혹은 사용과 남용의 구별을 통해 강화된다. 왜냐하면 어느 누구도 마약 사용의 변덕스런 한계를 정할 수 없을 것이기 때문이다. 마약, 모든 마약은 몰아내기라는 행위이다. 즉 마약은 현실, 사회 질서, 사태에 대한 무관심을 몰아낸다. 그러나 마약을 통해서 어떤 잊혀진 권력, 어떤 충동, 어떤 내적 모순을 몰아내는 것은 사회 자체이다. 이 역효과를 산출하는 것은 사회이고, 그것을 비난하는 것도 사회이다. 이 역효과를 산출하는 것을 멈추지 못하면, 사회는 적어도 그것을 비난하는 것을 멈추어야만 한다.

유네스코

22

——

유년기의 검은 대륙

이제부터 사회적 · 정치적 질서에 관해서는 유년기의 특수한 문제가 존재한다. 성 · 마약 · 폭력 · 증오에 대한 문제들과, 사회적 소외가 제기하는 해결될 수 없는 모든 문제들은 분리될 수 없다. 많은 다른 영역들처럼, 오늘날 유년기와 청년기는 자기 포기에 의해 주변으로 빠져 나가거나 범죄를 저지르게 되는 공간이 된다.

현실은 폭력의 일상적인 이야기를 제공한다. 말하자면 자신의 부모를 살해하는 청년, 다른 아이에게 가하는 아이의 폭력, 대도시 근교에서 벌어지는 청년의 폭력——갱단에게서 볼 수 있는 비교적 사회화된 폭력——게다가 순전히 개인적인 **무의식적 행동화**(퀴에르(Cuers) 청년과 함께, 처음으로 아이는 **연속 살인자**의 전설 속으로 들어갔다)를 실례로 들 수 있다. 이 모든 사건들은 심리학 · 사회학 또는 도덕의 단순한 용어로는 설명될 수 없는 것이다. 그것들은 생물학적 질서와 상징적 질서의 단절 자체에서 생겨나는 전혀 다른 것이다.

전복된 것은 무엇보다도 탄생의 위상이다. (이는 죽음의 위상 다음으로 오늘날 엄밀히 말해서 인간의 말로 이해하기 어려운 것이다.) 온갖 형태의 인공 수정, 유전적 통제와 조작이 존재한다. 즉 도처에서 탄생의 자연적인 운명을 인위적인 운명으로 대체하는 것이 드러나 보인다. 그것은 가족과 성의 기원을 사라지게 하는 것이며, 정신적으로 그리고 생물학적으로 탄생시키는 것을 사라지게 하는 것이다. 그것은 남자와 여자의 이원성뿐만 아니라 오직 기억을 만들어 내는 과거와 미래의 이원성도 갖는 아이의 종말이다. 그래서 아이는 진정한 '다른 것'이라기보다는 오히려 기술적인 성과, 작은 보철 같은 것이 되어 버린다. 아이는 원생동물의 분열 번식과 비슷하며, 우리의 이미지에 따라 이상적인 부속물로 간주되는 근친상간적 분열의 부산물의 일종이다. 게다가 그는 우리 세포들 중의 한 세포의 DNA로부터 만들어 낼 계획인 아이-복제이다. 이 모든 기술적인 조작은 쉽게 이루어질 일은 아니다. 그러나 그것은 이미 과학적이고 집단적인 상상계 속에서, 그리고 부모와 자식의 관계 속에서까지 존재한다.

사실 그는 더 이상 아이가 아니다. 그는 위성의 존재 속으로, 동일한 것의 인위적인 궤도 속으로 들어가기 위해 자신의 자연적인 타자성을 상실하는 대체 존재이며, 또한 자신의 동일성과 자율성이 아니라 자신의 차이와 기이함을 발견하거나 자신을 뚜렷이 드러내기가 점점 더 힘들어지는 대체 존재이다. 유전적 유산이 밝혀지면 밝혀질수록, 점점 더 상징적 유산은 사라지게 된다. 이제는 오이디푸스적 연출조차도 이루어지지 않는다. 유년기에 대한 해결책도 없다. 왜냐하면 유년기의 정신적·상징적 조건들조차 없기 때문이다. 유년기는 그 자체로서 자기를 초월하고 자기를 부정할 수 있는 기회까지도 상실한다. 유년기는 인간의 변모의 과정으로서도 사라진다. 따라서 자신의 고유한 재능과 특이성을 상실하는 동시에, 유년기는 검은 대륙과 같은 것이 된다.

왜냐하면 타자성은 불가피하게 다시 나타나지만 다른 방식으로, 마침내 어른의 시선으로부터 벗어나서 어른이 되는 것——목적도 목적성도 없는 청년기——에 개의치 않는 세대에 의해 몰래 꾸며진 원대한 공모의 형태로 다시 나타나기 때문이다. 물론 이때 이러한 청년기는 타자를 고려하지 않고 자기 자신을 위해 자립화되며, 경우에 따라서는 격렬하게 타자를, 자신이 그의 자손인지도 연대 의식도 느끼지 못하는 어른을 적대시하게 된다. 살인을 범하는 **무의식적 행동화**에 의해 표현될 수 있는 것은 상징적 단절이 아니라 무조건적인 거부이다. 다른 관점에서 보면, 그것은 **무의식적 행동화**조차도 아니다. 왜냐하면 무의식적 행동화는, 현실 원칙 이전의 거의 환각적인 유아 상태가 문제가 되는데도 환각이 현실 세계 속에 침입하는 것을 가정하기 때문이다. 게다가 현실 원칙 이전의 이 유아 상태와 가상 현실의 세계, 미디어에 의한 우리의 어른 세계, 현실 원칙 이후의 세계(여기에서 현실과 가상은 뒤섞인다) 사이에는 기이한 일치가 존재한다.

이는 모든 청년 세대와 가상의 새로운 테크놀로지와의 자연발생적인 유사성을 설명해 준다. 아이는 즉각성의 특권을 지닌다. 음악, 전자적인 것, 마약, 이러한 모든 것을 그는 즉각 다루는 데 익숙해져 있다. 그는 환각 증상에 의한 고립을 두려워하지 않는다. 실시간에 관한 한, 그는 결정적으로 어른보다 앞서 있다. 사실 어른은 그에게 고지식한 사람으로만 보일 수 있다. 마치 도덕적 가치의 영역에서, 어른이 그에게 생각이 시대에 뒤떨어진 사람으로만 보일 수 있듯이 말이다.

이리하여 아이는 아노미 상태 속으로, 즉 유기적인 탈사회화의 상태 속으로 들어간다. 그러나 그것은 ‘자연적으로’ 만들어진, 그가 이형(異形)이 되어 버렸기 때문이다. 그는 **시간에서 벗어나** 있다. 즉각성, 가속, 실시간의 현재의 속도는 자식을 낳는 것과 임신, 출산과 육아의 시간, 인간의 유년기의 시간인 오랜 지속 기간과는 정반대로 나아간다. 따라서 아이는 논리적으로 사라질 수밖에 없다. 다른 방식들을 통해, 우리는 현대의 부부들이 거의 견뎌내지 못하는 많은 신경증과 갈등의 근원인 인간의 자연적인 발육——이것은 오래 지속되는 세대 변화의 의식(rituel)을 수반하는 세대의 연속성 속에서만 이해되었다——을 피할 수 있게 되었다. 오늘날 일반적인 가속화로 인해 유년기는 가속된 퇴화를 따를 수밖에 없게 된다.

안심하자. 아이는 언제나 존재할 것이다. 그러나 호기심이나 성도착의 대상으로서, 연민의 대상으로서, 교육적 시험과 조종의 대상으로서, 그저 단순히 생물계보학의 흔적으로서 존재할 것이다——마치 자연적인 종(種)이 오래 전에 사라져 버렸을 때에도 보호받는 종(種)이나 특별 보존품으로서 순종말이나 가축이나 예술품이 언제나 존재했듯이 말이다. 인간 기원의 흔적으로서 보존되고 박물관화되는 운명과는 다른 운명을 지닐 수 없는 동물들처럼, 인간 자신도 복제 인간의 세계 속에 미래의 흔적을 남기는 지위가 약속되어 있기 때문이다. 따라서 아이, 즉 아이의 개념은 맹목적으로 숭배될 것이다——그는 이미 종(種)의 흔적으로서 이상화되고 맹목적으로 숭배될 것이다. (물론 이때 점차 기술적 조작이 되어 버린 종(種)의 생식은 성의 운명도, 놀랄 만큼 우발적인 자신의 산물인 아이도 포함하지 않는다.)

이제 아이가 사라져 가는 종(種)이라는 사실을 알려면, 유엔이 채택한 아동 권리 세계선언을 보기만 하면 된다. "나는 아니다라고 말할 수 있다…… 나는 내가 누구인지 알 권리가 있다…… 나는 적절하고 균형 있는 영양 섭취를 할 권리가 있다…… 모든 사람들은 정신적이고 물리적인 가혹 행위로부터 나를 보호해야만 한다…… 나는 나의 가장 큰 즐거움을 위해 노래하고, 춤추고, 놀고, 나의 재능을 발휘할 권리가 있다…… 등." (사람들은 매우 괴상한 선언을 결코 이해하지 못했다. 게다가 이 선언을 통해서 사람들은 아이를 웃음거리로 만들고, 아이를 재주 부리도록 훈련받은 원숭이로 만든다——어른들의 정신착란으로 아이에게 괴상하게 옷을 입히면서.)

따라서 아이는 자연적인 존재로서, 한순간에 즉각적으로 최상의 성과를 이루는 시대착오적인 잔재로서 쫓겨나게 될 것이다. 동시에 그는 즉흥적이고, 비행을 저지르고, 죄를 범하는 종(種)이 될 것이다. 그는 어른의 모델과 경멸적으로 견주는 것을 멈추면서 자신이 아이라는 확신을 잃게 될 것이다. 확실히 그는 잠재적으로 위험한 존재——현대적으로, 그리고 부르주아적으로 아이를 이상화하고 교육시키는 것에 의해 숨겨진 실재——가 되는 것을 멈추지도 않았고, 술책과 협박에 의해 자기 방식대로 자신의 약점을 벌충하는 것을 멈추지도 않았다. 그러나 이러한 종속과 보복은 상대적인 것에 불과했다. 왜냐하면 그것들은 정확히 말해서 시간과 더불어 사라질 수밖에 없었기 때문이다. 그런데 이 경우에는 아이에게 부족한 것은 바로 시간이며,

그 결과 진화론적 연쇄 반응은 중단된다. 즉 그는 완전한 적처럼 어른을 적대시하게 될 것이다. 그래도 그는 타자가 될 것이지만 **따돌림받는 사람**——세대들간의 상징적 연쇄 반응의 단절에서 생겨난 기형(奇形)——처럼 될 것이다.

현실은 어른의 현실이었다. (이는 어른이 아이를 뜻대로 하지 못하는 오늘날에는 사실이 아니다.) 유년기는 자신의 비현실성의 깊숙한 곳으로부터, 자신의 백치 상태의 깊숙한 곳으로부터 세계에 대한 시적 환상이 지니는 최후의 보루들 중의 하나였다. 환상의 다른 모든 형태들처럼, 유년기는 다소 장기적인 전멸이나 보충해야 할 순수한 삶이 운명지워져 있다. 즉 아이는 부모의 관점에서 보면 큰 기쁨과 동시에 죽음을 가져오는 사건으로서의 존재, 운명으로서의 존재가 아니라, 편의품 같은 것으로서 대개의 경우 아이로 무엇을 해야 할지 모르는 부모 사이를 떠돌면서 불행히도 가속된 교환의 순환 속에 통합될 수 없는 불안정한 산물, 즉 다른 시대의 산물이 되어 버린다.

그러나 죽은 사람들처럼, 여자들처럼, 대중들처럼, 지배적인 이성으로부터 쫓겨난 모든 계층들처럼, 누가 현실의 지배자들에게 해결될 수 없는 문제를 제기하고 또 복수하는 모든 방법을 간직하고 있는 것일까?

1995년 10월 16일

23

이중 몰살

　오늘날 우리는 가상을 생각지 않는다. 오히려 우리를 생각하는 것이 가상이다. 그리고 결정적으로 우리와 현실을 갈라 놓은 이 파악할 수 없는 투명성은, 파리가 자신과 외부 세계를 갈라 놓은 것을 이해하지 못한 채 자신이 부딪치는 유리창을 이해하기가 힘든 것과 마찬가지로 이해하기 힘들다. 파리는 자신의 공간을 없애는 것을 상상조차 할 수 없다. 따라서 우리는 가상이 얼마만큼 우리가 세계를 재현하는 모든 것을 미리 이미 변형시켰는지 상상조차 할 수 없다. 우리는 가상을 상상할 수 없다. 왜냐하면 가상의 특성은 현실을 사라지게 하는 것일 뿐만 아니라 현실적인 것, 정치적인 것, 사회적인 것의 상상——시간의 현실뿐만 아니라 과거와 미래의 상상(이것은 일종의 블랙 유머에 의해 '실시간'이라고 불리는 것이다)——도 사라지게 하는 것이기 때문이다. 그러므로 우리는 정보의 출현과 동시에 역사의 전개가 끝났고, 인공지능의 출현과 동시에 사유가 끝났다는 사실을 이해하지 못했다. 모든 가능한 것들의 실제적인 확장처럼 우리를 '가상에 접근하게' 하리라는 환상을 포함하여, 우리가 아직도 이 모든 전통적인 범주에 대해 지니고 있는 환상은, 바로 또다시 보다 잘 유리창에 부딪치기 위해 지칠 줄 모르게 거리를 두는 파리의 환상과 같다. 왜냐하면 가상이 이미 사유의 모든 흔적을 없앤 것이나 다름없는데도 우리는 여전히 가상의 **실재**를 믿기 때문이다.

이러한 혼동을 다소 밝히기 위해, 나는 가장 미묘한 예를 들 것이다. 왜냐하면 그것은 우리의 현대사에서 가장 끔찍하고 가장 이해하기 힘든 사건——몰살과 그것의 존재를 부인하는 사람들, 즉 나치의 독가스실의 존재를 부인하는 사람들——의 연장 속에 있기 때문이다. 나치의 독가스실의 존재를 부인하는 주장은 터무니없다. 다음과 같은 근본적인 물음이 그 증거가 된다. 왜 그들에 대항하여 진실을 주장할 필요가 있는가? 왜 가스실의 존재에 대한 물음이 제기될 수 있는가? 이러한 물음은 다른 시대에서는 결코 제기될 수 없을 것이다. 나치의 독가스실의 존재를 부인하는 주의를 반박하는 사람들은, 이러한 부정의 가능성 자체에 대해 스스로 물음을 제기하지 않고 격렬한 분개를 하는 것으로만 만족한다. 그런데 도덕적 이유로 가스실의 역사적 현실을 옹호해야만 하고, 일종의 정치적 참여에 의해 '현실' 일반을 옹호해야만 한다는 사실 자체는, 역사적 진실을 기록하는 명부의 변화와 객관성의 혼란을 충분히 나타낸다.

나치의 독가스실의 존재를 부인하는 사람들이 단호하게 논리에서 벗어나고 단호하게 실수를 범하는 곳에서, 그들은 스스로 현실주의자가 되고 몰살의 **역사적이고 객관적인 현실**을 부인한다. 역사의 시간 속에서 사건은 일어났으며, 사건의 증거는 바로 거기에 있는 것이다. 그러나 우리는 더 이상 역사의 시간 속에 있지 않으며, 이제부터 우리는 실시간 속에 있다. 그리고 **실시간 속에는** 더 이상 그 무엇에 대한 증거도 없다. 몰살은 결코 실시간으로 확인될 수 없을 것이다. 따라서 나치의 독가스실의 존재를 부인하는 주의는 자기 논리 속에서는 모순적이지만, 자기 모순을 통해서 역설적으로 실시간이라고 불리는 다른 차원의 뜻하지 않은 출현을 명확히 한다. (그러나 이 경우 정확히 말해서 객관적 현실은 사라지며, 현재의 사건의 현실뿐만 아니라 실제로 과거의 사건과 미래 사건의 현실도 사라진다.) 행위들이 더 이상 자신의 의미를 다시 발견하지 못하고, 결과들이 더 이상 자신의 원인을 다시 발견하지 못하며, 역사가 더 이상 반영될 수 없는 그러한 동시성 속에서 모든 것이 고갈되어 간다.

실시간은 탈실체화되지 않고서는 어떤 것도 침투할 수 없는 블랙홀과 같은 것이다. 사실 실시간 속에서는 강제수용소 자체는 가상적인 것이 되고, 가상의 스크린에서만 나타날 뿐이다. 즉 모든 증거들, 《홀로코스트》와 《쇼아》는 본의 아니게 동일한 가상의 심연──그것들이 존재할 때만 존재하는 **사태들**이나 사건들의 심연(그것이 전부이다)──속에 빠져든다. 게다가 자체의 절대적 확실성 속에서, 증거들 자체와 (이미지의 현실성 속에서 두려움을 고갈시키는 이미지로서의) 영화들이 이 불가능한 기억에 기여하지 못하는 것은 숙명과 같은 것은 아니다. 말하자면 **실제의 몰살은 가상의 몰살인 저 다른 몰살에 운명지워져 있다.** 그것이 바로 진정한 궁극적인 해결책이다. 따라서 나치의 독가스실의 존재를 부인하는 주장은 실제로 반박될 수 없다. 왜냐하면 이러한 주장을 인정하지 않는 사람들을 포함하여, 모든 것과 우리 모두는 객관적인 방책이 없는 어느 순간에 자발적이건 강제에 의해서이건 동요했기 때문이다. 따라서 우리는 거울에 비친 모습처럼 일종의 반대의 부정 속에서 이 주장에 맞설 수밖에 없다. 그리고 그것은 바로 사유의 패배, 즉 역사적 사유와 비판적 사유의 패배이다──그러나 사실은 그것은 사유의 패배가 아니다. 즉 그것은 현대에 대한, 과거에 대한, 현실을 논리적으로 구성하는 어떤 형태에 대한 실시간의 승리이다.

이렇게 진실을 불안정하게 만드는 것은 많은 다른 경우──예를 들면 심슨 사건──에서도 확인될 수 있다. 법적 또는 정치적인 것을 고려하지 않고, 우리는 살인의 실제 사건을 감추는, 그리고 증거가 바로 거기에 있었던 사건의 객관적 진실과는 아무런 관련이 없는 자신의 진실만을 퍼뜨리는 어떤 독립적인 사건 속에서 미디어에 의한 연출술에 따라, 거꾸로 순환하는 전개에 따라, 깜짝 놀라게 하는 방식으로 소송이 이루어지는 것을 보았다. 그러나 심슨의 실제 유죄는 진실과 진실의 모델의 이러한 무너짐 속에서 실제로 자신의 가상적 무죄와 일치할 수 있다. 심슨 자신이──한번 더 말하지만 소송의 실시간 속에서──유죄이든 무죄이든간에, 그리고 그가 오이디푸스처럼 '진심으로' 명예를 걸 수 있다면, 단지 자기 자신일 뿐인 살인범을 찾기 위해 수사를 정확히 알아서는 안 된다는 점에서는 그러하다.

미래 자체는 실시간으로는 확실하지 않다. (이것은 "2000년은 일어나지 **않을 것이다**"라는 역설적인 명제가 지니는 의미였다.) 그리고 여기서 '최종 사건' '사건들 중의 사건' '가상의 종말'에 대한 폴 비릴리오(Paul Virilio)의 견해를 검토해 볼 필요가 있을 것이다. (사실 폴 비릴리오는 실시간으로 이루어지는 우리 세계의 이러한 진화, 아니 오히려 우리 세계의 이러한 퇴화 끝에 일어날 수 있는 '최종 사건' '사건들 중의 사건' '가상의 종말'을 직감하고 있다.) 그러나 이러한 세계의 종말보다 확실한 것은 없다. (슬프게도 이러한 확실성은 우리에게서 벗어나고 있다!) 최종 사건을 열망하는 것은 종말의 환상에 매달리는 것이다. 그것은 가상성 자체가 가상적인 것이라는 사실을 잊는 것이며, 또한 본래 가상성의 결정적인 출현, 즉 가상성에 의한 세계의 종말이 현실성과 같은 효력을 지니지 못할 것이라는 사실을 잊는 것이다. 가상과 실시간에 의한 세계의 종말은 없을 것이다. 왜냐하면 정확히 말해서 실시간은 직선적인 시간과 지속을 사라지게 하기 때문이며, 그리하여 그것들이 극단적인 한계에까지 확장될 수 있는 차원까지도 사라지게 하기 때문이다. 다른 것과 마찬가지로 직선적으로, 그리고 지수함수적으로 이루어지는 사건의 작용은 없으며, 사건의 종국은 불확실한 것으로 남는다. 가상이 처음으로 만드는 현실의 연속성에 대한 근본적인 해결책, 그리고 실시간이 처음으로 만드는 시간의 소실과 와해는 다행히도 몰살의 종국으로부터 우리를 보호해 준다. 어떤 다른 것과 마찬가지로 가상의 체계는 자신의 확장과 자신의 가능성의 조건에 따라 파괴될 수밖에 없다.

따라서 우리는 어떤 유토피아와 마찬가지로 미래 세계의 종말을 열망해서는 안 된다. 그것들은 결코 실시간으로 일어나지 않을 것이며, 그것들에게 부족하게 되는 것은 시간 자체이다.

만약 가상의 혁명이 존재한다면, 이러한 혁명에 그 모든 의미를 부여하고 그 모든 결과를 파악해야만 한다——설사 우리가 자유롭게 이 혁명을 철저하게 받아들이지 않더라도 말이다. 만약 가상에 의한 세계의 종말이 아니라 세계의 종말에 대한 가상성이 존재한다면……. (그리고 이 경우 우리는 세계의 종말 속에 있는 것이나 다름없다. 즉 어디에서나 현실 세계의 황폐를 확인하기만 하면 된다.) 따라서 다른 모든 범주들에 대해서도 마찬가지이다. 사회적인 것, 정치적인 것, 역사적인 것, 그리고 도덕적인 것과 심리적인 것——**이제는 이러한 모든 것에 대해 가상적인 사건만이 있을 뿐이다.** (가상의 정치, 가상의 윤리 등을 추구하는 것은 쓸데없는 일이라고 해도 과언이 아니다.) 왜냐하면 정치와 윤리 자체는 가상적인 것이 되어 버렸기 때문이다. (둘 다가 자신들의 행동 원리와 현실적인 힘을 상실한다는 의미에서 말이다.) 기술에 관한 한 우리는 '가상의 테크놀로지'에 대해 말할 수 있지만, 진실한 것은 가상적인 기술만이 있거나 있을 것이라는 것이다. 그런데 사유 자체, 즉 지능이 인공적인 것이 되는 세계에는 능란한 사유가 없다. 가상을 생각하는 것이 우리가 아니라, 우리를 생각하는 것이 가상이라고 말할 수 있는 것은 바로 이러한 의미에서이다.

오늘날 가상에 관한 이러한 모든 물음은 가상을 둘러싸는 놀랄 만한 속임수에 의해 훨씬 더 미묘해지고 훨씬 더 복잡해진다. (과잉 정보, **급속히 산출되는** 광고와 테크놀로지, 미디어, 열광 또는 공황, 이 모든 것은 가상과 가상의 효과에 대한 집단적 환각의 일종에 협력한다.) 윈도우 95, 인터넷, 정보 고속도로——이 모든 것은 이미 이야기와 환각 속에서 소비되었다. 이는 상상 속에 이러한 것들을 급격히 확산시키면서 그 효과를 충동적으로 일으키는 방식인가? 그러나 그 점에 대해서조차 우리는 확신하지 못한다. 속임수와 중독은 가상의 일부를 이루는 것이 아닌가? 우리는 그것에 대해 전혀 모른다. 이것은 언제나 유리창의 이해하기 힘든 명백함에 부딪치는 파리의 이야기일지도 모른다.

"확실성은 존재하지 않는다"라고 뉴욕의 어느 벽에 그려진 낙서는 말한다. **"당신은 그렇게 믿고 있는가?"**

1995년 11월 6일

24

―――

보이지 않음과 실제의 사라짐

무대 위에서 토끼·뱀·스카프, 어느것이라도 마술로 기막히게 잘 감출 줄 알지만 오직 한 가지, 즉 자기와 함께 있는 무대 위의 여자를 사라지게 하는 것만을 열망하는 마술사에 관한 이야기가 있다. 그는 다 시도해 보았지만 성공을 거두지 못했다. 그러나 어느 날 흔한 마술을 부릴 때 객석에서 박수갈채가 터져 나왔다. 깜짝 놀란 그가 고개를 돌리자, 여자는 사라져 버렸던 것이다. 그는 자신이 어떻게 성공했는지도, 어떻게 그녀를 다시 나타나게 해야 하는지도 모른다. 평생 동안 그는 이 사라짐의 비결, 즉 이 마술의 비밀을 찾아낼 것이다.

프라델(Pradel)은 텔레비전에서 볼 수 있는 또 다른 마술사, 사라짐의 또 다른 재주꾼이다. 〈보이지 않음 Perdu de vue〉이라는 프로그램에서 몇몇 실종자들을 찾아낸다는 구실로, 그는 우리를 사라지게 하는 것 이외에 달리 무엇을 할 수 있겠는가? 경찰의 관점에서 보면 우리 모두가 잠재적인 용의자이듯이, 그는 우리 모두가 잠재적인 실종자라는 사실을 우리에게 알려 준다. 화면과 영상 뒤로 숨겨진 채, 그는 진짜 실종자들은 깜짝 놀라면서 자신의 마술을 보고 있는 바로 수백만 명의 텔레비전 시청자들이라는 사실을 우리에게 깨닫게 해준다. (물론 이때 텔레비전 시청자들은 그들이 찾고 있는 사람과 자신들을 힘껏 동일시하고, 있는 힘을 다해서 꼭 발견되어 자신들의 비존재에서 벗어나기를——엄밀하게 말해서 순환에서 사라지기를——바란다.) 그리고 이 텔레비전 프로그램에서 실종자들을 찾아내는 것(그러나 이것은 별로 중요하지 않다. 그것은 늘 가장되는 것이다)에 실패하게 되면, 그들은 일주일 동안 그들의 익명의 사라짐 속에 다시 잠겨 있으면 된다.

따라서 프라델의 텔레비전 프로그램은 "우리 모두는 실종자들이다"라는 제목이 붙을 수 있을 것이다. 그리고 이러한 의미에서, 그러나 단지 이러한 의미에서만 이 프로그램은 의혹의 여지가 없는 명백한 사실을 지닌다. 마치 고가품 텔레비전의 메시지보다 훨씬 더 감화를 주는 가장 '일반적인' 모든 텔레비전의 메시지가, 다음과 같이 첫눈에 해독될 수 없음에도 불구하고 아주 투명하듯이 말이다. "우리 모두는 잠재적인 나약한 사람, 희생자 또는 테러리스트, 근병증 환자 또는 에이즈에 감염된 사람들이다." 그리고 이것은 사실이다. 그러나 무엇보다도 우리 모두는 실종자들이다. 그래도 어떤 교훈을 끌어내기 위해 프라델의 텔레비전 프로그램을 적외선으로 바라보기만 한다면, 그것은 우리에게 이렇게 말할 것이다. "우리 모두는 무엇인가 본질적인 것이 사라졌다는 사실을 알고 있다. 그러나 우리는 그것이 무엇인지 모른다." 그리고 프라델은 X…… 또는 Y……를 찾아내는 체하지만, 사실은 아무도 그것에 속지 않는다. **사라져 버린 것은 현실이다.** 그리고 X …… 또는 Y…… 이면에서, 시청자들을 사로잡는 것은 현실의 사라짐이다.

사실 이것은 현대사의 가장 중요한 사건이며, 각자는 자신이 자신의 화면 바로 앞에 있다는 사실 자체에 의해 이 사건의 관계자가 된다. 즉 그는 스스로 사라져 버린 동시에 현실을 사라지게 했던 것이다.

다행히도 사라짐의 많은 다른 양식들이 있으며, 가장 흥미로운 미적 형태들 중의 하나는 크리스토(Christo)가 보여 주는 포장(emballage)이다. 그것은 더 이상 형태들을 드러나 보이게 하는 베일의 고전적 미학이 아니다. 여기서는 실제로 무엇(섬·절벽·다리·기념물)인가를 사라지게 하는 것이 문제이다. 말하자면 그것을 순환으로부터 사라지게 하는 것이 문제이다. 물론 암시적으로 제한된 시간 동안 그렇게 하는 것이지만, 환상은 대상을 결정적으로 사라지게 하는 것이다. 그리고 환상은 일단 베일이 벗겨지면 언덕(혹은 독일 제국의 의회)이 실제로 사라져 버리는 것이다. 마치 데이비드 코퍼필드(David Copperfield)가 자기 방식대로 그렇게 할 줄 알 듯이 말이다. (그러나 크리스토에게 '미적' 환상이었던 것은 그에게는 순수한 마술이 된다.) 그리고 독일 제국의 의회의 경우에는, 조작은 완전히 의미심장하다. 즉 20세기 역사의 가장 극적인 시기의 이러한 상징을 사라지게 하면서, 크리스토는 본의 아니게 이 역사의 사라짐을 보여 준다. 이렇게 마술로 감추는 것은 베를린 장벽의 사라짐 앞에서는 불가능했을지도 모른다. (이와 반대로 사람들은 자신이 실제로 살고 있는 시대의 베를린 장벽을 포장하는 크리스토를 잘못 상상하고 있다.) 5백만 명의 관광객들은 미적으로 역사의 혐의를 벗은 이 기념물을 열렬히 맞아들이러 왔다. "먼저 우리는 독일 제국의 의회를 눈여겨 보지도 않은 채 그 앞을 지나간다. 그것은 제국의 위대함의 광기와 제3제국의 탄생과 희미하게 연결된 거무튀튀한 육중한 모습에 불과했다. 그것을 포장하면서, 크리스토는 그것으로 무엇인가 새롭고 아름다운 것을 다시 만들었다. 그것은 우리에게는 해방과 같았다." 그것은 모호한 집단적인 환희이다. 만약 나치즘이 정치적인 것의 미화(esthétisation)로 활짝 피어났다면, 우리의 새로운 민주주의는 역사의 종말의 미화로 활짝 피어난다.

그 점에 있어서 마술로 감추고 사라지게 하는, 그리고 베일로 가리고 사라져 버리는 이러한 기술들을 발휘하면서 이중의 환상은 우리 자신의 눈앞에서 사라져 버리는 것이거나, 대상이 우리의 눈앞에서 사라져 버리면 어떻게 되는지 의아하게 생각하는 것이다. 대상이 없으면 우리는 어떻게 되는가? 우리가 더 이상 거기에 없으면 우리는 어떻게 되는가? 대상은 실재가 다시 되는가?

실재와 오리지널을 보존하기 위해 순환을 벗어나는 긴박한 다른 예는 콩브 다르크(Combe-d'Arc)의 동굴이다. 그것은 자기 방식대로 포장된 채 관람객에게 공개되기도 전에 폐쇄된 고대 생물학적 불가사의이다. 보존을 위해 갇혀 있는 이 오리지널 동굴 벽화들은 가상적으로 생생하게 존재하며,

더이상 다시 나타나지 못할 것이다. 같은 의도로 '인류에게 금지된 전면 보호 지구' 가 에크렝(Écrins) 국립공원에 만들어졌다. 인간이 없어지면 거기에서, 즉 한 세기의 공간 속에서 오리지널 식물상과 동물상, '자연 상태' 를 다시 발견하리라 기대된다! 따라서 우리는 생물권의 부분들 전체에게 인위적인 진실성을 되찾게 해주기 위해 점점 더 그것들을 감추게 될 것이다. 우리 자신의 흔적들을 사라지게 하고 사물들을 자신의 오리지널 상태로 복원시키려는 어마어마한 희망 속에서, 우리는 그것들을 보호하고 냉동시키고 포장한다. 왜냐하면 우리는 우리 자신과 우리의 모든 기획들과 더불어 세계는 결코 실제적이지도 본원적이지도 못할 것이며, 또한 지금부터 모든 것이 스크린을 저주하고 시뮬라크르를 저주할 수밖에 없다는 것을 알기 때문이다. 우리는 기호의 본질적인 기능이 현실을 사라지게 하는 동시에 이러한 사라짐을 감추는 것이 되고 있는 세계 속에 있다. 모든 이미지의 이면에서, 무엇인가가 사라져 버린 것이다. (이미지에 기호의 힘을 부여하는 것은, 이미지가 재현하는 것이기보다는 오히려 이미지에 고유한 이러한 마술이다.) 정보와 기억의 마술에 대해서도 마찬가지이다——말하자면 모든 정보의 이면에서 사건은 사라져 버렸으며, 정보를 가장하여 사건들은 하나씩 우리로부터 벗어났다. 따라서 사건들은 가상의 왕국 속으로 들어간다. (밀폐되어 있는 동굴 벽화들이나 크리스토에 의해 포장된 건물들과 같은 이유로 말이다.) 콘크리트 관 속에 밀폐되어 있는 체르노빌(Tchernobyl)의 원자로들과 같은 이유로, 핵재난의 위협 역시 가상적인 것이 된다. 이것이 바로 역사의 가장 위대한 포장이다. 즉 1달러에서 40억 달러까지 비용이 드는 10년간의 작업이다. 가장 위대한 목표는 세기의 세기를 위해 언젠가 순환에서 벗어나는 것이다.

그리고 스트라스부르 사람들이 오직 3050년에만 열어 볼 수 있게끔 되어 있는 컨테이너 속에 인류를 나타내는 잡다한 혼합물(브래지어 · 전자 카세트 · 오페라 등)을 조심스레 묻어둔다면? 몇 년 전 캐나다의 주정부가 우리 인류의 가장 고상한 증거들(바흐의 음악, 리즈 테일러의 사진 등)과 함께 우주 공간으로 보낸 우주선과 약간 다른 것도 있다. 가장 신기한 점은 우리가 미래 속에 현재를 나타내는 것들(그것들은 우리와는 다른 종(種)을 위해서가 아니면, 우리가 더 이상 속해 있지 않는 세계를 위해서가 아니면 실제로 누구를 위한 것이며, 절대적 기원과 같은 가치를 지니는 것인가?)을 파묻는 동시에, 우리의 종(種)의 흔적과 다른 모든 흔적들을 찾아 가능한 파낼 수 있는 모든 것을 파낸다는 사실이다. 우리는 어떻게 해서든지 아무것도 사라지지 않기를 바란다. 경우에 따라서는, 우리는 세계가 시작된 이후로 파묻힌 것들(라스코(Lascaux)의 동굴들)을 다시 나타나게 하여 즉각적으로 그것들을 안전한 곳에 두고, 세계가 끝날 때까지 그것들을 우리의 시선에서 벗어나게 할 것이다. 현실의 단계를 거의 거칠 시간이 없었을지도 모르는 이러한 것들은 도대체 무엇을 뜻하는가? 넓은 장소에서 즉각적으로 해체되는 흔적들, 대상들, 자취들을 왜 그들의 비밀로부터 벗어나게 해야 하는가? 그와 반대로 모든 것이 사라지고 있다는 막연한 예감 말고는 있을 법하지 않은 인위적인 불멸을 위해 무엇이 작품이나 문화를 박물관화하고, 응고시키고, (액화질소의 관(棺) 속에 있는 디즈니(Disney)처럼) 저온 생성하는가? 인간 게놈조차도 '인류의 보편적인 유산'이라고 선언되었다——이는 마치 그것이 '우리의 것'인 것처럼, 마치 그것이 우리의 생물학적 자본인 것처럼 그것을 기탁하는 방식이 아닌가? 이는 마치 그것을 '발견'한 후에 파괴할 수 있다는 것을 자각하는 것처럼 그것을 포장하고 간직하는 방식이 아닌가?

우화 속의 마술사처럼, 우리는 갑자기 무엇인가 아주 귀중한 것의 가속된 사라짐을 의식하고 있지만, 무엇이, 그리고 어떻게 그것을 다시 나타나게 할 수 있는가?

"우리는 사람들이 진리의 베일을 벗길 때, 진리가 진리로 남게 된다고 믿어서는 안 된다"라고 니체는 말했다. 그러나 우리는, 우리가 진리를 폭로하는 동시에 진리를 만들어 내는 것처럼 보이기 때문에 사람들이 진리를 포장하고 재포장할 때 진리가 진리로 다시 된다고 믿어서도 안 될 것이다. 우리는 가시성과 투명성 속으로 사라지는 현실이, 사람들이 그것을 사라지게 하고 보이지 않게 할 때만 현실로 다시 되는 기회를 갖는다고 믿어서도 안 될 것이다.

　사실 오늘날 어떤 대상을 존재케 하는 최상의 전략은, 그 대상이 환상의 힘을 발견할 수 있도록 하기 위해 그 대상을 사라지게 하고 감추는 모험을 하는 것이다. 그러나 되살아난 대상은 결코 동일한 대상이 아니다. 되살아난 현실과 자연조차도 단지 제2의 존재만을 누릴 자격이 있다.

1995년 11월 20일

25

성병으로서의 성욕

다트머스 칼리지(Dartmouth College)에서 가까운 뉴잉글랜드의 어디에서나 셰이커교도[7]들이 사는 마을들이 아직도 발견된다. 이 종파의 종교법에 의하면, 이곳에서 남성과 여성은 철저하게 구분되어 살아가며 생식하지 않는다. (사람들은 고통을 겪을 수밖에 없다. 아무것도 그들을 영속시킬 수 없다. 최후의 심판을 기다리기만 하면 된다.) 그런데 미국의 다른 곳들처럼 성 해방의 역사적인 사건이 일어난 곳들 중의 하나였던 이웃 캠퍼스에서도 거의 같은 상황이 전개되고 있다. 즉 남성과 여성은 서로 접촉하지도 스치듯 지나가지도 않으며, 서로 유혹하려고 하지도 않는다. 명백한 차별도, 금지 사항도 없는데도, 사람들은 성희롱과 성적 강박 관념의 영향 아래 셰이커교도들의 경우와 동일한 인종 차별의 상황 속에 놓여 있다. 물론 에이즈에 대한 강박 관념은 자발적으로 이루어지는 이러한 섹스의 추방에 어떤 역할을 맡는다——이런 종류의 사태에는 결코 인과 관계가 존재하지 않는데도 불구하고. 사실 에이즈는 실제로 그것이 출현하고 확산되기 이전에 시작되었던 성적 흥미의 상실로 인해 생겨난 모호한 수단들 중의 하나에 지나지 않을 것이다. 문제가 되는 것은 바로 성욕 자체인 것처럼 보인다——각각의 성은 섹스 자체일 수 있는 성병에 걸려 있기 때문이다.

사람들은 에이즈에 걸릴까봐 두려워하지만, 그저 단순히 성병에 걸릴까봐도 두려워한다. 그리고 사람들은 정열·유혹·책임감과 유사한 무엇인가에 걸릴까봐 두려워한다. 그리고 이러한 의미에서 보면, 남성은 섹스에 대한 부정적인 강박 관념을 지니는 가장 근본적인 희생자이다. 사실 남성은 이러한 위험을 떠맡아야만 하는 데에 기진맥진해져서, 그리고 역사적으로 너무 오랫동안 성적 권력의 역할을 떠맡아 지쳐 버려서 성적 유희를 포기해야 할 지경에 이르렀다. 이것은 페미니즘과 여성의 해방이 적어도 이론상으로(그리고 매우 폭넓게 사실상으로) 남성을 없애 버린 것이다. 그러나 사태는 매우 복잡해졌다. 왜냐하면 자신의 권력을 상실한 약화된 남성은 그 사이에 소멸되고 사라지기 때문이다──어쨌든 점점 더 위험해진 권력의 남근적 가면을 벗으면서 말이다.

　이는 바로 여성 해방 운동의 역설적인 승리이다. 사실 여성 해방 운동은 너무도 잘 성공을 거두었고, 여성으로 하여금 남성의(다소 전략적이고 방어적인) 쇠퇴를 초래하게 했다. 그 결과 기이한 상황이 펼쳐졌다. 남자의 권력에 대한 여자들의 요구가 아니라 남성의 '무능'에 대한 여자들의 반감이 생겨난 것이다. 이제 남성의 쇠퇴는 모든 사람들에게 실패로 끝나 버린──그리고 성희롱의 환상 속에서 모순적으로 표현되는──성 해방의 기만에서 생겨난 근본적인 불만을 야기한다. 따라서 이것은 전통적인 페미니즘과는 전혀 다른 급격한 변화이다. 여자는 이제 더 이상 남자에 의해 소외되지 않지만 남성을 상실하게 되고, 다른 사람에 대한 매우 중요한 환상을 상실하게 되며, 또한 자신의 고유한 환상, 자신의 욕망, 그리고 여자로서의 자신의 특권을 상실하게 된다. 이와 같은 결과는 부모의 역할을 맡고 싶어하지 않는 부모들──그들은 자식들로부터 해방되어 부모로서 자유롭게 되고자 부모의 역할을 포기한다──에 대한 자식들의 은밀한 증오를 야기한다. 따라서 그것은 부모의 지시를 따르지 않는 자식들의 폭력이 아니라 자식으로서의 자신의 지위와 환상을 상실한 자식들의 증오이다. 해방되는 사람은 결코 사람들이 믿는 사람이 아니다. 남성의 이러한 쇠퇴는 생물학적 질서 속에서까지 반향을 일으킨다. 최근의 연구들은 정액의 흐름 속에서의 정자 비율의

하락, 특히 남성의 권력에의 의지의 독특한 쇠퇴를 알려 준다. 즉 정자들은 난자와 수정하기 위해 경쟁하지 않는다. 이제는 더 이상 경쟁도 없다. 그것들 역시 책임을 두려워하는가? 거기서 사람들은 역할의 소심함과 여성을 억제하는 두려움이 지배하는, 가시적인 성의 세계의 현상과 유사한 어떤 현상을 파악할 수 있는가? 그것은 성희롱 투쟁의 예기치 않은 결과인가? (정자들의 쇄도는 성희롱의 가장 기본적인 형태이기 때문이다.)

겉모습과는 달리 이러한 성적 불만과 억제는 종교적으로, 또는 도덕적으로 시행되는 새로운 본질적인 금지와는 아무런 관련이 없다. 이 모든 성적 금지와 억제는 오래 전부터 폐지되었다. 그리고 강간의 표시로 엷은 보라색 리본으로 캠퍼스를 미화하는 여자들(강간당하거나, 강간의 위협을 받거나, 강간당하기를 열망하는 모든 여자들은 공공연하게 범죄의 기억을 환기시킨다. 마치 노란색의 리본이 미국에게 걸프전을 향해 출발했던 군인들의 기억을 환기시켜 주듯이 말이다), 희생적인 동시에 공격적인 새로운 질서를 이끌어 가는 여자들은 확실히 수치스러운 모욕을 당하지 않는다. 그 모든 것은 오히려 금지 사항에 대한 향수——또는 그것과 유사한 것——에 속할 것이다. 말하자면(적어도 위반을 허용했던) 전통적인 검열보다 더 위험한 것으로 간주되는 성욕의 일반화와 풍속의 가상적 해방으로 인한 반응에 속할 것이다. 그것은 금지 사항에 대한 요구(규칙에 대한 요구, 제한에 대한 요구, 의무에 대한 요구)이며, 사람들은 원하는 대로 그리고 확실히 부정적으로, 심리적·정치적 관점에서, 해방과 진보의 관점에서 그것을 해석할 수 있다——그러나 이러한 금지 사항에 대한 요구는, 성 해방과 성의 실현에 의해 위협받는 종(種)의 성 기능에 관해 말하자면 종(種)의 본능적 보호인 것처럼 보일 수 있다.

성희롱(성에 대한 강박 관념과 에이즈에 대한 강박 관념)은 성욕의 불안을 되살리려는 종(種)의 술책 같은 것인가? 그리고 특히 욕망(남자의 욕망과 자신의 욕망까지도)을 되살리려는 여자의 술책인가? 그것은 피임, 즉 마침내 '성적 엔트로피'의 방향으로 나아가는 성 해방의 모든 형태들을 포함하여 성을, 결과 없는 시퀀스(séquence)와는 다른 것——오늘날 성이 진화하는 것

──으로 만들려는 매우 평범한(그러나 에이즈의 경우에는 숙명적인) 전략이다.(슬로터디크)

왜냐하면 해방으로서의, 전통적 질서의 위반(피임)으로서의 가치를 지녔던 것은 무성 생식의 방향으로 점점 더 나아가는 세계 속에서 방향을 바꾸기 때문이다. 생식 없는 성욕은 성욕 없는 생식을 향하며, 선택의 자유였던 것은 그저 단순히 생식의 모든 형태들로 점차 체계를 지배하는 것이 된다.

따라서 해방적인 폭력에 뒤이어 오는 환멸에서 생겨난 증오와, 모든 금지 사항의 모호한 폐지에 뒤이어 오는 금지 사항에 대한 요구로 인해, 오늘날 도처에서 이론의 여지가 없는 감정적 · 가정적 · 정치적 · 도덕적 수정주의가 생겨난다. 다시 말해서 회개와 성적 쇠퇴 속에서 표현되는, 20세기의 모든 해방들이 거꾸로 급격히 확산된다. 예전에는 자유 · 욕망 · 쾌락 · 사랑이 성적으로 전염되는 것처럼 보였던 것에 반하여, 오늘날에는 남성과 여성 사이의 증오 · 환멸 · 불신 · 반감이 전염되는 것처럼 보인다. 성희롱에 대한 이러한 논쟁 이면에는, 마르쿠제(Marcuse)가 말한 바 있는 '억압적인 탈승화(désublimation répressive)'의 차후의 형태가 있다. 말하자면 억압과 통제의 새로운 체계에 도입되는 금지 사항과 억제의 폐지가 있다. 우리의 관점에서 보면, 오히려 종교적인 체제유지주의를 제외하고는 직접 도덕적 체제유지주의에 이르는, 그리고 어쨌든 강간과 성희롱의 환상 이면에서 성적 보호주의에 이르는──이때 남성의 입장에서 성은 강간의 환상을 통해서만 행사할 방도를 찾아내는, 사라진 기능에 대한 강박 관념이 되고, 여성의 입장에서는 협박의 수단이 된다── '억압적인 재승화(resublimation dépressive)'가 문제될 것이다. 그 모든 것은 바로 우리가 주체적으로, 그리고 집단적으로 경험하는 것──진보와 해방의 환상에 불과했던 것 이후의 고통스런 단계의 변화──이다. 그러나 우리는 종(種)의 목표가 어떤 것인지〔종(種)이 목표를 지닌다 할지라도〕 전혀 모른다. 동물류는 위기 · 결핍 · 종족 과잉의 상황에 대처하기 위해 성적으로 자기를 억제하고, 무의식적으로 불임하는 행위들을 통해서 대응한다. 우리는 주관적인 모든 확신과 모든 이데올로기에서 벗어나, 사실상 매우 불안스럽고 비인간적인 자신의 역사를 따라 종(種) 자체와는 전혀 무관한 풍부함·해방·행복·**욕구 만족**의 상황과 유사한 행위들을 통해서 대응할 것이다. 증오——성희롱의 문제는 이 증오를 향한다——는 오늘날 자발적인 새로운 예속을 치르게 될 자유, 개성, 소중하게 획득된 욕망의 표현에 대한 후회에 불과한 것인가? 예속 자체는 성병(maladie sexuellement transmissible)이 될 수 있을 것인가?

1995년 12월 4일

26

파업의 지배력

그저 비정치적 또는 비경제적인 말로 이 파업에 대해 말하기는 어렵다. 다시 말해서 평범한 동시에 무분별한 이 행동에 대해, 이 은밀한 연대성에 대해, 파업노동자들과 다른 사람들이 어쨌든 희생된 운명을 거의 유쾌하게 그리고 지나치게 지지하는 것에 대해 말하기는 어렵다. 아마 이때 사람들은 지배받고 있다는 사실(착취되고 있다는 사실은 이미 옛날 이야기에 속하므로)에 관한 어떤 형태의 근본적인 물음을 파악할 수 있을 것이다. 그리고 이러한 물음은 모든 적절한 물음들처럼 대답 없는 물음일 것이다. 왜냐하면 권력은 다음과 같은 물음에 결코 응하지 않을 것이기 때문이다. 왜 당신은 우리를 지배하는가? 왜 당신은 우리의 이름으로 말하는가? 왜 당신은 우리에게 좋은 일을 하려고 하는가?

세대의 흐름에 따라 노동을 통해서, 학교를 통해서, 건강을 통해서, 안전을 통해서, 자신의 생활의 절약을 통해서 사람들을 도와 주는 것은 쉬운 일이 아니었다. 물론 늘 대중들은 자신이 무엇을 원하는지 몰랐으며, 우리는 그들 대신 행동하고 원해야만 했다. 그것은 바로 용감한 민주주의의 표시이다. 말하자면 그들의 의사에 반하여 사람들을 도와 주는 것이다. 그리하여 계몽의 영향 아래, 그들은 복음을 전도받았다. 좋든싫든간에 그들은 하게 내버려두었으며, 남이 시키는 대로 했다. 오늘날 그들은 이 강요된 복음전도를 따르지 않는다. 아니 오히려 그들은 그들 자신의 사라짐에 대해 미리 이야기한다. (왜냐하면 철도 종사원들, 공공 기관, 장인들, 이 모든 사회 계층들은 어쨌든 노동자와 농민들처럼 사라질 수밖에 없기 때문이다.) 그러나 그들은 그것에 대해 유쾌하게, 자극적으로, 그리고 한껏 미리 이야기한다. 사람들은 서서히 진행되는 전멸보다는 적극적인 자기 파괴를 좋아할 수 있다. 말하자면 사람들은 무기력과 부패를 파악하면서 무엇이건 응할 수 없는 권력의 공허함을 모든 사람들의 눈앞에 보여 주는 만큼 더욱더 공격적인 자살을 좋아하게 된다. 대중의 이 무의식적 전략의 대부분은 1968년의 경우처럼 자신의 폭력과 억압을 통해서이든, 오늘날처럼 자신의 투명성과 빈곤을 통해서이든간에 권력을 폭로하면서 권력의 명예를 실추시키는 것이다. 1968년에 실행되었던 부르주아적이고 엘리트주의적인 대학 문화의 청산은, 어쨌든 앞으로 닥쳐올 것——향후 20년 동안 급격히 확산될 대중 문화의 선동——을 예감하면서 그 성스러운 곳과 특권들을 유쾌하게 없애 버렸다. 그것은 오늘날 사라져 가고 있는 모든 종류의 전문 계층들에 대해서도 다소 마찬가지이다. 이 전문 계층들은 적어도 역사의 이러한 탈주를 사건으로 바꾸어 놓는 싸움을 통해서(공동의 이익을 도모하는 조합을 포함하여) 시대착오적인 부활을 시도한다. 따라서 그들 자신의 문제에 뒤지지만, 사람들이 그들에게 강요하고자 하는 문제에 앞서가는 움직임들이 있다.

　당신은 왜 사람들이 현재의 사회보장 제도를 포기하고 스스로 큰 재앙에 이르게 되기를 바라는가? 그것은 시민으로서 인정받지 못함으로 말미암아 국가를 협박하는 그들의 유일한 수단이자 국가에게서 돈을 갈취하는 유일한 수단이다. 결과는 사실상의 무력함 때문에 국가(그리고 모든 정치 계급)가 국가를 자극하는 사람들보다 훨씬 더 빨리 사라진다는 사실을 보여 주는 것이다. (유명한 말에 따라) "국가가 당신을 위해 무엇을 해줄 수 있는지 묻지 말고, 당신이 국가를 위해 무엇을 할 수 있는지 생각해 보라." 왜냐하면 국가는 멀리서 자신을 지배하는 시장과 유통에 사로잡힘으로써 더 이상 경제적으로나 특히 정치적으로 아무것도 할 수가 없기 때문이다. 국가가 국가를 위해 무엇을 할 수 있는지조차 국가에게 묻지 마라. 국가 자체는 기술상의 조업 정지 상태에 있기 때문이다.

그러나 변화는 권력을 죽음의 자리에 두는 것으로 그치지 않는다. 그것은 국가와 통제 체제가 없으면 환상적인 에너지를 발휘할 수 있고 최대한 기능할 수 있는 사회 조건, 즉 삶의 다양한 방식을 실제로 실험한다. 출근하기 위해 새벽 4시에 출발하는 사람들, 매우 기쁘진 않더라도 열심히 걸어다님으로써 생기 넘치는 사람들, 물론 그들은 자신의 일자리를 잃을까봐 두려워하지만 동시에 속생각을 죄다 털어놓는다. 그들은 혼자 요령 있게 행동할 수 있으며, 제도적인 메커니즘과 권력을 대신할 수 있다는 것을 입증한다. 적어도 한순간 그들은 증명할 수 있을 것이다. 그것이 바로 현재 실행되고 있는 파업이다. 다시 말해서 반드시 당신을 도와 주려고 하는 모든 사람들로부터 벗어날 수 있고, 자유롭게 자신의 삶을 구성할 수 있는 놀라운 능력이 잠재적으로 상승하는 것이다. 권력이 어떻든간에 권력의 입장에서 보면 이러한 증명은 위협적인 것이다. 권력은 자존심의 집단적 폭발에 오만하게 반응한다. 설사 이 집단적 폭발이 최하층민들의 성격 장애적 방어나 저개발국 사람들의 추상적 방어의 형태를 지닌다 할지라도 말이다. 정확히 말해서 모든 경제적인 쟁점을 넘어서 자신의 근본적인 상징적 쟁점을 표현하는 것은 지나친 파업과 무절제한 파업의 목표이다. 파업의 이 지배력을 가장 확실하게——그리고 권력의 입장에서 보면 치명적으로——나타내는 것은, 권력이 사람들을 존중하지 않으면 사람들은 서로를 존중하기 시작한다는 점이다.

가담하고 또 가담하는 것은 파업의 이러한 움직임을 새롭게 발견하는 커다란 계기가 되었을 것이다. 이는 전통적인 시위보다 훨씬 더 강력한 움직임이다. 왜냐하면 사회적 파괴의 근본적인 문제점은 바로 순환이기 때문이다. 이 사회에서의 유일한 순환은 실시간으로 이루어지는 돈과 정보의 순환, 엘리트들과 망들의 순환이다. 그것은 대부분의 경우에 추상적이고 접근할 수 없는 순환이다. 이러한 순환과 반대로 사람들은 나아간다. 그들은 망의 실시간과 반대로 공간의 지연된 시간 속으로 나아간다. 다시 말하면 흐름의 과도한 순환과 반대로 코스의 물리적 시간 속으로 나아간다. 그것은 독창적으로, 그리고 직접적으로 이 사회의 규범 자체에 대해 항의하는 것이다. 우연의 일치에 의해, 파업과 동시에 중단되었던 텔레손(Téléthon)[8]과의 대조는 놀라운 것이었다. 왜냐하면 바로 그때 우리는 수백만 킬로미터의 기록들과 수백만 프랑의 표시와 더불어 텔레손을 진행시키기 위해, 미디어에 의한 연대성을 통해서 사람들이 걷고 달리고 자전거 타기를 하는 것을 보았기 때문이다. 파업과는 대조적으로, 우리는 스펙터클의 사회가 맹목적인 자선단체를 통해서 어디로 도피했는지 잘 파악할 수 있었다.

우리의 기술적 자동 제어의 믿을 수 없는 용이성과 동시에 모든 통제를 해제할 수 있는 마술적 가능성을 측정하기 위해 차표도, 승무원도, 기관사도 없는 (환상적인 파업 열차) 텅 빈 **TGV**(리옹에서 파리로 가는 마지막 열차)를 기적적으로 탔어야만 한다——사회 전체는 최소한 가동할 수 있는 현재의 상황에 따라 움직이기 때문이다. 이는 엄청난 위안이 될 것이다. (이탈리아에서 대체 운행은 정상 운행보다 이미 더 잘 이루어진다.) 고통이 줄어든 사회가 지니는 꿈 또한 민주주의가 더 이상 거만한 엘리트들의 민주주의나 요구하는 하층민들의 민주주의가 아니라, 사람들이 자신의 구속과 규칙에 따라 자신을 위해 나아가는 사회의 오랜 움직임이 표현하는 것이다.

1992년 유럽에서 실시된 국민 투표는, 합리성의 보편적 복음에 따르지 않고 완강히 저항하는 여론에 맞선 모든 권력들(정치 권력, 미디어 권력, 문화 권력, 지식 권력)의 '민주주의적' 동맹을 나타내는 최초의 신호였다. 이제부터는 서로 화해될 수 없는 적대적인 두 세력이 대립되는 것은 분명하다. 그것은 사회적 파괴일 뿐만 아니라 정신적 파괴이기도 하다. 말하자면 역사의 방향으로 나아가고자 하는 명백한 세력(설령 사이버네틱스와 테크노크라트에 의해 세계를 지배하는 이러한 이야기가 다른 세력과 마찬가지로 이 세력에서 의미를 지니지 않는다 할지라도)과, 나날이 확장되는 완강한 대항 세력 사이의 파괴이다. 요컨대 그것은 지성에 의한 파괴가 아니라 역사와 나란히 나아가며, 어떤 대가를 치르더라도 유일한 질서, 유일한 사상, 단일 화폐, 보편적인 것을 정치적으로 선전하는 상투적인 구호와 과감히 맞서는, 교활하고 아이러니컬한 대중 운동에 의한 파괴, 술책에 의한 파괴, 역사를 희생시키는 술책에 의한 파괴이다. 적대적인 두 세력은 더 이상 계급 투쟁에 속하지 않는다. 하나는 (점점 덜) 기호와 언어를, (점점 더) 설득과 토론의 기술을 지배하는 합리적인 세력인 반면, 전형적이 아닌 불완전하고 불안정한 다른 하나는 역사와 진보의 직선적인 방향이 강요되는 세력이다. 이러한 세력을 아무도 인정하려고 하지 않는다. 왜냐하면 아무도 분노가 은밀하게 예고되는 것을 이해하지 못하기 때문이다.

우리가 도달하는 데 한 세기가 걸리는 사건들, 그리고 우리가 감히 정면에서 볼 수 없는, 일종의 연옥의 고통 속에 빠져 있는 진리들이 있다고 니체는 말했다. 이것이 바로 이제부터 사건들이 정치적 전략과 역사의 흐름에 따라서가 아니라 역사와 정치와 반대로 일어난다는 사실이다. 만약 사람들이 우리에게 이 세기말의 자본의 출현처럼 새로운 세계 질서의 배후에서 새로운 유럽 질서를 제시한다면, 그때 수백만 명의 사람들이 가담하고 은밀하게 연대하게 되는 우리 프랑스의 파업은 실제로 반사건(anti-événement), 전형적인 대항 사건(contre-événement)이 될 것이다.

1995년 12월 18일

27

———

불의 땅-뉴욕

사람들이 말했듯이, 뉴욕은 재난의 땅이다. 최근의 천재지변으로 인한 것처럼 예전에는 황폐화된 숲들, 난파선의 잔해들, 이민자들(왜 유고슬라비아인들이 그토록 많을까?)과 항해자들의 묘지들이 있었다. 그러나 오늘날에는 다른 재난, 즉 완전히 시대착오적인 현대성의 재난——무질서하고 일관성 없는 서부의 현대성의 재난——이 있었다. 말하자면 마치 세계의 끝간 곳의 침묵을 없애야만 했던 것처럼 쓸모없는 순환의 모든 무질서·시멘트·먼지·**듀티프리**(duty free)·트랜지스터·석유와 정보과학이 있다. 여기에서 비인간적인 모든 것은 자연적인 황폐 속에서 고상한 것이 된다——인간적인 모든 것은 더러운 것이 되는데, 그것은 바로 문명의 폐물이다.

현대인이 아메리카 인디언들을 만들어 내었듯이 실제로 자신을 폐물로 취급한다는 사실에는 정당함이 있다. 탁월한 정당함은 사형집행인과 희생자의 운명을 같게 한다. (실제로 그들이 저질러 몰살될 수 있는) 범죄도 그 이름도 알 수 없는 푸에고 제도의 이 모든 인디언들과 가장 비슷한 형제들은, 그 사진들로 박물관을 장식하는 유쉬아이아의 옛 형무소에 수감된 사람들, 범죄자들, 세상에서 배척당한 사람들이다. 특히 유쉬아이아 형무소 수감자들은 더 이상 이름도 범죄도 최후의 운명도 사망 날짜도 알 수 없지만 멋진 사진, 즉 알려지지 않은 완전한 수감자의 사진만이 남아 있다. 하물며 당시 화제에 올랐던 송골매라는 별명이 붙은 부에노스아이레스의 경찰서장을 살해했던 라도비츠스키(Radowitzski)라는 수감자는 탈출에 성공했다가 다시 체포되어 자살을 시도했으며, 20년 후에 특사를 받아 추방되어 자신의 생을 마감했다.

범죄자들과 아메리카 인디언들 앞에는, 혜택받지 못한 이 땅에 유익한 기생충 같은 존재들인 살레지오회(會)의 수도사들——그들은 이 땅에 복음을 전한다——이 있다.

도처에 허무함, 사막, 메마른 지평선, 끝없는 전망이 있다. 사실대로 말하면, 여기에는 자연도 문화도 없지만 서로에 대한 야만적인 부정——바람, 거무스름한 하늘, 쓸모없는 만(灣)의 허무함에 의한 풍경의 부정——도시의 허무함에 의한 문화의 부정(그러나 그들 자신의 말로 '이방인'이라고 불렸던 사람들이 일단 전멸되면, 다른 무슨 일이 일어날 수 있을 것인가?)——이 있다. 지리적인 거리는 그들의 뒤섞임에 초현실적인 어떤 의미도 부여하지 못한 채 자연과 문화 사이의 대조를 빛나게 한다. 이때 사람들이 발견하는 것은 독창적인 세계가 아니다. 그것은 인류를 가차없이 파괴하는 지배력과 기본적인 야만적 형태가 냉혹하게 뒤섞인 것이다.

이는 세계의 종말에 대한 환상이다. 사람들은 세계를 끝장내고 탯줄을 끊었다고 생각한다. 전혀 아니다. 다른 세계가 자신의 실시간과 더불어 이미 우리 앞에 있다——말하자면 비현실적이고 시간을 초월한 이 땅 위에 있다. 거기서 사람들은 아침에 파리에서 발행되는 신문 기사를 팩스로 받는다. 따라서 더 이상 세계의 종말은 없다. 하물며 그 이상은 생각할 수 없다. 사람들은 도처에서 동시에 극단적인 경계에 있다. 사람들은 자신의 종말을 넘어서 스스로 극단적인 현상이 된다. 그런데 세계의 종말에 대한 환상은, 극단적인 영역——가능한 종말과 극단적인 사유에 대한 상징——이 있기 때문이다. 그것은 이 땅이 사람들이 이야기하는 것과는 달리 어떤 범위가 아니라는 사실과, 이러한 절망적인 굽어짐(courbure)을 갖지 않는다는 사실을 확인하는 것이다.

알라칼루프인(Alakalouf)들은 자신들이 세계의 끝에 있다는 사실을 몰랐다. 그들은 거기에 있었으며, 다른 어디에도 없었다——그들은 우리가 결코 존재하지 않는 곳에 있었다. 항해자들, 모험가들, 선교사들에게 있어서도 역시 끝이 없었다. 그들은 그들의 세계와는 공통점 없는 세계, 그들의 세계와 힘을 겨루어야 할 세계, 즉 새로운 경계를 발견했다. 오늘날 우리는 오래 전부터 우주 여행으로 끝장을 낸, 세계의 끝이라는 상상계에 도달한다. 그리고 푸에고 제도의 인디언들이 결코 그들의 불과 분리되지 않는 데 비해 (그들은 잉걸불의 형태로 어디에나, 그들의 작은 배에까지 그 불을 가져갔다), 우리의 관심은 우리의 인공 냉동을 어디에나, 혹한 지방에까지 가져가는 것이다.

불의 땅 이후에 뉴욕이 생겨났고, 세계의 끝 이후에 세계의 중심이 생겨났다. 이는 이중의 극단이다. 다시 말하면 땅의 곡선이 끝나는 곳, 인간의 기술과 수직성이 가장 멀리 나아갔던 곳이다. 그러나 각각의 극단은 다른 세계에 있다는 느낌을 준다. 불의 땅에서의 시간의 고고학적 정체, 시간의 깊이, 그리고 여기 뉴욕에서의 시간의 피상적인 가속화——이 둘은 역시 시간을 초월하는 것이다. 그리고 남반구에서 태양이 정오에 북쪽으로 지나간다면(이것은 언제나 서양인에게는 이상한 것처럼 보인다), 같은 태양이 뉴욕에서 떠서 지는 것 역시 이상한 것처럼 보일지도 모른다. 그리하여 천상도는 자신의 궤도와는 다른 어떤 궤도에 전혀 무관한 것처럼 보인다.

사람들이 스태튼아일랜드(Staten Island)로 향하는 페리호를 타고 배터리(Battery) 공원이 있는 맨해튼의 곶에 있으면, 비글(Beagle) 해협 연안에 있는 불의 땅의 극단에 있는 기분이 든다. 뉴욕에서 아침에, 사람들은 세계에서 아침에 느끼는 것과 똑같은 원초적 에너지, 원초적 무대를 느낀다. 다른 곳 어디에서든지 소비된 에너지는 약화와 피로의 느낌, 활동에 의해 소모된다는 느낌을 준다——이때 그와 반대로, 그것은 과도한 활동 속에서 재생된다. 오로지 자연 에너지만이 고갈되지 않는다는 느낌을 준다. 이때 뉴욕에 끊임없는 고기압의 특성을 부여하는 것은 인공 에너지, 즉 고전압이다.

아마 원초적인 무대, 원초적인 사회가 있을 것이다. 그러나 사람들이 남 아메리카 남단에 위치한 파타고니아(Patagonie)에서 브로드웨이(Broadway) 와 타임스퀘어(Time Square)로 직접 옮겨갈 때, 인류의 급속한 증가에 두려 움을 느낄 수밖에 없다. 사람들은 인류학자에 의해 자기 종족의 고립에서 벗어나 샌프란시스코의 군중들 속에 내던져진 최후의 인디언인 이쉬(Ishi)처 럼 자신을 느낀다. 동시에 나타난 수많은 인간들을 보고 깜짝 놀란(그는 한 꺼번에 30명 내지 40명 이상을 결코 본 적이 없었다), 그는 모든 죽은 사람들 이 바로 동시에 산 사람들이라는 사실에 의해 그 이유를 납득할 수밖에 없 었다. 왜냐하면 그는 신들이 동시에 많은 사람들을 만들어 낼 수 있다고는 상상조차 할 수 없었기 때문이다. 산 사람 한 명당 죽은 사람 열 명이 있으 면 적당한 것이다. 예를 들면 원시림에서처럼 불의 땅에서는 죽은 나무 열 그루당 산 나무 한 그루가 있으면 된다. 따라서 대도시의 군중 속에서 열 명 중 아홉 명이 곧 죽을 사람들, 즉 좀비(zombie)들이다. 그들의 신체적 명백 함은 기만적이다. 왜냐하면 소위 인간이라는 존재들은 뒤섞임 속에서만 신 체적 접촉을 하며, 의사 소통을 통해서만 인간 관계를 맺기 때문이다──── 그들은 실제로 가상적으로 죽은 사람들이나 유령들이다. 아마도 몇백 명, 몇 천 명만이 그들 사이의 은밀한 관계를 유지하며, 상징적인 연쇄 반응만이 불 활성화된 이 엄청난 인간 게놈 속에서 살아 있을 것이다.

거리의 수백만 명의 사람들은 쓸모없으면서도 동시에 눈부신 분산을 통해 세계의 중심에 있거나, 사방으로 나아가는 것 이외에 달리 할 일이 없는 것 처럼 보인다. 즉 중심을 벗어나는 쓸모없는 형태를 통해 뉴욕을 존재하게 하 는 것 이외에 달리 할 일이 없는 것처럼 보인다. 뉴욕은 매우 긴급하고 결정 적이고 덧없는 도시, 즉 표현의 모든 민주주의적 형태와는 매우 거리가 먼 도시이다. 뉴욕에서, 사람들은 자기 자신만을 표현하고 다른 사회는 표현하 지 않는다. 도시는 그 자체만을 표현하고, 다른 아메리카는 표현하지 않는 다. 이것이 바로 뉴욕에 세계적 중요성을 부여하는 것이다. 명성을 알아내 고 포착하는, 이 도시의 매력은 다른 미국뿐만 아니라 다른 세계를 거대한 지방으로 변형시켰다는 점이다. (이는 전혀 지방의 매력을 사라지게 하는 것이 아니다.)

여기에는 과거나 미래에 대한 책임도, 집단적인 감상적 성격도, 사회적 관계도, 자율적 공동성도 없다. 사람들은 뉴욕에서 번식하지 않는다. 뉴욕은 번식하기 위해 만들어진 도시가 아니다. 거기서는 모든 일이 일어나는데 더 이상 할 말이 없다. 그리하여 대재난에 대한 예감이 도처에 존재한다. 그러나 강렬한 예감이다. 땅의 끝간 곳 저기서도, 남극의 고독 속에서도 느낄 수 있는, 그것은 시대의 깊숙한 곳에서 생겨난 자연적인 대재난과 최근의 사건에서 생겨난 집단 학살에 대한 비통한 감정이다. 세계는 바람, 결빙, 인간 약탈자, 이전 시간의 고갈에 의해 황폐화되고, 재난은 언제나 계속된다. 푸에고 제도의 인디언들은 그들 자신의 신들이 있을 때는 그들을 저주했다──그리하여 신들은 냉혹한 세계에 뿌리를 내리기가 힘들며, 냉혹한 기본적인 세력들을 구현하기가 힘들다.

사람들이 뉴욕에서 느낄 수 있는 대재난에 대한 감정은 전혀 다른 것이다. 그것은 과잉과 풍부함에 의해서만 끝날 수 있는 생존의 대재난에 대한 감정이다. 현재 시간은 최대로 절박하며, 단 한순간에 절대 현재 속으로 모여든 모든 미래와 미래의 모든 에너지는 고갈된다.

이렇게 말하면서, 우리는 확실히 에너지에 대한 순진한 비전을 갖는다. 그것은 엔트로피에 의한 비전이다. 파타고니아에서의 아주 오래된 바람 에너지나 인간 역학 에너지가 확실히 고갈될 수 없는데도 말이다.

1996년 1월 1일

28

———

세계적 부채와 유사한 세계

타임 스퀘어에서 미국의 공공 부채가 전자적으로 표시된다——몇십조 달러라는 천문학적 숫자가 표시되는데, 착각을 일으키는 속도로 초당 2만 달러가 증가된다. 보부르(Beaubourg)에서 우리와 2000년을 분리하는 수백만 초가 전자적으로 표시된다. 하나는 시간의 숫자로 규칙적으로 줄어든다. 다른 하나는 돈의 숫자로 엄청나게 증가된다. 하나는 제로(zéro) 초로 향하는 카운트다운이다. 다른 하나는 정반대로 무한을 향한다——둘 다는 적어도 상상계 속에서 대재난을 내포한다. 즉 보부르의 경우에는 시간의 고갈이라는 대재난이며, 미국의 경우에는 부채가 지수함수적으로 바뀌면서 세계 금융의 공항을 초래하는 대재난이다.

사실은 이러한 부채는 결코 상환될 수 없을 것이다. 어떤 부채도 상환될 수 없을 것이다. 결정적인 계산은 결코 이루어지지 않을 것이다. 설령 우리가 시간을 계산할 수 있더라도, 부재하는 자본은 모든 회계를 벗어난다. 설사 미국이 이미 가상적으로 지불 위기에 처해 있더라도, 그것은 결과를 갖지 못할 것이다——이 가상적 파산에 대한 최후의 심판은 없을 것이다. 모든 책임으로부터 벗어나려면 지수함수나 가상성으로 옮겨가는 것만으로 충분하다. 왜냐하면 도전해야 할 지시적 세계도, 지시 대상도 없기 때문이다.

이는 지시적 세계의 이러한 사라짐이라는 완전히 새로운 상황이다. 브로

드웨이의 게시판을 바라보면, 사람들은 우주에서 멀어지는 은하계의 광년 거리로, 지구의 위성에서 해방되는 것처럼 부채에서 해방되는 속도로, 성층권으로 비상하는 느낌이 든다. 그런데 그것이 바로 문제이다. 즉 부채는 자신의 궤도 위에서 움직인다. 말하자면 유사한 세계 속에서 진화하면서 모든 경제가 우발성에서 해방되고, 자체의 가속화를 통해 생산·가치·사용의 일반적인 세계의 영향에서 벗어난 궤도 위에서 움직인다. 어떤 세계는 궤도적이 아니라 탈궤도적이고, 중심을 벗어난다. 그것이 언젠가 우리의 세계와 일치할 확률은 매우 낮다.

이는 바로 이제부터 어떤 부채도 상환될 수 없는 이유이다. 부채는 사용가치가 다시 되어 버린 부채——공공 부채, 국가 부채, 세계적 부채——의 거래로 옮겨져서 기껏해야 청산금의 형태로 상환될 수 있다. 거기에는 부채의 지불 기한이 있을 수 없다. 그리하여 그것은 부채의 가치를 평가할 수 없는 것으로 만든다. 왜냐하면 부채의 지불 기한이 일시 정지되듯이, 지불 기한은 시간에 대한 우리의 유일한 보증이기 때문이다. 시간의 고갈을 의미하는 카운트다운과는 반대로, 무기한 연기된 부채는 우리에게 시간 자체가 고갈될 수 없는 것이라는 바를 보장한다. 그런데 우리는 미래 자체가 실시간 속에서 고갈되려고 할 때 실제로 시간에 관한 이러한 보증을 필요로 한다. 부채를 청산하는 것, 회계를 감사하는 것, 제3세계의 부채를 없애는 것을 생각지 말자! 우리는 부채의 불균형만으로, 부채의 증대만으로, 부채에 대한 끝없는 약속만으로 살아간다. 전지구적·세계적 부채는 분명히 의무와 신용이라는 전통적인 말로서는 어떤 의미도 지니지 않는다. 그와 반대로 그것은 우리의 집단적인 진짜 신용——개인들·기업들·국가들이 서로에게 반올림하여 인정한 상징적 신용——이다. 마치 공범자들이 그들의 범죄를 인정하게 되듯이, 각자는 가상적 파산을 타자(은행들)에게 인정하게 된다. 모두는 속죄받을 수 없고, 시효에 의해 소멸되지 않는 부채의 그늘 아래에서 서로를 위해 존재하는 것을 확신하고 있다. 왜냐하면 지금부터 축적된 세계적 부채의 상환금은 사용할 수 있는 자금을 훨씬 초과하기 때문이다.

따라서 그것은 신용 내부의 동일한 운명으로 모든 문명인들을 결합시키는 것 이외에는 다른 의미를 지니지 않는다. 마치 핵무기——핵무기의 세계적 축적은 전지구적 파괴를 훨씬 초과한다——가 위협과 억지(dissuasion)의 동일한 운명으로 인간 전체를 결합시키는 것 이외에는 다른 의미를 지니지 않듯이 말이다.

따라서 우리는 왜 미국인들이 그토록 눈길을 끌 정도로 그들의 부채를 알리는지 이해하게 된다. 자발적 행위는 국가에게 자신의 관리에 대해 수치심을 느끼게 하고, 시민들에게 절박한 재정 파탄과 공공 문제 실패를 미리 알리는 것과 같다. 그러나 터무니없는 숫자를 보여 줌으로써, 그들은 모든 의미를 상실하게 된다. 사실은 그 모든 것은 엄청난 광고에 불과한 것이다. 게다가 빛나는 **게시판**은 모든 한도를 넘었을지도 모르는 눈부신 주식시세표처럼 보인다. 사람들은 세계적인 퍼포먼스를 보듯이 매혹된 채 그것을 바라본다. (사람들이 세기말이 지나가는 것을 보려고 보부르의 디지털 시계 앞으로 거의 모여들지 않는 것에 비해.) 동시에 사람들은 마지막 순간까지 자신의 비디오 회로를 통해 자신의 비행기가 지면에 세게 부딪쳐 산산조각이 나는 것을 볼 수 있었던 투폴레프(Tupolev)[9] 비행기 시험조종사와 집단적으로 같은 상황 속에 있다. 그는 죽기 전의 모습을 보려는 최후의 반사적 행동을 했을까? 그는 가상 현실 속에서 자신의 마지막 순간을 산다고 생각할 수 있었을 것이다. 이미지는 인간보다 오래 살았는가, 아니면 인간이 이미지보다 오래 살았는가? (설령 그것이 눈 깜짝할 사이에 지나지 않는다 할지라도 말이다.) 가상 현실은 현실 세계의 대재난에서 살아남는가?

우리의 진짜 인공 위성들은 지구를 그들의 궤도 순환으로 둘러싸고 있는 세계적 부채, 유동 자본, 핵 보유량이다. 별의 운동성과 즉각적인 교환 가능성을 지닌, 그리고 순수한 인공물이 되어 버린 그것들은 마침내 증권거래소·은행·보관 창고보다 더 놀라운 그들의 진정한 장소, 말하자면 그것들이 인조 태양들처럼 뜨고 지고 궤도를 찾아내었다.

지수함수적으로 발전해 가고 있는 이 유사한 세계들의 마지막 세계는, 바로 인터넷과 세계적인 정보망으로 이루어진 세계이다. 정보의 억제할 수 없는 증가, 정보의 부수적 결과 또한 매일 실시간으로, 수백만의 개체로, 수십억의 거래로 표시될 수 있을 것이다. (그리고 정보의 확장은 지식의 어떤 통합과 아무 관련도 없는 것처럼 보인다.) 지금부터 사람들은 이 거대한 지수함수가 결코 자체의 사용과 목적을 발견하지 못할 것이라는 점에서 결코 회복될 수 없을 것이라고 말할 수 있다. 따라서 그것은 정확히 말해서 부채의 경우와 마찬가지이다. **즉 정보는 부채와 마찬가지로 속죄받을 수 없는 것이다.** (우리가 결코 부채를 갚을 수 없을 것이라는 점에서 말이다.) 게다가 데이터 저장, 정보의 세계적 순환과 축적은 속죄받을 수 없는 부채를 컴파일링(compilation)하는 것과 매우 유사하다. 그리고 바로 그 점에서, 증대하는 이러한 정보가 개체와 종(種) 일반의 욕구와 능력을 초과하게 되면, 그것은 뇌의 자율 운동과 정신적 후진성의 동일한 운명으로 인간 전체를 결합시키는 것 이외에 다른 의미를 지니지 않는다. 왜냐하면 상당한 양의 정보가 우리의 무지를 줄인다면, 분명히 다량의 인공 지능은 우리에게 우리의 자연 지능 결핍을 납득시키고 우리를 거기에 빠져들게 할 수밖에 없기 때문이다. 인간에게 가장 나쁜 것은 실제로 지나치게 아는 것과, 자신이 알고 있는 존재보다 열등한 존재가 되는 것이다. 그것은 책임과 감정적 능력에 대해서도 마찬가지이다. 어떤 집단적 연대성을 유발하는 대신에 폭력·불행·대재난이라는 표현으로 미디어를 통해 끊임없이 유혹함으로써, 우리는 우리의 실제 무력함을 계속 보여 주게 되고 공황과 회한에 빠져들게 된다.

자율적이고 지수함수적인 논리에 사로잡혀 있는 이 모든 유사한 세계들은 시한폭탄들과 같다. 그것은 핵무기에 대해서는 분명하지만, 부채와 유동 자본에 대해서도 사실이다. 이러한 세계들이 우리 세계에 조금이라도 침입하게 되면, 그들의 궤도와 우리의 궤도가 조금이라도 교차하게 되면, 우리의 교환과 경제의 불안정한 균형은 즉각적으로 깨어질 것이다. 정보의 완전한 자유화에 대해서도 마찬가지일 것이다. 사실 정보의 완전한 자유화는 우리를 희소해진 사이버 스페이스 속에서 자신의 분자(molécule)를 필사적으로

찾는 자유로운 급진주의자로 만든다.

이성은 우리가 동일한 세계 속에 이 유사한 세계들과 우리의 세계를 다시 통합하기를 바랄 것이다. 말하자면 핵무기가 자신의 평화적 사용법을 찾아내고, 모든 부채가 회계 감사되고, 유동 자본이 사회적 부(富) 속에서 재투자되고, 모든 정보가 지식에 포함되기를 바랄 것이다. 그러나 이는 바로 위험한 유토피아가 될 것이다. 이러한 세계들이 유사한 것으로 남기를, 그리고 그들의 일시 중단된 위협과 그들의 중심에서 멀어짐에 의해 우리가 보호되기를. 왜냐하면 설령 이러한 세계들이 유사하고 중심을 벗어난다 할지라도, 그것은 우리의 세계들이기 때문이고, 우리가 사이비 초월성처럼 우리 능력의 범위 밖에서 우리의 세계들을 구체화했기 때문이며, 우리가 일종의 대재난의 상상계처럼 우리의 세계들을 궤도에 올려 놓았기 때문이다. 그러나 그것은 실제로 이렇게 될 것이다. 왜냐하면 예전에 우리 사회의 연대성이 진보의 상상계에 의해 유지되었다면, 오늘날에 그것은 대재난의 상상계에 의해 유지되기 때문이다.

1996년 1월 15일

29

———

코망되르의 그림자

　미테랑(Mitterrand)의 암은 뜻밖의 놀라운 사건이었다. 사실은 그의 암은 15년 전부터 은폐되고 감추어지고 억눌려 있다가 귀블레(Gubler) 박사의 《중대한 비밀 *Le grand Secret*》에 의해 '불법으로' 폭로되었으며(이 책은 법원에 의해 출판 금지되었다), 그후 가상 공간의 인터넷상에서 부활되다가 마침내 범죄를 저지르는 사이버 카페 주인의 이름으로 가상적으로 갇히게 되었다. 그것은 한 암에서 다른 암까지, 즉 전립선암에서 정보의 암까지 확산되었다. 의학에 의해 생물학적인 전이들을 피할 수 없기 때문에, 사람들은 침묵에 의해 그것들을 피하게 된다. 정보의 전이들을 피할 수 없기 때문에 사람들은 법에 의해 그것들을 금지하게 된다. 게다가 정보와 생명 윤리, 투명성과 통제할 수 없는 증식의 문제는 교묘하게 해결되었다. 말하자면 바이러스들을 멈추게 하기 위해 법을 이용하였다. 그러나 슬프게도! 전이들은 이미 '반대의 사이트들'을 통해서 바깥쪽으로 퍼져 나갔다.

　따라서 비밀과 투명성의 모든 단계들을 통과하면서, 미테랑의 암은 정확하게 그의 권력과 흡사하게 될 것이다――사실은 그의 권력은 치밀하게 계획된 비밀의 사용에 근거를 두는 동시에, 특히 결말을 향해 그의 삶의 차마 말할 수 없는 것들을 계획적으로 서서히 퍼뜨리는 것에 근거를 두고 있다. 이 이중 명부 속에서 암으로 인해 그의 생애――사실 그의 생애는 천문대를 습격하면서 시작되었다고 말할 수 있다──는 뜻있게 장식되었다. 가장된 습격, 감추어진 암──이 두 경우에, 그는 만용에 의해 난관을 벗어난다. (그는 철책을 뛰어넘고, 예상된 죽음의 피안을 뛰어넘는다.) 그리고 그는 아무도 거기에서 결과를 끌어내지 못한 채 사태가 감추어지도록 한다. 그는 프랑스인들에게 그의 생애를 쉽게 믿게 했을 것이다. 그는 자신의 병과 많은 다른 사건들에 관한 내부 정보 유출에 주의를 기울였을 뿐만 아니라──그것은 권력을 쥔 모든 사람이 보여 주는 행위이다──또한 폭로하겠다는 협박, 즉 자기 자신에 의해 소리 없이 다소 대대적으로 조직된 암호화된 폭로(극우파에 대한 자신의 과거, 부스케(Bousquet) 사건, 엘리제궁의 스캔들, 자신의 제2의 성생활, 숨겨 놓은 자신의 딸, 돌이켜 보게 하는 자신의 암)를 하겠다는 협박에 주의를 기울이기도 했다. 그리고 그는 슬프게도 이러한 협박으로 유명해졌다.

그의 즐거움은 여론을 통해서 최근 역사의 유산을 가장 많이 유용할 수 있는 것에 대한 모든 기만과 술책──확실히 사회적이지도 역사적이지도 않은 이해할 수 없는 목적을 위해 유산을 착복하려는 술책을 쓰는 행위──을 쉽게 믿게 하는 것이었을 터이다. (드골의 경우와 마찬가지로 그의 경우에 우세한 것은 영광에 대한 갈망이나 역사적 욕망이 아니라 오히려 코망되르(Commandeur)의 빈정거림과 경직된 조작, 죽음을 대신하는 자의 모호한 지배적인 아이러니, 즉 굳은 얼굴과 모호한 창백한 미소가 이미 완전히 표현했던 것이다.) 그러나 특히 여론을 사로잡고 정치적으로 사회의 활력을 약화시키는 가운데, 그는 여러 해 동안 자신의 죽음에 대한 상상을 서서히 퍼뜨려 놓았을지도 모른다.

그리고 그것은 대중의 비열함에 대한 일종의 도전(한번 더 말하지만, 이것은 평범한 권력에 속한다)과, 그를 둘러싸는 모든 사람들의 비굴함에 대한 도전 속에서 이루어졌다. (그런데 사람들은 그가 그들을 '극도로' 경멸했던 것을 생각하기를 좋아한다.) 어쨌든 그것은 바로 사람들이 그에게 바라던 것이다. 왜냐하면 그는 많은 비열한 사람들로 둘러싸였을지도 모르기 때문이다! 사람들은 차례로 그를 경멸하는 만큼 그를 존중하고, 그에게 충실하기만 하고 있다. 왜냐하면 그는 경멸하는 힘만으로 살아왔을지도 모르기 때문이며, 그 것은 역설적으로 존경할 만한 가치가 있기 때문이다. 게다가 결국 역사는 그가 옳았음을 인정하게 될 것이다. 왜냐하면 사람들은 그에게 숨겼을지도 모르는, 더 나쁘게 말하면 파렴치하게 그를 억압하기 위해 너무 늦게, 언제 나 너무 늦게 폭로했을지도 모르는 모든 것을 통해서 **경험에 의거하여** 그를 기만하고, 속이고, 그를 웃음거리로 만들었을 것이기 때문이며, 그래도 그의 죽음을 집단적으로 슬퍼하는 것이 옳다고 생각했을 것이기 때문이다. (추종 자들과 회개한 사람들의 슬픔에 대해서는 말하지 말자.)

이것은 이 이야기 전체에서 가장 도덕을 문란케 하는 것이다. 사실 미테 랑에게 비난을 퍼부을 필요는 없다. 사람들이 그의 탓으로 돌릴 수 있는 것 은 다른 사람들에 대한 비열함이며, 그가 통치해 나감에 따라 추진하고 즐 겼을지도 모르는 놀라운 자기 만족, 공모, 명석함의 거부이다. 다시 말하면 권력이 되어 버린 엄청난 내부 정보 유출 앞에서의 이 증대하는 무력함, 정 치적 반응의 이 집단적 약화이다. 사람들은 일시적으로 미테랑을 단념할 수 있다. (어쨌든 그는 스스로 권력을 조직했기 때문이다——그는 권력의 시시한 죽음과, 권력의 확산을 후원했을지도 모른다. 그 모든 것은 같은 논리 속에 있 다.) 그러나 15년 전부터 그가 가상적으로 죽은 사람이 되어 버린 것을 포함 하여, 그의 죽음을 둘러싼 이 불길한 합의를 보고 결정적으로 단념해야만 하는 것은 모든 민주주의적 전망, 지성의 모든 가능성, 공공 문제의 어떤 투 명성에 관한 것이다. 확실한 사실은 아무것도 결코 바뀌지 않을 것이라는 점이다. 그것을 그는 우리에게 알려 주었는데, 그것이 바로 그의 승리이다. 그리고 그는 자신의 죽음의 피안에서까지 이 씁쓸한 사실을 즐겼을 것이라 고 나는 확신한다.

자신의 죽음을 통해서까지, 그가 있는 그대로의 자신의 실체를 위해 희생 되었다고 말해야만 한다. 우리의 미디어 체계에서 보면 '위대한 인간들'의 야망과 오만, 대중의 무의식적인 비열함은 서로에 대한 정치적 확장에 불과한 것이다. 자발적인 예속이 타협이기는커녕 상반되는 효과를 가져오는 무기가 되지 않는 한에서 말이다. 흡수되는 대중은 대신 정치인들도 흡수하게 된다. 자신의 죽음을 연기하기 위해 선택했던 의학적 수단에 의한 생명 연장과 동일한 시체를 먹고 사는 생명 연장으로, 미테랑이 즐기는 구경거리와 사후의 모든 폭로들을 통해서 대중은 그를 흡수하게 된다──다른 관점에서 보면, 적어도 10년 동안이나 연기된 그의 죽음은 수수께끼로 남는다. 그는 어디에서 이러한 에너지를 끌어냈을까? 그는 그를 둘러싸는 모든 사람들의 에너지를 흡수하는 과정을 통해 비밀의 힘에서가 아니라, 특히 권력의 행사와 미덕에서 이 에너지를 끌어낸다──권력에 전념하고 스스로 권력을 쇄신하면서, 그리고 단지 무기력하고 복종하는 사람들만을 내버려두면서 말이다. 체계는 단순하다. 즉 체계는 다른 사람들에게서 생겨나는 모든 긍정적인 에너지를 제 것으로 삼고, 모든 부정적인 에너지에서 벗어난다.

긍정적 흐름의 내전(內轉) 작용, 부정적 흐름의 외전(外轉) 작용. 이러한 전략을 미테랑은 정치 계급에 따라서 뿐만 아니라 프랑스 사회 전체에 따라서 실행했다. 우선 정치 계급에 따라 그는 공산당의 붕괴, 우파의 무관심, 가혹한 착취화, 뇌사의 혼수 상태에 빠진 사회당의 지속 주입을 초래했다. (베레고브와의 자살은 정치 계급을 바보로 만들고 해체시키는 의미심장한 사건으로 남을 것이다.) 다시 말해서 그는 유럽의 인위적인 지위를 격상시키면서 자기를 뒤따르는 모든 사람들에게 뜨거운 감자 같은 것(통치의 좋지 않은 두 번째 사건, 즉 유럽의 국민 투표)을 슬쩍 떠넘길 것이다. 그 다음으로 프랑스 사회에 따라, 그는 자신의 암을 은폐하면서 통치하는 데 성공했다. 그러나 그는 프랑스 사회에 자신의 암을 투영하면서 매우 오랫동안 살아남을 수 있었을 것이다. 그는 통치해 감에 따라 우리에게 자신의 전이를 슬쩍 떠넘기면서, 그리고 자신의 통치에 대항할 수 있는 모든 세력들의 활력을 약화시키면서 매우 오랫동안 견뎌낼 수 있었다. 우리는 오로지 자신의 죽음에만 사로잡혀 있는, 정치 생활의 모든 망과 조직들을 통해서 아주 적은 분량으로 자신의 죽음을 퍼뜨리는──다른 모든 상상을 차단하면서──한 인간에 의해 지배되고 있다. 왜냐하면 사람들이 말하는 것과는 달리 상상으로 권력 장악을 열망하지 못했더라도, 권력은 늘 상상을 휩쓸어 버리기를 열망했기 때문이다——일반적으로 마침내 자신의 이미지를 휩쓸어 버리면서 말이다.

그래서 우리는 미테랑에게 이 개인적인 강박 관념에 대해 감사해야만 한다. 왜냐하면 그는 부정적인 것의 힘을 통해 우리에게 정치 사건에 대한 특이한 교훈을 주었을 것이기 때문이다. 그는 사람들이 비밀을 지킨다는 조건으로 내적인 쇠약, 즉 예상된 죽음에 대한 자비를 통해서만, 그리고 대중의 총애를 잃음으로써만 통치할 수 있다는 것을 우리에게 가르쳐 주었을 것이다. 왜냐하면 대중이 오히려 추종자들의 최후의 모습처럼 총애를 잃었을 것——이것은 실제로 가장 나쁜 것이다——이기 때문이다. 그는 불법으로 만들어진 포르노 사진처럼 대중에게 슬그머니 타락을 떠넘겼을지도 모른다——그는 자신이 하찮은 존재로 간주한 대중을 잘 이해시켰을지도 모른다.

이것이 바로 오늘날의 통치술이다. 말하자면 부정적인 것을 통해, 억제를 통해, 사람들이 그들의 무력함을 받아들인다는 확신을 통해, 배반당한 사람들, 모욕당한 사람들, 아무도 원하지 않는 사람들, 기만당했던 모든 사람들에게 치욕을 받아들이게 하고 숙명적 범죄 같은 이러한 사태의 혐의를 벗도록 하는 통치술이다.

이것이 바로 그가 우리에게 남겨 놓았을지도 모르는 정치 사건에 대한 가증스러운 교훈이다. 그러나 만약 그 자신이——몰고 갔던——죽음을 대신했다면? 죽음 자체가 아니라도?

1996년 2월 5일

30

타락의 거울

사회적 재산을 남용하는 범죄 행위——숨겨진 진짜 사면——에 대한 개혁 법안이 국회에서 통과될 뻔했다는 사실을 의심하지 말자. 이 법안은 언젠가 이러한 형태나 다른 형태로 통과될 것이다. 이미 펠라(Pelat) 사건은 정식 절차를 밟지 않고 해결된 것으로 간주되었다. 어쨌든 완곡하게 사회적 재산의 남용이라고 불리는 것은 매우 자주 마약의 돈과 거의 마찬가지로 부정한 이득과 부정한 재산의 분배에 속한다. 사실 사람들은 타락의 사슬이 어디서 시작되고 멈추는지 파악하지 못한다. 축구경기를 조작하기 위해 돈을 횡령하는 타피(Tapie)는 타락했다고 말해질 수 있지만, 타피에게 매우 관대하게 돈을 대준 크레디 리오네(Crédit Lyonnais) 은행도 똑같이 타락했다고 할 수 있는가? (게다가 타피는 자기 변명을 하기 위해 거리낌 없이 크레디 리오네를 비난하였다.) 그리고 많은 다른 은행들과 금융 기관들처럼 위험한 기도를 통해서 이같은 크레디 리오네가 횡령한 모든 돈은 사회적 재산을 진짜 남용하고 유용한 것이 아닌가? 법에 저촉되지 않는다는 구실로 아무도 이 스캔들을 폭로하지 않는다. 그러나 사람들은 법적 사기 행위가 불법적 사기 행위보다 훨씬 더 엄청난 일이라는 것을 잘 알고 있다——이것은 반부패 활동을 상대화하고 어떤 방식으로든 웃음거리로 만들며, 자기 방식대로 실제 타락을 옹호하고 교란시킨다.

사람들은 한없이 타락의 근원에 이를 것이다. 타락은 이해할 수 없는 것이며, 확실히 사회적 기능과 불가분의 관계에 있다. 그러나 적어도 반부패 투쟁은 타락의 유령을 환기시키고, 우리에게 타락을 보여 준다. 그런데 타락의 광경은 민주주의에 매우 필요한 기능——기분 전환시키는 기능, 교육적 기능, 정화하는 기능——과 같다. 그것은 걸핏하면 반항하려고 하는 것 말고는 깊은 쓰라림을 일으키지 않는다. 윤곽이 드러나는 사면법(국회의원들에 대한 관대한 사면법)에 의한 타락에의 진정한 호소가 민주주의 여론에 기대할 수 있는 항의의 소리를 불러일으키지 않는 것과 마찬가지로, 타락은 집단적 분노를 불러일으키지 않는다.

사실은 아무도 민주주의를 믿지 않는다. 모든 사람들은 어떤 체제이건 자신의 원칙을 부인하는 가운데 기능한다는 사실을 어렴풋이 알고 있다. 그리고 원칙에 대한 이러한 체념은 이 사회를 구성하는 숨겨진 비도덕적인 놀이 규칙에 관한 수치스러운 합의를 조장한다. 사실 민주주의의 타락은 그저 비합법적이 되어 버린 이전 사회의 규칙——이것은 이 사회의 매력을 더욱 증대시킨다——이었던 특권을 전환시키는 것에 불과하다.

따라서 타락 자체는 매우 필요한 기능과 같다. 타락은 한 사회 전체의 은밀한 메커니즘, 정치적 원동력, 공익 사업과 같다.

ARC 사건의 모든 것은 파렴치하고 불쾌하기 짝이 없지만, 미디어에 의한 어떤 자선의 권유에서이건 수백만 명의 사람들이 기부할 준비가 되어 있다는 점에서는 오히려 스캔들이 없는 것은 아닌가? 책임자들이 모호한 자선을 이용해 쉽게 모은 돈을 엄정하게 사용할 것을 어떻게 요구해야만 하는가? 반대의 상황은 놀라운 일이 될 것이다. 돈에 대한 부정직한 행위로 인해, 기만당한 희생자들은 계속 변함없이 순진하게 기부를 하게 된다. 자발적이거나 대대적으로 조직된 이 비열한 행위에는 어느 정도의 책임감도 없는 것일까? 사실 사람들이 바라는 것은, 그들에게 투표할 기회가 주어지거나 어떤 **리얼리티 쇼**를 통해서 자유로이 자신을 표현할 기회가 주어지듯이 그들에게 기부할 기회가 주어지는 것이다. 따라서 이러한 기회를 이용하면서 그들을 만족시킬 수 있는 사람들은 진정한 공익 사업을 실행한다. 어쨌든 암적 존재인 부정직한 사람들이 맨 먼저 자신의 사적인 목적으로, 다음에는 공적인 목적으로 횡령한 돈은 언제나 동일한 운명, 즉 횡령당하는 운명을 겪게 된다——말하자면 놀이와 복권으로 희생된 돈과 유사한 운명을 겪게 된다.

국가는 놀이의 모든 형태들을 통해서 절대로 이러한 방식을 이용하지 않았다. 쓸데없는(비도덕적인) 목적을 위해 놀이로 탕진한 믿기지 않는 막대한 금액은 정치인들을 위해 은행이나 기업이 횡령한 돈이나, 암을 연구하는 관료들이 지출과 광고의 목적을 위해 횡령하는 막대한 금액과는 전혀 다른 것인가? 그런데 시민은 '개인 재산의 남용'으로, 자기 돈의 비도덕적인 사용으로 처벌받지 않는다. 국가는 자신이 얻어낼 수 있는 이익을 위해 복권을 장려한다고 사람들은 말할 것이다. 그러나 또한 부정한 부동산 거래를 통한 은행들의 대규모 실패는 그 사이에 수천 명의 일자리를 창출했다고 사람들은 말할 수 있다——이것은 바로 당면 과제 중의 당면 과제가 아닌가?

사실 이익, 즉 효용은 결코 역사의 진상이 아니다. 돈을 도덕적이게 하는 것은 사회의 매우 중요한 기능이 아니었다. 설사 그것이 소위 우리의 모든 민주주의의 이상이라 할지라도 말이다. 어쨌든 돈은 어디에서나 그리고 언제나 저주받은 부분, 비도덕적인 부분, 악의 부분으로 남으며, 돈의 매우 중요한 기능은 이 저주받은 부분을 관리하는 기능, 놀이 · 낭비 · 횡령 · 타락에 의해 돈을 폐기하고 세탁하는 기능, 비도덕적인 사용에 의해 돈을 파괴하는 기능, 악에 의해 악을 파괴하는 기능이다. 이것이 바로 사회의 상징적인 균형을 지키는 악의 전략, 즉 악의 정치이다. 나쁜 생각을 하는 사람에게 화가 있으리라. (돈의 올바른 사용과 신용에 대한 이상적인 동일한 비전에 따라) 부채의 균형 회복이 고려될 수 없는 것과 마찬가지로 헛되이 지출된 돈을 '경제적으로 정확하게' 그리고 사회적으로 재분배하는 것도 고려될 수 없다. 부채와 마찬가지로 이러한 돈은 상환될 수도, 욕구의 '사회적 만족'에 따라 양도될 수도 없다. 왜냐하면 모든 사회적 관계는 근본적으로 돈에

의해 위협받기 때문이다. (그리고 이것은 가장 오래된 사회나 가장 현대적인
사회에 대해서도 사실이다.) 따라서 유일한 해결책은 돈을 '세탁하는' 것이
며, 그러기 위해서는 돈을 헛되이 쓰거나 반드시 가능한 빨리 돈을 순환시
키는 것이다——말하자면 저주받은 부분을 궤도에 올려 놓는 것이다. 이는
개인들이 아주 소규모로, 타락의 모든 망들이 아주 대규모로 행하는 것이다.

돈을 합리적으로 재분배하는 것은 경험에 의해 증명되듯이 실현 불가능
할 뿐만 아니라, 이러한 생각은 위험한 이데올로기이다. 그것은 수단과 목
적을 혼동한다. 그것은 돈은 수단이며 유용한 목적에 의해서만 다시 사질
수 있다고 믿는다. 이는 흐뭇한 환상이다. 돈은 수단이 아니라 매체이다. 그
리고 돈은 자신의 목적에 따라 전개되는 매체의 모든 힘을 지닌다. '양식 있
는' 사람들은, 루소에게 있어서의 인간처럼 돈은 악을 향하지 않았다면 본
래 좋은 것일 거라고 생각한다. 그러나 그것은 정반대이다. 즉 돈은 원칙적
으로 악의 영역에 속하며, 용도상으로 악을 위해 쓰인다. 그리고 돈이 선을
향해 나아가려면 교묘한 수단에 의해 방향 전환을 해야 한다. 프로이트에 의
하면, 인간의 기본적인 정열이 증오이고 증오로 남는 것처럼 돈은 원래 사
랑보다 훨씬 더 강력하게 인간들을 연결한다. 그리고 돈은 예외적이고 언제
나 불안정한 방식으로만 사랑으로 바뀐다. '선의의' 사람들의 이러한 실수
는 사회를 정치적으로 관리하는 데 있어 치명적이다. 왜냐하면 그것은 악의
원리와 우리의 놀이 규칙인 이 타락한 경제를 이해하지 못함으로써 계속 악
을 영속시키고 있기 때문이다.

만약 사람들이 악의 정치의 길과 타락의 아이러니컬한 길을 따라간다면,
위안이 되는 결론에 도달하게 될 것이다. 이는 타락이 우리를 최악으로부터
보호해 주는 악이기 때문이다. 가장 많이 화제거리가 되었던 스캔들——선
거의 목적을 위해, 정당을 지원하기 위해 개인 재산과 공금을 횡령하는 것
——을 예로 들어 보자. 선거라는 아주 쓸데없는 운동, 터무니없는 뜻밖의
일로 말미암아 돈을 횡령하는 것은 얼마나 돈을 헛되이 사용하는 것인가?
어쨌든 이러한 자금은 엄밀하게 말해서 사라져 버리게 된다——그것은 사

실 집단에 거의 손해를 끼치지 않는, 타락한 목적을 위해 다시 사용된 타락한 돈에 불과한 것이다. 사람들이 건전하게, 그리고 분명하게 이러한 돈을 관리하는 데서 생겨날 수 있는 것, 우리에게 부과될 수 있는 공익성의 모든 일, 수천 개의 쓸모없는 톨게이트들이 있는 고속도로의 모든 인터체인지, 도시와 이제는 가장 작은 마을까지도 자랑스럽게 여기는 이 세련된 문화적 확산, 즉 이 모든 상부 구조를 생각해 본다면! 공공의 안전을 위한 경찰의 행정적 고도화——문화와 통제의 보완책——는 차치하고라도 말이다. (그 모든 것은 우리의 가장 큰 행복을 위한 것이다!) 어쨌든 은폐된 낭비 속에서도 모든 선행은 우리를 위한 것이다.

체로네티(Ceronetti)는 이렇게 말했다. "통용되는 어리석음들 중의 하나는 이러한 것이다. '쓴 모든 돈으로 참으로 좋은 일을 할 수 있었을 텐데!' 사실 우리는 어리석고 사악하기 때문에 확실히 보다 나쁜 짓을 할 수 있을 것이다. 가장 값비싼 무기는 이런 식으로 사용될 수 없는 무기이다. 즉 무기의 유용성은 정확히 말해서 탕진한 엄청난 재산 속에 있을 것이다. 사실 이러한 재산은 세계를 파괴하고, 사람들을 우둔하게 만들기 위해 자유롭게 다른 영역 속에서 사용될 수 있을 것이다. 만약 사람들이 수백만 대의 특수한 자동차를 만드는 대신 장갑차를 만든다면, 그것들 모두는 지하 차고에서 최후를 맞이할 것이며, 도시는 살아 있게 될 것이다."

따라서 온갖 종류의 타락과 횡령에 대해 끊임없이 비난해서는 안 된다. (어쨌든 비난은 범죄에 속한다.) 합리적인 관점에서, 그리고 이성적인 인간의 전망 속에서 이렇게 많은 돈과 재산에 대응할 만큼 충분한 욕망도 이유도 없다는 사실을 분명히 고려해야만 한다. 조직된 효과적인 횡령이 없으면, 우리는 과도한 수단과 결핍된 목적에 직면할 위험이 있다. 말하자면 파산·낭비·사회적 재산의 남용 등으로 인해 피해야만 하는, 도덕을 문란케 하는 심각한 상황에 직면할 위험이 있다.

돈의 가장 중요한 기능이 순환하는 것과 쓰여지는 것이라는 점을 인정하게 된다면, 정말 이 이야기 속에서 유일한 범죄자는 바로 소액 예금자이다.

왜냐하면 금융 대사기꾼들이 도덕법이나 합법성을 계속 위반하는 반면에, 그는 우리 사회의 비도덕적인 법과 근본적인 법을 위반하기 때문이다…….
사회적 재산, 다시 말해서 유동 자본이 될 수 있을 개인 재산의 불법 소유, 자금 보유, 예금, 이것이 바로 오늘날 진짜 타락이다. 그리고 법이 대규모의 사기를 허용하고 용서하는 동시에 소액 예금자에게 세금을 부과하는 것은 당연할 뿐이다.

1996년 2월 19일

31

디즈니월드사

1980년대초 로렌 지방의 철강 공업이 결정적인 위기를 맞이했을 때, 당국은 이 지역에 활기를 불어넣을 '지능 있는' 테마 공원, 즉 유럽의 유원지를 만들면서 이러한 붕괴를 일시적으로 모면할 수 있으리라 생각했다. 그것은 슈트룸플랑(Schtroumpfland)이라고 불리었다. 사라진 제철 공장의 사장은 자연스럽게 유원지의 사장이 되었고, 실직당한 제철공들은 '슈트룸플랑맨'으로 유원지에 다시 고용되었다. 그러나 유원지가 여러 가지 이유로 문을 닫게 되자, '슈트룸플랑맨'이 되었던 이전의 제철공들은 또다시 실직당하게 되었다. 이렇듯 우울한 운명은 노동의 실제 희생자들을 산출한 후, 그들을 허울뿐인 유원지 노동자로 만들었다가 마침내 실업자로 만들어 버렸다.

그러나 슈트룸플랑은 하나의 모형에 불과했다. 디즈니의 계획은 또 다른 규모의 계획이었다. 미국 텔레비전의 가장 중요한 채널과 합병한 후, '무한 책임 회사'인 디즈니사의 계획은 뉴욕의 42번가, 즉 42번가의 '뜨거운' 곳을 무조건 다시 사는 것이었다. 따라서 디즈니는 그곳을 에로틱한 유원지로 만들 것이지만, 그곳은 거의 아무런 변화도 없을 것이다. 말하자면 디즈니는 단지 그 자리에서, **본래의 자연 환경**에서 포르노그래피의 명소를 디즈니월드의 지점으로 바꿀 것이다. 예를 들면 슈트룸플랑의 제철공들처럼 포르노 작가들과 창녀들을 박물관화되고 디즈니화된 세계의 들러리로 바꾸어 놓을 것이다. 그리고 당신은 걸프전의 전략가인 슈바르츠코프(Schwarzkopf) 장군이 어떻게 '승리'를 축하했는지 알고 있는가? 디즈니월드에서 대규모 의 파티가 벌어졌다. 상상의 세계의 명소에서 벌어진 이 축하는 이 가상 전 쟁의 멋진 결말이었다.

그러나 디즈니의 계획은 상상의 세계를 능가한다. 상상의 세계의 가상 현 실을 처음으로 창조하는 이 위대한 선구자는, 거대한 **리얼리티 쇼**의 형태로 현실 세계 전체를 자신의 종합적 세계에 통합시키기 위해 현실 세계 전체를 사로잡고 있다. 이때 현실 자체는 구경거리가 되고, 실재 자체는 유원지가 된다. 수혈과 같은 실재의 수혈이 이루어지는 것이다——과다 출혈한 가상 세계 속에서 실재의 수혈이 이루어지는 것을 제외하고 말이다.

심지어 디즈니는 디즈니월드(올랜도)에 똑같은 것, 즉 로스앤젤레스의 디 즈니랜드를 만들고 있는 중이다. 그것은 제2의 유원지, 즉 제2의 강력한 모 사물과 같다. 이는 걸프전 때의 CNN의 작용과 같은 작용이다. (사실 걸프전 은 일어나지 않았던 사건의 전형이다. 왜냐하면 그것은 실시간으로 CNN의 즉 각성 속에서 일어났기 때문이다.) 오늘날 디즈니는 세계적 구경거리인 걸프 전을 정말 되풀이할 수 있을 것이다. 유럽 디즈니에서 크리스마스를 찬양한 것은 바로 붉은 군대의 합창대이다. 동질다형의 가상 세계에서는 모든 것이 가능하고, 모든 것이 재순환될 수 있다. 모든 것은 다시 사질 수 있다. 사람 들은 디즈니가 왜 인간 게놈을 다시 사지 않는지 모르고 있다. (사람들은 인 간 게놈을 유전적 구경거리로 만들기 위해 DNA의 배열을 탐구하고 있는 중이 다.) 마치 월트 디즈니 자신이 현실 세계에서의 알 수 없는 부활을 기대하면 서 액화 질소 속에 저온 생성되어 있듯이, 사람들은 결국 지구 전체를 저온 생성하고 있는 것일까? 물론이다. 그러나 거기에는 더 이상 현실 세계는 없 다. 그리고 월트 디즈니에게조차도 현실 세계는 없을 것이다——만약 그가 언젠가 깨어난다면, 그는 자신의 생애에서 가장 큰 놀라움을 겪게 될 것이 다. 어쨌든 자신의 액화 질소 속에서, 그는 우리 모두가 들러리가 되어 버린 가상 현실의 환상적 세계를 통해 상상적인 것과 현실이 뒤섞여 있는 세계를

계속 합병하고 있다. 우리와 월트 디즈니의 차이는 디지털 결합이나 픽업[10]
을 시도하면서, 혹은 컴퓨터 조작대를 두드리면서 우리가 생생한 환상 속으
로 들어가는 반면, 천재적인 상상가인 그는 죽음의 가상 현실 속으로 들어
갔다는 점이다.

세계의 새로운 질서는 디즈니적이다. 그러나 디즈니만이 이같은 매력적
인 식인적 환상(cannibalisme) 속에 있는 것은 아니다. 우리는 광고 캠페인을
벌이고 있는 베네통(Benetton)이 미디어에 의한 새로운 형상화 속에 현실을
융합함으로써 인간 비극의 모든 현실성(에이즈 · 빈곤 · 인종 차별)을 재활용
하는 것(물론 이때 빈곤과 동정은 상호 반향을 일으킨다)을 보았다. 가상은 즉
각적으로 실재를 다시 사고, 그것을 있는 그대로 다시 뱉는다.

보편적인 매혹을 불러일으키면서, 이러한 작용이 도덕과는 다른 심한 비
난을 야기하지 않고 전반적으로 성공할 수 있는 것은 클론의 광란적인 활동
과 더불어 현실, 즉 세계 자체가 상호 작용의 성과로, 그리고 이데올로기 ·
기술 · 성과 · 지식 · 죽음과 파괴의 루나 파크(Luna Park)[11]의 일종으로 이미
바뀌었기 때문이다——이러한 모든 것은 상상력을 위한 어린이 박물관 속
에서, 가상의 정보 박물관 속에서 복제되고 다시 살아나는 데 적합한 것처
럼 보인다.

마찬가지로 정보의 바이러스를 추적하는 것은 쓸데없는 일이며, 우리 모
두는 망들간의 바이러스성 연결에 사로잡혀 있다. 그리고 성적으로 전염되
지 않고 디지털 방식에 의해 매우 효과적인 것이 되고 있는 바이러스는 정
보 자체이다.

따라서 디즈니에게는 있는 그대로의 현실은 이미 수중에 있는 것이나 마
찬가지이다. ‘눈부신 통합’이라고 기 드보르(Guy Debord)는 말할 것이다.
그러나 우리는 눈길을 끄는 개념이 되어 버린 스펙터클의 사회 속에 더 이
상 있지 않다. 현실을 변질시키는 것은 스펙터클의 오염이고, 스펙터클을
사라지게 하는 것은 가상의 오염이다. 디즈니랜드는 오락과 차이의 효과를
지닌 스펙터클, 겉치레뿐인 것에 속했다. 반면에 디즈니월드와 그 문어발식

확장은 상상을 통해서가 아니라 바이러스와 가상을 통해서 세계와 우리의 정신 세계를 복제하는 것과, 일반화된 전이(métastase)와 관계가 있다. 우리는 소외된 수동적인 관람객이 아니라 저 엄청난 **리얼리티 쇼**에 상호 작용하는 들러리, 동결 건조되는 관대한 들러리가 되고 있다. 이제는 소외에 대한 화려한 논리가 아니라 현실 세계를 초월하는 환상적 논리가 중요하다. 다시 말하면 기분을 전환시키는 상상의 논리가 아니라 우리의 각 세포를 융합하고 전환시키는 물질의 입자에 관한 논리가 중요하다. 따라서 오늘날 자본주의 현실의 거의 향수적인 세계 속에서와 마찬가지로, 외부로부터가 아니라 내부로부터 세계를 근본적으로 억제하려는 기획이 문제가 된다. 가상 현실의 들러리는 배우도 관객도 아니다. 그는 무대 밖에 있으며, 투명한 조작자이다.

다른 차원에서 보면, 디즈니는 승리자이다. 실재를 깊이 없는 3차원의 가상 이미지로 만들면서, 디즈니는 실재를 사라지게 하는 데 만족하지 않고 동일한 이동 속에서 모든 시대와 모든 문화를 동시화하면서, 그리고 같은 시나리오 속에 그것들을 나란히 놓으면서 시간을 사라지게 한다. 그리하여 디즈니는 일시적이고 1차원이고 깊이 없는 실시간을 처음으로 사용한다. 말하자면 현재도 과거도 미래도 아닌 시간을 초월한 동일한 가상성 속에서 모든 장소와 모든 시간의 즉각적인 동시성을 처음으로 사용한다. 그것은 경과된 시간이나 파괴된 시간이다. 즉 그것은 바로 4차원이다. 가상의 4차원, 실시간의 4차원, 현실 공간의 3차원에 추가되기는커녕 3차원을 사라지게 하는 4차원이다. 따라서 한 세기나 한 밀레니엄을 통해서 사람들은 로마 시대를 거슬러 올라가는 진짜 로마 영화, 고대의 진짜 기록 영화 같은 고대 사극(史劇) 영화를 보게 될 것이고, 폼페이의 호화 별장을 모방한 말리부(Mali-bu)의 폴 게티(Paul-Getty) 박물관은 기원전 3세기의 호화 별장(내부에 있는 렘브란트 · 프라 안젤리코의 작품들을 포함하여, 그 모든 것은 똑같이 시간을 압도하는 가운데 뒤섞여 있다)과 시대착오적으로 혼동될 것이며, 1989년 로스 앤젤레스에서 거행된 프랑스 대혁명 기념식은 돌이켜 보건대 대혁명의 실제 사건과 혼동될 것이다. **사실상** 디즈니는 동시에 행해지는 스크린에서 과거나 미래의 사건들을 만들어 내면서, 그리고 우리의 문명과는 다른 문명에 나타날 수 있을 그러한 모든 시퀀스를 가차없이 동시 녹음하면서 시간을 초월한 이러한 유토피아를 실현한다. 그러나 그것은 이미 우리의 유토피아가 되었다. 왜냐하면 우리는 실재를 상상하고 역사, 시간의 깊이, 3차원의 공간을 상상하는 것이 이미 더욱더 어렵기 때문이다. 다시 말하면 현실 세계로부터 가상의 세계나 4차원을 상상하는 것이 예전과 마찬가지로 어렵기 때문이다.

1996년 3월 4일

32

세계적인 것과 보편적인 것

　세계화와 보편성은 어깨를 나란히 하지 않는다. 그것들은 오히려 서로 배타적이 될 것이다. 세계화는 기술·시장·관광·정보의 세계화이고, 보편성은 가치·인간 권리·자유·문화·민주주의의 보편성이다. 세계화는 불가역적인 것처럼 보이고, 보편적인 것은 오히려 사라져 가고 있다. 어쨌든 보편적인 것이 어떤 다른 문화에도 유례 없는, 서구 근대성에 부합되는 가치 체계로 구성되었듯이 말이다. 심지어 일본 문화 같은 생기 있는 현대 문화조차도 보편적인 것을 지칭할 수 있는 말이 없다. 모든 문화들과 그들의 차이에 일치하고자 하지만, 역설적으로 자신을 상대적이라고 생각지 않고 솔직하게 다른 모든 것들을 이상적으로 초월하고자 하는 가치 체계를 지칭할 수 있는 말이 없다. 우리는 보편적인 것이 서구의 독특한 사상과 그 산물——확실히 특수하고 독창적이긴 하지만 원산지의 어떤 산물과 마찬가지로 거의 수출될 수 없는 산물——에 불과할 수 있다고 한순간도 생각지 않는다. 그러나 이런 식으로 일본인들은 보편적인 것을 서구의 특성으로 간주하지만, 이 추상적인 개념에 동조하기는커녕 그들은 기이한 반성을 통해서 우리의 보편적인 것을 상대화하고, 그것을 그들의 특이성에 통합한다.

　그 이름에 걸맞는 모든 문화는 보편적인 것 속에서 사라진다. 보편화되는 모든 문화는 자신의 특이성을 상실하고 사라진다. 억지로 동화시키면서, 우리가 파괴했던 문화들에 대해서도 마찬가지이지만 보편적인 것을 주장하려는 우리의 문화에 대해서도 역시 마찬가지이다. 문화들간의 차이는, 다른 것들이 그들의 특이성으로 죽어가는 데 반해(그것은 아름다운 죽음이다), 우리는 모든 특이성을 상실하고 우리의 모든 가치를 전멸시키면서 죽어간다(그것은 횡사이다)는 점이다.

우리는 모든 가치가 지니는 운명이 보편적인 것에 도달하는 것이라고 생각한다. 이러한 상승이 초래하는 치명적인 위험을 고려하지 않은 채 말이다. 사실 그것은 상승이라기보다는 오히려 가치의 완전 부재로 환원되는 것, 혹은 가치의 완전 부재에 이르는 것이다. 계몽주의 시대의 보편화는 상승하는 진보에 따라 위쪽에서 이루어졌다. 반면에 오늘날의 보편화는 가치의 증대와 무한한 확대에서 기인하는 가치의 약화에 의해 아래쪽에서 이루어진다. 인간의 권리와 민주주의에 대해서도 마찬가지이며, 가장 희미한 정의와 최대의 엔트로피에 상응하는 가치의 증대에 대해서도 마찬가지이다. 그것은 바로 가치의 제록스(Xerox) 단계이다. 사실은 보편적인 것은 세계화 속에서 사라진다. 초월성으로서의, 이상적인 목적으로서의, 유토피아로서의 보편적인 것이 지니는 역학이 실현되면, 이 역학은 그 자체로서 존재하기를 멈춘다. 교환의 세계화는 가치의 보편성을 끝장낸다. 그것은 유일한 사유가 보편적 사유에 승리를 거두는 것이다. 세계화되는 것은 무엇보다도 시장, 모든 교환과 모든 제품의 복잡한 뒤섞임, 돈의 끊임없는 유통이다. 문화적으로는 그것은 모든 기호와 모든 가치의 복잡한 뒤섞임, 다시 말해서 포르노그래피이다. 왜냐하면 망의 흐름을 따른 모든 것과 어떤 것의 세계적 확산과 연속, 그것이 바로 포르노그래피이기 때문이다. 성의 외설스러움은 필요 없으며, 이러한 상호 작용적인 연결만으로 충분하다. 이러한 과정의 끝에는 더 이상 세계적인 것과 보편적인 것 사이의 차이는 없다. 보편적인 것 자체는 세계화된다. 즉 민주주의, 인간의 권리는 정확하게 말해서 어떤 세계적 제품처럼, 석유나 자본처럼 순환된다.

바로 거기에서부터 사람들은 보편적인 것이 자신의 임계질량을 이미 견

려냈는지, 확실한 담론이나 도덕이 아닌 다른 곳에 도입되었는지 의심할 수 있다. 어쨌든 우리의 관점에서 보면, 보편적인 것의 거울은 깨졌다. (사실 여기에서 우리는 인간의 거울 단계 같은 무엇인가를 파악할 수 있다.) 그러나 그것은 운일 것이다. 왜냐하면 보편적인 것의 이 깨진 거울의 파편들 속에서, 모든 특이성이 다시 나타나기 때문이다. 우리가 위태롭다고 생각했던 특이성들이 살아남고, 우리가 사라졌다고 생각했던 특이성들이 다시 살아난다. 한번 더 말하지만, 매우 주목할 만한 경우는 일본의 경우이다. 일본은 전세계보다 더 잘 (기술적 · 경제적 · 재정적) 세계화에 성공을 거두었다. 사실 일본은 **보편적인 것**(부르주아 이데올로기와 정치경제학 형태들의 계승)**을 거치지도 않았고**, 자신의 특이성을 상실하지도 않았다. 보편적인 것에 신경 쓰지 않았기 때문에 일본은 특이한 것(의례적인 힘)과 세계적인 것(잠재력)을 직접 연결하면서 기술적으로, 그리고 세계적으로 매우 잘 성공을 거두었다고 생각해 볼 수 있다.

세계화에 대한 점점 더 격렬해지는 저항의 이면에서, 근대성에 대한 시대에 뒤떨어진 거부로서 나타날 수 있는 정치적 · 사회적 저항의 이면에서, 우리는 보편적인 것의 지배에 대한 반응, 그리고 근대성의 경험과, 진보와 역사의 개념에 관한 근본적인 수정주의를 읽을 수 있어야 한다. 다시 말하면 우리는 보편적인 것의 영향 아래 화제에 올랐던 세계적인 전문 기술 관리 집단(technostructure)[12]뿐만 아니라 모든 문화와 모든 대륙을 동일시하는 정신적 구조에 대한 일종의 거부를 읽을 수 있어야 한다. 특이성의 이러한 재출현, 아니 특이성의 이러한 저항은 '계몽적' 사유의 관점에 따라 모순적이고 비합리적인 격렬한 양상을 지닐 수 있다. 즉 민족적 · 종교적 · 언어적 형태뿐만 아니라 개인의 차원에서 보면 성격장애적 · 신경증적 형태를 지닐 수 있다. 그러나 이러한 소스라침을 민중주의적이고 테러리즘적이고 시대에 뒤떨어진 것으로 비난한다면, 그것은 근본적인 잘못일 것이다. (사실 이러한 잘못은 모든 권력과 대부분의 '지식인들'에게 공통된, 정치적으로 정확한 담론을 도덕적으로 조화시키는 가운데 드러나는 것이다.) 오늘날 센세이션을 일으키는 모든 것은 이 추상적인 보편성에 대항하게 된다. (여기에는 서구의 가치들에 대한 이슬람 세계의 광란적인 대항도 포함된다——이 대항은 이슬람 세계가 최대의 적이 되고 있는 서구의 세계화에 대해 가장 격렬하게 항의하는 것이기 때문이다.) 만약 우리가 그것을 이해하려고 들지 않는다면, 자신의 힘과 떳떳한 의식을 확신하는 보편적 사유와 점점 더 증대하는 환원될 수 없는 특이성 사이에서, 우리는 끝없는 대결로 완전히 지쳐 버릴 것이다. 심지어 보편적인 것에 다른 문화가 수용되는 우리 사회에서, 우리는 이러한 개념을 위해 희생되었던 그 어떤 것도 실제로 사라지지 않았음을 보게 된다——그것은 단지 은밀함 속으로 이동했을 뿐이다. 그리고 오늘날 반대의 효력을 나타내는 것은, 우리가 그동안에 보지 못했던 이른바 모든 진보주의적 역사이며, 자신의 궁극적인 문제로 구체화된 모든 진화주의이다. 오늘날 이러한 유토피아는 무너진다. 그리고 이 유토피아가 근본적으로 무너지는 것은 힘으로 유토피아를 강화하는 것보다 훨씬 더 빨리 진행된다.

우리는 세 가지 항으로 구성된 복잡한 장치 앞에 있다. 예를 들면 교환의 세계화, 가치의 보편성, 형태들의 특이성(언어 · 문화 · 개인 · 성격, 게다가 모험 · 사건 등——보편적인 것이 자신의 법칙에 따라 예외나 모순처럼 거부하는 모든 것)이 바로 그것들이다. 그런데 보편적 가치들이 자신의 권위와 정당성을 상실함에 따라 상황은 바뀌고 급진화된다. 보편적 가치들이 중개의 가치로 인정받는 한, 그것들은 차이로서의 특이성을 차이의 보편적 문화로 통합하는 데 (다소) 성공했다. 그러나 이제부터 그것들은 더 이상 그렇게 하는 데 성공하지 못한다. 왜냐하면 자신감 넘치는 세계화는 전적으로 무관한 (비)문화를 창시하면서 모든 차이와 모든 가치를 백지화하기 때문이다. 그리고 일단 보편적인 것이 사라지면, 다시 무질서해지고 자신에게 빠져 버리는 특이성에 직면한 강력한 세계적인 전문 기술 관리 집단만이 남게 된다.

보편적인 것은 역사적으로 운이 좋았다. 그러나 오늘날 해결책 없는 세계 질서에 직면해 있는, 한편으론 돌이킬 수 없는 세계화와 다른 한편으론 특이성의 예기치 않은 변화나 완강한 저항에 직면해 있는 자유 · 민주주의 ·

인간 권리의 개념들은 사라져 버린 보편적인 것의 허울에 불과하므로 희미하게 보일 뿐이다. 그리고 이러한 개념들은 정치적인 것의 단순한 작용에 의해, 그들의 재로부터 다시 태어날 수 있으리라고 사람들은 잘못 생각하고 있다――정치적인 것의 작용은 동일한 규제 철폐에 빠져 있고, 도덕적 또는 지적인 힘 이외에는 거의 기반이 없기 때문이다.

그럼에도 불구하고 더 이상 어떻게 해볼 도리가 없는 것은 아니다. 설사 어떤 것도 보편적 가치들을 향해 나아가지 않을지라도 말이다. 쟁점은 잠재적으로 떠올랐고, 세계화는 미리 승리하지는 못했다. 약화되고 동질화된 자신의 힘에 직면해 있는, 우리는 도처에서 상이할 뿐만 아니라 대립적이고 환원될 수 없는 이질적인 힘이 상승하는 것을 보게 된다.

1996년 3월 18일

33

딥 블루, 혹은 컴퓨터의 우울

카스파로프(Kasparov)와 딥 블루(Deep Blue),[13] 즉 인간과 '지능 있는 인공물의 대결'은 아주 상징적이다. 이는 체스판과 말들의 인기 때문만이 아니라, 이러한 대결이 인간이 사용하는 모든 현대적 기계들(정보처리 기계들, 가상의 기계들, 사이버네틱스 기계들, 망으로 구성된 기계들 등)에 직면한 인간의 딜레마를 요약하기 때문이다. 인간이 기계를 도구적으로, 창조적으로, 혹은 상호 작용적으로 사용함에 따라 결국 인간 또는 기계가 곤경에 처하게 되거나 체면을 잃을 수 있는 게임 · 도전 · 대결이 문제가 된다. 거기에는 인간과 기계와의 대화가 없다. (인간들 사이에서와 마찬가지로 커뮤니케이션에 대한 환상도 없다.) 인터페이스도 존재하지 않는다. 언제나 기계의 표면적인 단순함 이면에는 경쟁과 지배의 내기가 있다. 체스판과 말들은 이러한 상황을 계속 극단화한다.

따라서 카스파로프는 마침내 컴퓨터에게 승리를 했고, 모든 사람들은 그로 인해 정말 마음이 가벼워졌다. 왜냐하면 종(種)의 명예가 다소 걸려 있었기 때문이다. 설령 인간 지능이 언젠가 패배를 인정해야만 할지라도, 우리는 이 순간을 가능한 한 가장 멀리 물리쳐야만 한다. 게다가 그것은 이러한 승리를 다소 모호하게 만든다. 왜냐하면 인간 지능이 속임수를 쓰지 않았다 할지라도(그리고 확실히 속임수를 쓰지 않았다 할지라도), 어쨌든 카스파로프는 이길 수 있었기 때문이다. 인간은 온 힘을 다하여 자신보다 더 강력한 기계를 만들어 내기를 열망하며, 동시에 기계를 지배하는 것을 생각할 수 있다. 인간은 신 이상의 인간이 되지 못한다. 신은 자신을 능가하는 인간을 창조하여 결정적인 싸움에서 인간에게 과감히 맞설 수 있을까? (딥 블루와 더불어 카스파로프가 도전하는 것은 기술적인 신성(divinité), 신성한 본질을 지닌 기술적인 초자아이다.) 그럼에도 불구하고 이는 우리가 싸울 기회를 제공하는 사이버네틱스 기계와 함께 하는 것이다. 좀더 정확하게 말하면, 우리는 사이버네틱스 기계가 우리를 능가하기를 열망하는 것이다. 물론 이것은 우리의 힘을 나타내는 것이지만, 우리는 역시 우리의 힘을 지탱하지 못한다. 따라서 인간은 자신보다 탁월한 인공물에 대한 유토피아에 사로잡히게 되며, 체면을 세우기 위해 그것과 싸워서 이겨야 한다. 만약 신이 인간과 싸워서 지게 되면, 신은 자살하게 될 것이다. 게다가 바벨탑의 에피소드에서 볼 수 있듯이 인간이 실제로 신과 경쟁했을 때, 신은 인간에게 즉각적으로 식량 보급의 길을 끊었고, 언어와 상호 이해를 차단했다. 만약 컴퓨터의 우위로 인한 위험이 느껴진다면, 우리는 신이 자연 언어에 퍼뜨렸던 것과 동일한 혼란을 인공 언어에 퍼뜨리지 않겠는가? 그러나 마침내 언어의 다양성은 인간의 특권이자 그의 절대 무기가 되어 버렸다. 말하자면 언어의 다양성 덕분에, 인간은 저마다 자신의 언어의 형상을 본떠 다양한 세계와 숭배물을 창조하면서 신과 싸워 이기게 되었다.

이제 카스파로프로 되돌아가자. 그가 딥 블루와 싸워 이겼던 것은, 그가 여러 언어들——계산의 언어는 차치하고라도 요컨대 정서 · 직관 · 전략 · 게임의 언어——로 (은유적으로) 말할 수 있었기 때문이다. 반면에 딥 블루는 계산의 언어만으로 말했다. 그것이 무엇이건 딥 블루가 우세하게 되면, 카스파로프는 지게 될 것이다. 인간 자신이 단지 하나뿐인 동일한 언어, 즉 컴퓨터 언어로만 말하게 되면 그는 패배당할 것이다.

게임의 관계에서 보면, 인간은 신보다 열등하지도 우월하지도 않다. 즉 그는 일종의 경쟁과 열린 게임을 유지하는 데 성공했다. 그것은 우리가 기대할 수 있는 최상의 것이다. 신의 전략은 인간을 끊임없이 불확실한 상태 속에 잡아두는 것이라고 발타자르 그라시안(Baltazar Grácian)은 말했다. 그러나 이 명제는 뒤집어질 수 있으며, 우리 역시 신을 불확실한 상태 속에 잡아둘 수 있다. 자연 지능과 인공 지능의 대결에서도 그것은 마찬가지이다. 즉 경쟁은 결국 결말이 없고, 가장 좋은 것은 게임이 한없이 연기되는 것이다.

컴퓨터의 우발적 승리는 전혀 문제를 제기하지 않는다. 사람들은 컴퓨터가 계산 능력에 의해서만 승리할 수 있다는 것을 알고 있기 때문이다. 흥미로운 물음은 바로 "무엇이 카스파로프를 이기게 만드는가?"이다. 첫번째 대답은 카스파로프 자신에 의해 주어졌다. 그는 이렇게 말했다. "나는 깊이 생각지 않고 게임을 합니다. 나의 두 손이 나의 사유보다 더 빨리 움직인답니다." 분명히 딥 블루는 자신의 사유보다 더 빨리 움직일 수 있는 두 손이 없다. 그것은 빨리 생각할 수밖에 없다. 그런데 인간의 특성은 자신의 사유보다 더 빨리 나아가는 데 있다. 물론 이는 자신의 신체와 자신의 성과 관계가 있는 어떤 것, 그리고 어떤 방식으로든 뇌의 검은 상자를 거치지 않는 어떤 것의 덕택이다. 사람들은 그것을 정서·직관·전략이라고 부를 수 있다. 사람들은 그것을 '심리'라고도 부를 수 있다. 그러나 계산을 하는 지능 능력 말고도 인간이 마음대로 사용할 수 있는 '심적' 능력 또한 그다지 중요하지 않다. 근본적인 차이는 카스파로프에게는 상대방, 즉 타자가 있는 반면, 딥 블루에게는 정면에 타자도 적수도 아무것도 없다는 점이다. 딥 블루는 자신의 프로그래밍 내부에서 진화한다. 모든 관계를 고려해 보면, '사막의 돌풍'에 대해서도 마찬가지이다. 즉 걸프전 때의 컴퓨터에는 타자들도, 이라크인들도, 적들도 없었다. (근본을 파헤쳐 보면 미국인들조차도 없었다.) 모든 것은 폐회로 속에서, 계산의 기초 위에서 행해졌다. 그런데 인간이 결정적으로 우월하다고 생각할 수 있는 것은 바로 계산의 지능 능력을 능가함으로써이다. 다시 말하면 딥 블루가 결코 모르는 자신의 사유의 박탈에 기초를 두는, 그리고 게임에서 미묘하게 예상되는 타자성의 이러한 관계를 통해서이다. 바로 거기에서 인간은 환상·속임수·도전·유혹·희생이라는 말로 자신을 인정하게 할 수 있다. 컴퓨터는 인간의 가능성을 파악할 수 없는 게임의 이 전략, 즉 약점의 이 전략을 가장 잘 이해하지 못한다. 왜냐하면 컴퓨터는 자신의 가능성만을 최대한 이용할 수밖에 없기 때문이다. 설사 컴퓨터의 가상적 자아의 형태하에서일지라도, 우리가 타자를 나타나게 하는 존재의 이 상실과 생략, 그것이 바로 게임에 대한 실제적인 사유이다. (게임의 타이밍 속에서 자신이 평가절하되기를 바라면서) 카스파로프는 현실의 공백 기간에 대해 말한다. 그리고 이 공백 기간 동안, 그는 현실적으로 생각한다. 다시 말하면 이 공백 기간 동안, 그는 정신적인 면에서 부재하는 반면, 타자인 딥 블루는 계산 속에 잠긴다. 사유의 이러한 기분 전환, 이러한 공백 기간을, 인간은 마음대로 사용할 수 있는 자신의 시간으로 간주한다. 반면에 컴퓨터는 자신의 계산 시간에서 단 1초도 떼어내지 않는다. 그러나 역설적으로 바로 그것이 컴퓨터를 배반하게 된다. 카스파로프는 자신의 첫번째 패배 이후(그러나 첫번째 게임에서 패배할 줄 알아야 한다) 타자를 함정에 끌어들이기 위해 그의 본질을 파악하지 못한 채 그의 본질에 반하여 게임을 한다는 사실을 강조한다. (마치 《유혹자의 일기 *Journal du Séducteur*》 속에 있는 듯한 기분이 든다.) 그는 어렴풋이 공격하고 게임을 단순화하거나 방해하는 것을 배운다. 분명히 시뮬라크르와 더불어 컴퓨터는 본질에 반하여 게임을 하고 그보다 더 잘 시뮬레이션화하며, 계산의 시뮬레이션에 불과한 시뮬레이션이 없으면 어림잡아 계산한다. 반면에 카스파로프에게 시뮬레이션은 아이러니컬한 힘에 불과하다.

자신이 프로그래밍한 기계에 직면한(딥 블루를 프로그래밍한 것은 카스파로프 같은 인간들이라는 사실을 잊지 말자) 인간은, 게임을 지배하기 위해 미묘하게 탈프로그래밍하게 되고 **기술적으로 부정확하게** 될 수밖에 없다. 그는 예전에 기계의 지위였던 자리를 차지하기에 이른다. 이는 자동 인형을 발명했던 마술사가 인간을 너무도 잘 흉내내다가 인간과 자동 인형의 차이를 보존하기 위해 무대 위에서 스스로 기계화되고 인간을 흉내낼 수밖에 없었던 것과 같다. 그것은 가능한 유일한 전략이다. 즉 우리가 **기술적으로 정**

확하게 된다면, 우리는 복구할 수 없을 정도로 기계에 패배하게 된다.

다른 것은 인간의 우월성의 방향에서 작용한다. 그것이 바로 근본적인 상징적 규칙인데, 이 규칙에 의하면 게임을 하는 어떤 사람도 게임 자체보다 위대해질 수는 없다. 게임을 하는 사람은 게임을 끝내지 않으려면 이길 수 있어야 한다. 게임을 하는 사람은 죽음을 면할 수 없고, 오직 규칙만이 불멸한다. 그런데 기계의 절대 목적(기계의 은밀한 야심?)은 완벽한 것, 상대가 이길 수 없는 것, 불멸하는 것이 되는 것이다. 그 점에 있어서는, 기계는 게임의 본질 자체를 전혀 모르고 있다. 이러한 이유 때문에 기계는 적수에 의해서가 아니더라도, 어쨌든 게임 자체에 의해서가 아니더라도 늘 마침내 패배하게 될 것이다.

따라서 인간이 누가적인 지식만을 갖는 반면에, 기계는 지수함수적인 지식을 마음대로 이용할 것이라는 구실로 2005년에 기계의 확실한 성공을 예언하는 견해는 그다지 많지 않다. 왜냐하면 컴퓨터의 지식이 지수함수적인 것일지라도, 그것의 사유는 지수함수적인 것이 아니기 때문이다. 이는 컴퓨터에게 일종의 지수함수적 안정성을 강요한다. 즉 항상 컴퓨터는 제로(zéro) 상태로 되돌아가며, 모든 조작을 다시 한다. 반면에 디지털의 엄청난 가능성에 비추어 선별하여 희귀한 데이터들만을 받아들이는, 인간은 최초의 상태는 고려하지 않고 단 하나의 방향에서만 그것들을 확대 적용한다. 따라서 그는 예측할 수 없는 새로운 별자리들을 발견하는 지수함수적인 사유를 마음대로 이용한다. 다시 말하면 그는 딥 블루보다 훨씬 더 강력한 컴퓨터조차도 대처할 수 없는 일종의 혼란스러운 전략을 마음대로 이용한다. 컴퓨터와 마주한 인간은 어떻게 보면 계산의 복잡성이 아니라 우연의 복잡성에 더 가까운 무한한 복잡성을 구체화한다. (게다가 컴퓨터를 우연한 게임, 다시 말해서 인간의 무질서와는 다른 확률론적인 무질서와 대면시키는 것은 흥미로울 것이다. 컴퓨터의 술책은 과연 어디에 있을까?)

따라서 기계는 온갖 종류의 조작 때문에 한계를 넘을 수 없으며, 게임의 본질에 관한 한 영원히 불리하게 된다. 그러므로 기계는 게임을 벗어난다.

게임에 접근하려면, 기계는 규칙의 자의성을 만들어 내거나 만들어 낼 수 있어야만 할 것이다. (이는 상상할 수 없는 것이다.) 그리고 그렇게 하기에는 너무나 늦다. 보다 일반적으로 말해서, 적당한 거리를 유지하려면 기계는 인간을 만들어 내어야 할 것이다. 그리고 역시 그렇게 하기에는 너무나 늦다. 인간과 닮거나 인간과 경쟁하려고 필사적인 노력을 하는, 기계에게는 사건, 즉 계산의 사건만이 남을 뿐이며, 기계는 그것을 전략으로 삼을 것이다. 그렇지 않으면 자살할 수밖에 없다.

인간은 그보다 더 잘 일하고 이동하고 생각하는 기계, 혹은 그 대신 일하고 이동하고 생각하는 기계를 만들어 낼 줄 알았다. 그러나 인간은 그 대신 기뻐하거나 괴로워하는 기계는 결코 만들어 내지 못했다. 심지어 그보다 더 잘 게임을 하는 기계도 만들어 내지 못했다. 이는 컴퓨터의 근본적인 우울을 설명해 줄 것이다.

1996년 4월 1일

34

카레이서와 그의 분신

포뮬러 원(F1)[14]은 퍼포먼스 시대의 아주 멋진 예로 그 정점 도달은 인간과 기술에 의해 동시에 이루어진다. 어느쪽이 실제로 잠재적인 상승의 동인인지, 어느쪽이 다른 쪽의 분신인지 우리가 알지도 못한 채 한쪽은 다른 한쪽의 극단을 향해 나아가게 한다.

인간이 자신을 극한에 이르게 하고 자신의 가능성까지도 넘어서게 하는 기술의 교활한 특성에 사로잡히면, 기술은 자신과 동일시되고 자신에게 그 모든 열정을 투영하는 인간에게 사로잡히게 된다. 이 둘의 협력, 즉 계약은 지나친 소모, 말하자면 눈부신 희생을 통해서만 이루어질 수 있다. 포뮬러 원을 통해서 그들은 속도 · 환상 · 작용 범위, 돌이킬 수 없는 집단적 열정이 되어 버린 속도의 황홀경에 의해서 화해하게 된다.

기계류로 간주되는 포뮬러 원은 유일한 자동차, 유일한 인간, 빛나는 짧은 유일한 순간에 도달하는 수많은 인간들의 노력으로 이루어진 거대한 전체, 거대한 종합이다. 응축은 극단적이며, 경쟁의 거울은 유일한 인간의 위업을 통해서, 아니 오히려 투쟁적 대결을 통해서 사용되는 모든 에너지, 연관된 모든 에너지를 굴절시킨다. 물론 이때 이러한 에너지의 강력함은 노력의 축적과 하부 구조의 특수한 영향력과는 아무런 관련이 없다. 모든 것이 유일한 것으로 이렇게 변화되는 것은 경쟁에 집단적으로 매혹되는 것에 아무런 책임이 없다. 그러나 운전자가 극단을 이루는 이 피라미드는 차례로 미디어와 텔레비전을 통해서 수백만 명의 사람들에게 투영된다——이는 거대한 재조직, 눈부신 상부 구조이다. (광고적이고 상업적인 재조직은 차치하고라도 말이다.) 다시 말하면 고도의 집중화, 그리고 극도의 용해(dilution)이다. 따라서 포뮬러 원은 집단적이고 기술적이고 상상적인 순환 전체를 요약한다.

카레이서는 홀로이다. 그는 자신의 운전석에 있으면 더 이상 사람이 아니다. 그는 자신의 분신인 기계와 혼동되고, 고유한 동일성을 갖지 않는다. 그는 운전복을 입으면 이탈로 칼비노(Italo Calvino)의 **존재하지 않는 기사**(Le Chevalier inexistant)와 비슷하다. 그리고 그는 다른 사람들, 즉 싸움을 하는 다른 기사들을 보지 못한다. "그들을 좋아하거나 평가해서는 안 된다. 그들은 더 이상 존재하지 않는다. 나는 윌리엄스(williams)나 로터스(Lotus), 페라리(Ferrari)와 싸울 것이라는 사실을 알고 있다"라고 프로스트(Prost)는 말했다. 그들이 자신의 모습을 보게 되고, 자기 자신이 실제로 적수로 느껴지는 유일한 순간은 **유리한 입장**에서 출발선에 있을 때이다——이 순간은 자주 경쟁이 유일한 반응 속에서, 위험한 응수 속에서, 연이어지는 도전 속에서 이루어지는 가장 극적인 순간이다. 그래서 자동차와 카레이서는 생기 있는 발사체에 불과하며, 이 발사체의 목적은 목표에 도달하는 것이다. 이는 자동차 경주의 시상대를 시각화한다. 오늘날 큰 대가는 장애물 경주와 매우 흡사하며, 경쟁자들은 비, 타이어 상태, 예측할 수 없는 사고에도 개의치 않고 이러한 장애물 경주를 하게 된다. 그러나 카레이서는 끊임없이 계산을 한다. 발사체는 끊임없이 조정되고 수정된다. 자동차 트랙 경주는 겉으로만 경쟁의 장소일 뿐이다. 경쟁은 다른 곳에서, 즉 일류 메이커의 세계 시장 속에서, 카레이서의 인기 순위 속에서, **스타 시스템**(star system)의 광고 속에서 이루어진다. 경쟁은 스크린, 즉 속도의 스크린에서도 이루어진다. 왜냐하면 이러한 극한에서 속도는 정확히 말해서 공간의 차원이 아니라 스크린이며, 이 스크린에서 카레이서는 원격 조정 장치를 능란한 솜씨로 다루면서 움직인다. "열정적인 사람들이 그것을 상상할 수 있듯이 운전의 진짜 즐거움은, 솔직하게 말하면 실제로 존재하지 않는다." 운전의 진짜 즐거움의 사라짐은, 움직임에서 순수한 속도로, 움직이는 물체에서 속도의 스크린으로 옮겨가기 위해 치러야 하는 대가이다. 진짜 즐거움의 열정은 부재한다── 물론 이기려는 열정은 제외하고 말이다. 그러나 이기려는 열정은 개인적인 열정이 아니라 조작적인 열정이다. 그것은 기술적인 데이터들이 계기판에 기재되듯이 카레이서의 두뇌 속에 기재된다. 그것은 이길 수 있도록 만들어진 기술적 대상 속에, 그리고 카레이서의 의지를 승리할 수 있는 기술적 데이터들에 담아 놓는 기술적 대상 속에 기재된다. 그것은 비인간적인 것처럼 보이지만, 솔직히 말하면 상상에 의한 경쟁의 논리이다.

이른바 시속 3백 킬로미터는 고요함, 태풍의 눈과 같은 것, 속도의 정지, 제2의 상태이다. 즉 사람들은 더 이상 동일한 세계 속에 있지 않다. (보다 신중하게 말하면, 우리는 보통의 자동차에서 시속 2백 킬로미터를 넘는 이같은 감각을 느낄 수 있다.) 배경은 결국 텔레비전 같은 것이 되고, 다른 자동차들에 대한 물리적 지각은 희미해지며, 우리는 속도의 순수한 사건 속에 있게 되고, 공간의 지각은 촉각적이고 반사적이 된다. (맥루한의 의미에서 보면, 자동차는 인간의 신체를 촉각적으로 그리고 전략적으로 확장하는 것이 된다.) 더 이상 자연 경관의 참조나 경쟁이나 매력은 없다. 즉 사람들은 생생하게 가상의 이미지 속으로 들어간다. 사람들은 실시간 이동의 즉각성, 게다가 대재난에 가까이 다가가게 된다.

바로 거기에──이기려는 열정과 더불어──매우 눈부신 동시에 매우 모호한 다른 열정이 있을 것이다. 물론 이러한 열정은 미디어를 통해 위험을 극적으로 묘사하는 것에 연결되고, 보다 근본적으로는 도전과 결투의 상징적 규칙에 연결된다. 다시 말하면 그것은 사고와 죽음에 대한 열정이다. 카레이서들뿐만 아니라 관람객 자신도 자동차 트랙 경주에 자신의 목숨을 걸었던 때도 있었다. 이러한 희생적인 순간들은 지나갔다. 운전을 하는 개인적인 즐거움과 동시에, 개인적인 죽음의 위험은 자동차 트랙 경주에서 서서히 사라져 가고 있다. 죽음은 이제 가상적인 상상에 불과하다. 오직 자동차들만이 죽어가고, 엔진들만이 죽어가는 상태에 이르고 있다. 오직 기술의 '분신'만이 죽어가는데, 이는 경쟁의 추상화를 강화한다. 물론 모든 사람들은 경쟁을 열망하지만(이것은 사람들이 경쟁을 원한다는 것을 의미하지 않는다), 오늘날 직접적인 죽음의 광경은 받아들일 수 없다. 그러나 사고를 결정적으로 없애는 것은 상상할 수 없으며, 모든 관람객의 부재와 마찬가지로 상상할 수 없는 일이다. 설사 현실의 관람객이 가상의(텔레비전의) 관람객에 비해 아주 적다 할지라도, 그는 바로 거기에 있는 것이다. 설사 현실적인 위험이 상상적인 위험과 관련하여 아주 적다 할지라도, 그것은 바로 거기에 있는 것이다. 그리고 이러한 차원은 매우 중대한 것이다. 어떤 우연도 없이, 어떤 사고도 없이, 예측할 수 없는 모든 요소들이 제거된 경쟁은 무관심에 빠져들 것이다.

그러므로 포뮬러 원 카레이서의 지위는 이중적이다. 즉 그는 고도의 기술을 지닌 자동 단말장치인 기술적인 조작자인 동시에, 군중의 열정과 죽음의 위험을 다루는 상징적인 조작자이다. 패러독스는 기업에 대해서도 마찬가지이고, 투자와 포틀래치 사이에 대해서도 마찬가지이다. 그 모든 것은 계산된, 합리적인 투자(마케팅과 광고)인가? 놀라운 상업 활동이 문제인가? 아니면 기업이 위선과 카리스마에 대한 열정을 포기하면서 실제로 수익성을 초월하여 엄청난 규모로 지출하는 모험을 하는가? (거기에는 일류 메이커들의 세계 대회가 있다.) 일류 메이커들간의 이러한 대결에는 경쟁의 격화, 현기증과 착란의 형태는 없는가? 확실히 그것은 수백만 명의 관람객들이 무엇보다도 예민한 반응을 보이는 것이다. 결국 보통의 텔레비전 시청자들은 맥러렌(MacLaren)이 혼다(Honda) 레이싱카의 깃발이라는 사실은 결코 알지 못했다. 그리고 나는 일상 생활 속에서 포뮬러 원 카레이서에 확실히 모험을 걸고 싶지는 않다. 따라서 포뮬러 원의 영향력은 상업적인 파급 효과나 사용의 결정에 있는 것이 아니라 경쟁과 사건과 카레이서의 인물이라는 예외적이고 신화적인 특성에 있다. 사람들은 속도가 대중의 영역에서 엄격하게 제한되고 도덕적으로 비난받는 동시에 예전과는 달리——그것이 숭고한 보상 효과 때문이 아니라면——포뮬러 원에서 찬양받는 이유를 알지 못한다. 포뮬러 원은 확실히 자동차의 숭배와 사용을 대중화하는 데 도움이 되지만, 절대적 차이에 대한 열정——모든 지나침을 정당화하고 모든 사람들에게 철저한 환상——을 유지하는 데 훨씬 더 도움이 된다. 그러나 결국 포뮬러 원은 자신의 가능성의 한계에까지 나아가지 못한 것일까? 포뮬러 원은 모든 자동차와 카레이서들이 엄청난 수단들을 사용하는 이상 최대의 동일한 성과에 도달하고, 동일한 전형적인 예로 반복되는 시나리오에 따라 모든 경쟁을 야기하는 상태, 즉 궁극적인 완성에 가까이 다가가는 것은 아닐까? 만약 포뮬러 원이 산업적이고 합리적인 성과, 즉 기술적인 가능성의 시험에 불과했다면, 가능성의 고갈 때문에 그 결말을 예측해야만 할 것이다. 그와 반대로 포뮬러 원이 완전히 인위적이긴 하지만 열정적인 집단적 사건, 즉 구경거리가 된다면(이때 테크놀로지를 추구하는 다양한 스크린과 관람객이 투영되는 텔레비전의 스크린이 요약된다) 포뮬러 원은 확실히 아주 바람직한 미래를 지니게 될 것이다.

요컨대 포뮬러 원은 괴상한 것이다. 기술·돈·야망·명예를 이렇게 집중화하는 것은 (오트 쿠튀르가 추상적이듯 추상적이며, 포뮬러 원이 자동차 통행에서 멀어지는 것과 마찬가지로 외관에서 멀어지는) 괴상한 것이다. 그런데 괴상한 것들은 사라질 수밖에 없고, 우리는 그것들이 사라지는 것을 보기를 두려워하지만, 길들여진 일반화된 형태로 그것들이 살아남는 것 또한 보고 싶어하지 않는다. 일상적인 무의미의 시대에——자동차와 그 모든 구속의 시대를 포함하여——우리는 적어도 순수한 사건과, 모든 것이 허용되는 예외적인 존재들에 대한 열정을 보전하고자 한다.

1995년 3월

35

——

해면질의 뇌를 위한 되새김질

광우병은 무엇보다도 놀랄 만큼 소를 흉내내면서 자기 자신에게서 왔다 갔다 하는 인간 집단의 뇌를 연화시키는 전염병이다. 그것은 대중의 자질에 가해지는 실물 크기의 테스트와 같다.

소들은 우리에게 해면질의 병을 옮길 위험이 없다. 그들의 해면질의 병은 생물학적 바이러스보다 훨씬 더 해로운 정신적 바이러스로 이미 도처에 있기 때문이다. 정보가 가장 잘 감염되는 것은 타당한 이유가 있다. 정보는 모든 감염으로 인해 이상적인 신경통의 영역을 나타내기 때문이다. 커뮤니케이션망은 바이러스성의 거대한 영역을 구성하며, 즉각적인 전송은 그 자체가 치명적인 위험이다. 임계질량의 이 끊임없는 상황 속에서는 가장 작은 불씨만으로도 집단적 책임이라는 악습의 원인을 제거시키는 데 충분하다. 마치 확산된 용해 속에 투영된 가장 작은 물체가 충격적인 결정 작용을 일으키듯이 말이다.

우리의 체계들은 너무도 불확실한 책임을 퍼뜨리기 때문에, 이러한 책임은 벼락을 맞은 정전기처럼 때때로 압축된다. 실제로 우리를 위협하는 것에 이 수많은 책임, 즉 제거하기 위해 최소한의 기회를 엿보는 이 무수한 방사능을 덧붙여야만 한다. 광우는 성스러운 암소가 병든 암소의 형태로 환생하는 것이다. 그것은 성스러운 동물이 전염병에 걸린 인간과 함께 살아가는 인도의 예와는 다르다. 그러나 풍토병적인 유행의 관점에서 보면, 도살장에서 죽을 수밖에 없는 소들은 풍토성의 단계에서 전염성의 단계로 옮겨가면서 복수한다. 암소들은 사람들이 그들에게 병든 양의 고기들을 슬쩍 떠넘기는 것을 결코 받아들이지 않았다. (물론 이때 사람들은 암소들을 육식동물로 만들 참이었다.) 평화로운 무의식 상태에도 불구하고, 암소들은 다른 동물 세계와의 단절을 완전히 의식하지 못하는 자신들에게 도살장의 고기를 주는 것을 결코 받아들이지 않았다. 최근에 암소는 육식동물의 이상에 따라 암소의 시뮬라크르가 되는 것을 받아들이지 않았다. 왜냐하면 암소에 관한 모든 것은 동물-고기의 최대 수익성을 지향하는 성형외과에 따라 호르몬, 이식, 신체 일부분의 유전적 재분배에 의해 프로그래밍되어 있기 때문이다. 암소는 더 이상 과거 그대로의 암소가 아니다. 암소는 인공물이다. 말하자면 자신의 약탈자에게 전염시키면서 자살로 복수를 하는 비물질적인 고기의 일종이다. 이런 식으로 암소들은 그들의 복수를 되새긴다.

그것은 암소의 신체가 바이러스들이 마음대로 지배하는 비신체, 즉 고기를 위한 신체가 되어 버렸기 때문이다. 그것은 우리 인간의 신체가 면역성이 없고 바이러스들이 마음대로 지배하는 비신체, 즉 조작적인 신경회로망의 기계가 되어 버렸기 때문이다. 그리고 그것은 또한 정보처리 기술들이 모든 정보 바이러스들의 공격을 받기 쉬운 미디어 기술의 순수한 사건이 되어 버렸기 때문이다. 모든 바이러스들은 공모적이다. 예를 들면 암소에게 전염시키는 프리온(prion)[15]에서부터 인간에게 전염시키는 암소에 이르기까지, 그리고 지구 전체에 전염시키는 인간에 이르기까지(자신의 유전자 코드를 변화시키기 위해 거기에 침투하기에 이르기까지) 공모적이다. 아마도 거기에는 은밀한 목적이 있을 것이다. 우리가 가두고 살육했던 존재들에게서 엿볼 수 있는 반항과 복수의 은밀한 연결을 누가 말할 것인가?

어떻게 보면 생물학적인 바이러스는 정보처리 기술의 기술적 바이러스와 사람을 바보로 만드는 정신적 바이러스에 의해 성장하여 그 모든 복수를 할 수 있다는 것을 '알고 있다.' 소과(科) 전체와 모든 반추동물들이 그들의 유황처리 소동과 중독된 복부팽만증으로 인해 오존층 파괴의 주된 원인 제공자가 되었다는 사실은 조사를 통해 이미 증명된 바 있다. 사람들은 음모가 어제오늘의 일이 아니라는 것을 알고 있다! 그 모든 것을 누구에게 전가하는 것은 쓸데없는 일이다. 집단적 광기는 동일한 효과와 공명 현상의 거대한 종합이다.

단백질에서부터 암소의 뇌에 이르기까지, 암소의 뇌에서부터 우리의 정보망에 이르기까지, 우리의 정보망에서부터 정치 계급의 해면질의 뇌로 끝날 수 있는 여론의 자동 해독기에 이르기까지, 구조는 동일하며 지수함수적인 발전을 허용한다. 이 연쇄 반응을 거꾸로 해보자. 어떤 것도 더 이상 여론의 바이러스로부터 정치를 보호하지 못한다. 어떤 것도 정보의 바이러스로부터 여론을 보호하지 못하고, 어떤 것도 최소한의 잡보 기사나 자신의 히스테리로부터 정보처리 기술을 보호하지 못한다. 그리고 이 수수께끼 같은 근거 때문에, 암소를 프리온으로부터 보호했던 것은 사라져 버린 것처럼 보인다. 연쇄 반응의 처음부터 끝까지 면역 결핍은 완전하다. 그리고 이런 식으로 소위 합리적인 체계 속에서 무질서는 원상태와 공통의 척도 없이 엄청난 집단적 중독 효과를 산출하면서 지수함수적으로 확대될 수 있다.

에이즈 · 테러리즘 · 공황 · 광우 · 전자 바이러스 · 자연적 대재앙, 이 모든 현상들은 상관 관계가 있으며 위험성의 동일한 기록에 따른다. 모든 것은 그들 사이에서 긴밀히 결합되고 체계의 보편성과도 긴밀히 결합된다. 따라서 오직 테러 행위만이 테러리즘에 의거해서 모든 정치 무대를 재검토하게 한다. 심지어 통계적으로 설득력 없는 에이즈의 출현만이 바이러스성과 면역 결핍에 대한 가정에 의거해서 질병과 신체의 모든 위협을 재검토하게 한다. 그러므로 광우들의 출현은 테러 행위와 같은 것이다.

유럽의 정치 상황에 대한 잔인한 분석가가 된 것은 광우들이라는 사실에는 신랄한 아이러니가 담겨져 있다. (그리고 보스니아의 학살은 유럽의 정치 상황의 모순과 허위를 뒤흔들어 놓는 데 성공하지 못했다.) 그리하여 영국의 여론은 무관심에 대해 비난받아 마땅한 자신의 정부에 항의하거나, 정부에

법을 강요하고자 하는 유럽에 항의할 수밖에 없었다. 모든 민족주의는 더욱 격렬하게 다시 활기를 띤다. "해면질이든, 해면질이 아니든, 그것들은 우리의 암소들이다!" 상황이 부패하고 모순적일 때, 최소한의 사건도 모든 부패와 모순, 즉 자유주의 체제의 상황을 보여 준다. 즉 모든 것은 자유롭게 순환해야 한다——따라서 병원균·바이러스·마약·자본·테러리스트들도 자유롭게 순환해야 한다. 그리고 최악의 이러한 순환은 최선의 순환보다 훨씬 더 빨리 이루어진다. 그러므로 사람들은 한없이 국경을 없앴다가 국경을 다시 세우게 될 것이다.

역사 자체는 광우의 테러 가능성을 옹호한다. 그리하여 이슬람의 테러리즘에 대항하는 참 알-체익(Charm al-Cheik)의 국제정상회담에 뒤이어 해면 모양의 질병에 관한 토리노의 유럽정상회담이 개최되었다. 위협 문제의 완전 해소를 둘러싼 유럽인들의 흔들리는 연대성이 환상적인 적에 대한 국가 원수들의 세계적 대응책보다 훨씬 더 터무니없고 기이했다는 것은 말할 필요도 없다. 영국의 광우와 팔레스타인의 카미카제는 동일한 싸움, 즉 자살로 이끄는 동일한 에너지, 느껴지지 않는 동일한 증오이다. 심지어 프리온, 즉 이러한 단백질은 어떤 유전적 심연에서 갑자기 나타나는가? 테러리즘의 국제적 음모는 어디서 생겨나는가? 그리고 암소에게 전염시키는 프리온, 미디어에게 전염시키는 암소, 대중의 정신을 마비시키는 미디어(이 모든 것들은 서로 희생물이 되는 동시에 최대의 파국적인 효과를 위해 공모하고 있다), 이러한 연쇄 반응의 의미는 무엇일까?

체계의 연쇄를 통한 규제 철폐의 관점에서 보면, 성공은 완벽하다. 누가 이러한 성공의 주도적 역할을 하는가? 거기서 대중들은 마침내 평범한 기분 전환을 찾아내고, 권력은 파렴치한 기분 전환을 찾아낸다. 그러나 이러한 급격한 변화를 통해, 사회 질서는 자신의 신뢰성을 상실하게 된다. (전염병을 유행시킨 피의 사건에서와 마찬가지로) '개인적으로' 어떤 것에도 책임을 지지 않는 권력은, 사건의 파악할 수 없는 결말 앞에서는 더욱더 무력해진다. 물론 권력은 징후와 맞서 싸우고, 암소를 도살하거나 테러리스트들을 철저히 제거할 수 있다. 그러나 권력은 대재난을 공모하는 객관적인 조건과 상황의 만연을 거기에까지 이르게 했던 연쇄 반응을 해체하는 데는 실제로 어려움이 있을 것이다. 권력은 바이러스성의 '타락한' 연쇄 반응을 전혀 알지 못한다. 사실 이러한 연쇄 반응 때문에, 싸움을 진정시키려는 시도와 예방 조치, 그리고 지나친 예방 조치는 공황을 계속 악화시키고 있다. '타락한' 다른 변수, 즉 속죄의 암소로 비난받는 미디어들은 그들이 쓸데없는 참견을 하지 않는다고 항의한다. 그러나 정확히 말해서 쓸데없는 참견을 함으로써(여담으로, 그것은 바로 강제수용소의 책임자들이 말하는 것이다), 미디어들은 바이러스성의 연쇄 반응으로 가장 잘 되돌아간다.

다음 세계정상회담은 지진을 피하여 똑같이 성공적으로 개최될 것이다. 암소와 단백질의 공모에서 생겨난 이러한 돌발적인 사건과 마찬가지로, 어떤 의혹도 나비가 날개를 퍼덕이는 것으로, 다시 말해서 사태가 바뀌지 않으면 풀리지 않는다. 그러나 그 사이에 그것은 우리 체계들의 은밀한 무질서와 거대한 무질서, 언제나 절박한 우리 체계들의 무너짐을 폭로할 것이다. 적어도 그것은 사건을 신뢰하게 만들 것이다. 인간 전체가 광우들과 같은 운명에 처해 있고, 또한 정보로 인해 인간의 사고력을 상실하게 되는 것은 정말 광우병에 걸리는 것과 같다는 명확한 사실은 차치하고라도 말이다. 나아가 공황의 은밀한 쾌락, 심지어 그 관계자의 관점에서 보면 사건의 터무니없는 불균형에서 생겨나는 (미적인) 쾌락, 그리고 자신의 바이러스들과 싸우고 있는 무기력한 체계에서 생겨나는 쾌락은 차치하고라도 말이다.

1996년 4월 15일

36

토탈 스크린

비디오, 상호 작용의 스크린, 멀티미디어, 인터넷, 가상 현실, 즉 모니터를 통한 인간과 기계와의 대화(interactivité)는 도처에서 우리를 위협한다. 도처에서 분리되었던 것은 혼동되고, 도처에서 거리가 사라진다. 예를 들면 성들 사이에서, 대립된 극들 사이에서, 객석과 무대 사이에서, 주역들 사이에서, 주체와 객체 사이에서, 현실과 그 복제 사이에서 말이다. 그리고 항들 사이의 이러한 혼동, 극들 사이의 이러한 충돌로 인해 어디에서도 가치 판단이 더 이상 가능하지 않다. 말하자면 예술에서도, 도덕에서도, 정치에서도 마찬가지이다. 거리의 사라짐, 즉 '거리의 페이소스(pathos)'의 사라짐 때문에 모든 것은 결정할 수 없는 것이 된다. 물리학의 분야에서는 수신기와 송신원이 너무 가까우면 전파를 방해하는 라르센(Larsen) 효과가 산출된다. 사건과 사건이 실시간으로 확산되는 것이 너무 가까우면 결정할 수 없는 것이 산출된다. 다시 말하면 사건의 역사적 차원을 제거하고, 사건을 기억하지 못하게 하는 사건의 가상성(virtualité)이 산출된다. 가상의 테크놀로지가 결정할 수 없는 것을 산출하든, 결정할 수 없는 우리의 세계가 가상의 테크놀로지를 산출하든 그것은 결정할 수 없는 것이 된다.

이러한 혼동, 즉 극들 사이의 이러한 충돌이 이루어지는 어디에서나 그것은 일체가 된다.

생방송으로 진행되는 이야기를 통해서, 즉각적인 텔레비전 **연출**을 통해서, 사람들이 존재와 그 복제의 혼동을 목격할 수 있는 **리얼리티 쇼**에서도 마찬가지이다. 더 이상 분리도, 공백도, 부재도 없다. 사람들은 스크린 속으로, 장애물 없는 가상의 이미지 속으로 들어간다. 사람들은 스크린 속으로처럼 자신의 삶 속으로 들어간다. 사람들은 디지털 방식의 결합처럼 자기 자신의 삶을 구성한다.

무대와 시선이 있는 사진·영화·회화와는 달리, 비디오 영상과 **컴퓨터** 화면은 이미 맥루한이 텔레비전에 대해 말했듯이 일종의 몰입 현상, 즉 '촉각' 상호 작용을 불러일으킨다. 이는 망상 조직이나 입자 조직 속으로 몰입하는 현상이다. 말하자면 사람들은 경우에 따라서는 영상(이미지)을 변화시키기 위해 영상(이미지)의 유체 속으로 들어간다. 마치 과학이 신체를 변형시키기 위해 게놈 속으로, 유전자 코드 속으로 파고들 듯이 말이다. 사람들은 원하는 대로 움직이고, 상호 작용의 영상(이미지)으로 원하는 것을 하게 된다. 그런데 몰입 현상은 무한히 마음대로 사용할 수 있음과 열려진 결합의 대가이다. (텍스트, '가상의' 어떤 텍스트(인터넷, **워드프로세서**)에 대해서도 마찬가지이다.) 그것은 합성 영상(이미지)처럼 다듬어지는데, 이는 초월적인 시선이나 기술 행위(écriture)와는 아무 관련도 없다. 어쨌든 사람들은 스크린 앞에 있게 되면 더 이상 텍스트를 텍스트로 이해하지 않고, 이미지(영상)로 이해하게 된다. 그런데 텍스트와 스크린, 텍스트와 이미지(영상)의 엄밀한 구별에 의해 기술 행위는 결코 상호 작용이 아닌 완전한 활동이 된다.

마찬가지로 무대와 객석의 엄밀한 구별에 의해서만 관객은 완전한 배우가 된다. 그런데 오늘날 모든 것은 이러한 단절의 사라짐에 협력한다. 즉 관객의 몰입은 자율 공동적이고 상호 작용적인 것이 된다. 이는 관객이 보여주는 절정인가? 아니면 관객의 종말인가? 모두가 배우가 되면, 더 이상 연기도 무대도 없다. 이것은 분명히 미적 환상의 종말이다.

기계는 단지 기계만을 만들어 낼 뿐이다. 그것은 가상의 테크놀로지를 완성함에 따라 점점 더 확실해진다. 술책의 어떤 차원에서는, 가상의 기계류에 몰입하는 어떤 차원에서는 더 이상 인간/기계의 구별이란 없다. 즉 기계는 인터페이스의 양면에 속해 있다. 아마 우리는 기계가 속해 있는 인터페이스의 공간일 뿐이다. 다시 말하면 우리는 기계의 가상 현실이 되어 버린 인간, 즉 거울에 비친 모습처럼 뒤바뀐 기계 조작자가 되어 버린 인간일 뿐이다. 이는 스크린의 본질 자체와도 관련이 있다. 거울을 초월한 세계는 있어도 스크린을 초월한 세계는 없는 것이다. 이 경우 시간의 차원들은 실시간으로 혼동된다. 그리고 가상적 표면은 원래 텅 비어 있어서 그 무엇으로도 채워질 수 있고, 실시간으로 공백과 상호 작용할 수 있다.

　이러한 관점과 병행하여, 기계에 의해 만들어지는 모든 것은 기계이다. 컴퓨터에서 생겨난 텍스트 · 이미지 · 영화 · 담론 · 프로그램들은 기계의 산물이다. 그리고 그것들은 기계의 산물의 특성을 지닌다. 즉 기계에 의해 인위적으로 확장되고 혁신된 특수 효과의 영화, 장황한 표현의 텍스트는 반드시 작동하는 기계의 교활한 의지(이것은 자신에 대한 기계의 강한 집착이다)와, 작동의 무한한 가능성을 지닌 조작자의 마력에 기인한다. 흔히 영화에서 볼 수 있는 모든 폭력과 외설스러운 성은 인간들이 환상을 품은 폭력과 섹스라는 특수 효과, 즉 더 이상 우리와는 관계 없는 기계에 의한 순수한 폭력과 섹스에 불과하다. (그것들은 진절머리나고 견딜 수 없게 하는 특징을 지닌다.) 게다가 이 모든 텍스트들은 '지능 있는' 가상적 주체들의 활동과 같다. 그리고 이 가상적 주체들의 유일한 제스처는 프로그래밍의 제스처이다. 다른 제스처는 자동적인 기준에 따라 실행되기 때문이다. 따라서 이 유일한 제스처는 말과 개념의 마술적인 융합을 이용했던 자동 기술과는 아무런 관련도 없다. 그것이 프로그래밍을 자동적으로 제어하고 모든 가능성을 자동적으로 만들어 내는 것에 불과한데도 말이다. 이제 무엇보다도 중요한 것은 신체 · 텍스트 · 이미지를 기계적으로 디자인하는 것이다. 그것은 사이버네틱스(cybernétique)라고 불린다. 즉 코드나 유전 방식과 작용하면서 말하자면 내부로부터, 모태로부터 이미지 · 텍스트 · 신체를 지배하는 것이다. 게다가 텍스트나 이미지의 이상적인 성과에 대한 이러한 환상과, 끝없이 수정할 수 있는 이러한 가능성은 테크놀로지의 가능성의 한계에까지 나아가지 못할까 봐 불안해하는 현기증과 동시에, '창작자'에게 자신의 대상과 상호 작용하는 현기증을 불러일으킨다. 사실 우리에게 말하는 것은 (가상의) 기계이고, 우리를 생각하는 것도 (가상의) 기계이다.

다른 관점에서 보면, 가상의 공간에는 실제로 무엇인가를 발견할 수 있는 가능성이 있는 것일까? 인터넷은 자유로운 정신적 공간, 자유와 발견의 공간을 계속 시뮬레이션화한다. 사실 인터넷은 확장된 공간, 그러나 관례적인 공간만을 제공한다. 이때 조작자는 알려진 정보, 기존의 사이트, 확립된 코드와 상호 작용한다. 탐색에 필요한 이러한 매개 변수들을 벗어나면, 아무것도 존재하지 않는다. 모든 물음에는 예상된 대답이 정해져 있다. 당신은 기계의 자동 응답기인 동시에 자동 질문자이다. 코드화 장치(codeur)인 동시에 데코더(décodeur)이다——사실 당신 자신의 단말장치이자 당신 자신의 통신원이다. 이것이 바로 커뮤니케이션의 황홀경(extase de la communication)이다. 스크린 앞에는 더 이상 다른 것이 없으며, 궁극 목적도 없다. 그리하여 정보처리 시스템은 끝없이, 궁극 목적성도 없이 돌아간다. 그리고 이 시스템의 유일한 가능성은 끝없이 재현하고 안으로 말리는 것이다. 여기서 마약의 경우처럼 전자·정보 상호 작용의 안락한 현기증이 생겨난다. 이러한 현기증 속에서, 사람들은 줄곧 자신의 전생애를 보낼 수 있다. 사실 마약 자체는 폐회로 속에서 이루어지는 인간과 기계와의 광적인 대화의 완벽한 예와 같은 것에 불과하다.

당신을 자기 편으로 끌어들이기 위해, 사람들은 당신에게 이렇게 말한다. "컴퓨터는 매우 실제적이고 매우 복잡한 타자기에 지나지 않습니다." 그러나 이것은 부적절한 표현이다. 타자기는 완전히 외적인 대상이다. 페이지는 넓은 공간에서 떠다니고, 나 역시 마찬가지이다. 나는 기술 행위(écriture)와 구체적인 관계가 있다. 나는 아무것도 쓰여지지 않은 페이지 혹은 무엇인가 쓰여진 페이지를, 말하자면 내가 스크린으로 할 수 없는 것을 눈으로 접하게 된다. 컴퓨터는 진짜 보철(prothèse)과 같다. 나는 상호 작용적인 관계 속

에서 뿐만 아니라, 촉각적이고 상호 감각적인 관계 속에서도 컴퓨터를 대한
다. 나 자신은 스크린에 모습이 보이지 않는 사람이 된다. 그리하여 가상의
이미지와 두뇌의 부화를 통해 컴퓨터에 영향을 미치고, 나아가 당신 자신의
신체의 쇠퇴를 초래하는 장애가 생겨난다.

반면에 동일성이 개인들간의 동일성이 아닌 망(réseau)의 동일성이라는
사실, 그리고 우선권이 망의 주역들보다는 오히려 망에 주어진다는 사실은
보이지 않는 가상의 공간 속에 숨거나 거기로 사라질 수 있는 가능성을 내
포하고, 따라서 더 이상 어디에서도 위치를 측정할 수 없는 가능성까지도
내포한다. 이는 타자성의 문제는 차치하고라도 동일성의 모든 문제를 해결
한다. 이리하여 가상의 이 모든 기계가 지닌 매력은 정보·지식·만남에 대
한 욕구보다는 오히려 사라짐의 욕망에서 생겨나며, 또한 컴퓨터 시스템의
환각적 사용으로 사라질 수 있는 가능성에서 생겨난다. 사실 환각적 형태는
행복을 대신한다. 다시 말하면 더 이상 존재의 이유가 없다는 사실에 의해
행복의 자명함을 대신한다.

가상성은 행복에 가까이 다가간다. 왜냐하면 가상성은 은밀하게 사물들
로부터 모든 기준을 끌어내기 때문이다. 가상성은 우리에게 모든 것을 제공
하지만, 동시에 교묘하게 우리에게서 모든 것을 빼앗아 간다. 이때 주체는
완벽하게 실현된다. 그러나 주체가 완벽하게 실현되면, 주체는 자동적으로
해체되어 객체가 되어 버린다. 그리고 이것은 바로 공포이다.

1996년 5월 6일

37

예술의 음모

만약 욕망의 환상이 주위의 포르노그래피에 몰입했다면, 환상의 욕망은 현대 예술에 몰입했을 것이다. 포르노는 더 이상 만족스럽지 못하다. 모든 욕망의 대향연과 해방 후에, 우리는 성의 투명성의 의미에서 성전환자가 되었으며, 또한 성의 모든 비밀과 모호함을 없애 버리는 기호와 이미지가 되었다. 즉 성이 욕망의 환상과는 아무 관련이 없지만, 이미지의 하이퍼리얼리티(hyperréalité)와 관련이 있다는 의미에서, 우리는 성전환자가 된 것이다.

예술에 대해서도 마찬가지이다. 예술 역시 모든 것을 미적 평범함에 이르게 하기 위해 환상의 욕망을 없애 버렸으며, 따라서 초미적(transthétique)인 것이 되었다. 예술의 관점에서 보면, 현대성의 대향연은 대상과 재현을 파괴하는 환희 속에 있었다. 이 시기 동안 미적 환상은 성에 대한 욕망의 환상이 그러하듯이 아주 강렬하였다. 욕망의 모든 형태가 되는 성적 차이의 힘에, 예술은 현실을 분리하는 힘(입체파 · 추상화 · 표현주의)으로 대응하였다. 서로가 욕망의 비밀과 대상의 비밀을 추적하는 의지에 연결되어 있었기 때문이다. 다시 말하면 서로가 성전환적이고 초미적인 동일한 외설스러움을 위해 욕망의 무대, 환상의 무대——냉혹한 투명성의 무대, 가시성의 무대——라는 강렬한 두 형태의 사라짐에까지 연결되어 있었기 때문이다. 사실 그 자체로서 알아볼 수 있는 포르노그래피는 더 이상 없다. 왜냐하면 포르노그래피는 어디에나 있는 것이나 다름없기 때문이며, 포르노그래피의 본질이 시각적인 것과 텔레비전의 모든 기술이 되었기 때문이다.

그러나 근본을 파헤쳐 보면, 마치 다른 사회가 이데올로기의 희극을 상연하듯, 마치 이탈리아 사회가 권력의 희극을 상연하듯, 우리는 예술의 희극을 상연하고 있을 뿐이다. 마치 여성의 육체 이미지의 외설스러운 광고를 통해서 우리가 포르노의 희극을 상연하듯 말이다. 끝없는 스트립쇼, 공공연한 섹스의 환각, 성을 미끼로 한 협박, 이 모든 것이 사실 그대로라면, 그것은 참을 수 없는 것이 될 터이다. 그러나 다행히도 그 모든 것이 너무도 명백해서 사실 같지가 않다. 투명성이 너무도 아름다워서 사실 같지가 않다. 예술에 관해 말하자면, 그것은 실제로 무가치하다고 하기에는 너무도 피상적이다. 예술은 그 밑에 수수께끼를 갖고 있음에 틀림없다. 기형의 사물들에 대하여, 예술은 분명히 어떤 시각을 갖고 있다. 이 시각하에서 성과 기호의 쓸데없는 범람은 그 모든 의미를 지니지만, 우리는 아이러니컬한 무관심 속에서만 그것을 파악할 수 있을 뿐이다. 포르노의 이 비현실성 속에는, 예술의 이 무의미 속에는 부정적인 수수께끼와 투명한 비밀이 있는 것을 또 누가 알겠는가? 말하자면 우리 운명의 아이러니컬한 형태가 있음을 누가 알겠는가? 만약 모든 것이 너무도 명백해서 오히려 사실 같지가 않다면, 아마 환상을 위한 가능성만이 남게 될 것이다. 무엇이 사실과 달리 이 투명한 세계 뒤에 웅크리고 숨어 있는가? 지성의 다른 행태인가? 아니면 결정적인 뇌의 백질(白質) 절제 수술인가? 현실에 대한 일종의 대안이 되면서, 그리고 현실 속에 비현실성이 뜻하지 않게 출현하는 것을 표현하면서 (현대) 예술은 저주받은 부분에 속하게 되었다. 그러나 사전에 차갑고 투명하고 광고적인 것이 되어 버린 하이퍼리얼한 세계에서 예술은 무엇을 의미할 수 있는가? 미리 외설적으로 표현된 세계에서 포르노는 무엇을 의미할 수 있는가? ——가장 하이퍼리얼한 형태로 자기 자신을 비웃는 현실에게, 가장 노출된 형태로 자기 자신을 비웃는 성에게, 가장 인위적인 형태로 자기 자신과 자기 자신의 사라짐을 비웃는 예술에게 역설적인 마지막 시선을 던지는 것 말고는 그것은 무엇을 의미할 수 있는가? 이것이 바로 아이러니이다. 어쨌든 이미지의 지배력은 아이러니컬하다. 그러나 이 아이러니 자체는 더 이상 저주받은 부분에 속하지 않는다. 그것은 전문가의 범죄, 즉 아연실색 잘하고 의심 많은 대중과, 조롱의 분위기를 이용하는 예술가를 결합시키는 이 수치스러운 은밀한 공모에 속한다. 아이러니 역시 예술의 음모(complot de l'art)에 속한다.

자기 자신의 사라짐과 자기 대상의 사라짐을 이용하는 예술은 여전히 중요한 활동이었다. 그러나 예술은 현실을 빼앗으면서 끝없이 시대에 맞게 변하는 모험을 하는 것인가? 그런데 대부분의 현대 예술은 정확히 말해서 가치로서의, 그리고 이데올로기로서의 평범한 것과 하찮은 것과 보잘것없는 것을 제 것으로 삼으려고 애쓴다. 수많은 설치와 퍼포먼스에는 예술사에 나타난 과거의 모든 형태들과의 타협과 동시에 오직 현 상태와의 타협만이 있다. 그것은 가치와 타락한 미적 쾌락으로 간주되는 비독창성, 평범함과 무가치를 인정하는 것이다. 물론 이 모든 평범함은 예술의 아이러니컬한 제2차원으로 옮겨가면서 승화되기를 기대한다. 그러나 제1차원에서와 마찬가지로 제2차원에서, 그것은 또한 무가치하고 무의미한 것이 된다. 그와 반대로 미적 차원으로의 이행은 아무것도 보충하지 못한다. 즉 그것은 제2의 힘을 지닌 평범함이다. 그것은 무가치해지기를 바란다. "나는 무가치하다! 나는 무가치하다!"——그리고 그것은 실제로 무가치하다.

현대 예술의 모든 이중성은 바로 무가치·무의미·비의미(non-sens)를 요구하는 것이며, 사람들이 이미 무가치한데도 무가치를 지향하는 것이다. 그리고 사람들이 이미 무의미한데도 비의미를 지향하는 것이며, 피상적인 말로 피상적임을 열망하는 것이다. 그런데 무가치는 누구에 의해서도 요구될 수 없는 은밀한 특성이다. 무의미——진정한 무의미, 의미에 대한 결정적인 도전, 의미의 결여, 의미 없는 예술——는 결코 의미를 열망하지 않는 몇몇 뛰어난 작품이 지닌 예외적인 특성이다. 거기에는 아무것도 아닌 것의 최초 형태나 악의 최초 형태가 있듯이 무가치의 최초 형태가 있다. 그리고 전문가의 범죄, 무가치의 진실을 왜곡하는 것, 무가치의 스노비즘, 가치를 위해 무(無)를 더럽히고 유용한 목적을 위해 악을 더럽히는 모든 사람들의 스노비즘이 있다. 진실을 왜곡하는 사람들이 하는 대로 내버려두어서는 안 된다. 무(無)가 기호와 같은 수준에 이를 때, 무(無)가 기호 체계의 한가운데 나타날 때, 그것은 예술의 중요한 사건이 된다. 그것은 바로 기호의 힘으로 무(無)——평범함이나 현실에 대한 무관심이 아니라 근본적인 환상——를 떠오르게 하는 시적 작용이다. 그리하여 워홀(Warhol)은 실제로 무가치하다. (그가 이미지의 한가운데로 무를 다시 끌어들인다는 점에서는.) 그는 무가치와 무의미를 하나의 사건으로 만들며, 이 사건을 이미지의 숙명적 전략으로 바꾸어 놓는다.

다른 것들은 무가치의 상업적 전략만을 지닐 뿐이다. (그리하여 보들레르가 이미 말한 바 있는 광고의 형태와 상품의 감정적 형태를, 그것들은 이 전략에 부여한다.) 그것들은 자기 자신의 무가치 뒤에, 그리고 예술——사실 예술은 가치로서의 이 무가치를 고상하게 이용하려고 애쓴다——에 관한 담론의 전이(轉移) 뒤에 숨는다. 어떤 의미에서, 그것은 아무것도 아닌 것보다 더 나쁘다. 왜냐하면 그것은 아무것도 의미하지 않으면서 바람직한 온갖 존재 이유를 다 가지고 존재하기 때문이다. 예술의 이 공범적인 망상증(paranoïa) 때문에 더 이상 비판적 판단은 있을 수 없으며, 무가치에 대하여 불가피하게 자율공동적인 합의에 의한 분할만이 있을 뿐이다. 그것이 바로 예술의 음모이며, 예술의 원초적 무대이다. (사실 예술의 원초적 무대는 베르니사주[16] · 상설 전시 · 전시회 · 복원 · 수집 · 기증 · 투기로 대체되며, 이미 알려져 있는 어떤 세계에서도 열리지 않는다.) 왜냐하면 이미지를 조작함에 따라 예술은 사상의 보호를 받기 시작했기 때문이다.

예술의 이 이중성의 다른 면은 무가치라는 속임수를 이용한 **반대 추론**으로, 사람들로 하여금 그 모든 것에 중요성과 신뢰를 부여하도록 하는 것이다——그것이 무가치하다는 것은 있을 수 없다는 구실로, 그리고 그것이 무엇인가를 숨기고 있음에 틀림없다는 구실로. 현대 예술은 이 불확실성, 즉 근거 있는 미적 가치를 판단할 수 없음을 이용하며, 아무것도 이해하지 못하는 사람들이나 이해할 것이라고는 전혀 없다고 생각지 않았던 사람들의 죄의식에 편승한다. 바로 거기에 전문가의 범죄가 있다. 그러나 사실 우리는 예술에 경외심을 갖게 된 이 사람들이 모든 것을 이해했다고 생각할 수 있다. 왜냐하면 그들은 자신들의 경악 자체를 통해서 직관적 이해――예술이 그들에게 놀이의 규칙을 감추든 그들을 기만하든간에, 그들이 월권 행위의 희생자가 된다는 이해――를 나타내기 때문이다. 달리 말하면 예술은 (예술 시장의 재정적 관점에서 뿐만 아니라 미적 가치의 관리 자체에 있어서도) 전문가 범죄의 일반적 과정과 관련이 있다. 예술은 단지 연루되지 않은 것처럼 보일 뿐이다. 정치와 경제와 정보도 '소비자들'에 관해서는 동일한 공모와 아이러니컬한 동일한 체념을 이용한다.

"회화에 대한 우리의 감탄은 대체로 예술이나 정신과 아무런 관련도 없는 여러 이유 때문에 몇 세기 동안 적응의 긴 과정을 거쳤다고 봅니다. 그리고 회화는 자신의 수신자를 만들어 내었으니, 사실 그것은 관례적인 관계가 아니겠는지요."(곰브로비치(Gombrowicz)가 뒤뷔페(Dubuffet)에게 보낸 편지.) 유일한 물음은 "어떤 작품이 어떻게 비판적 환멸과 상업적 열광 속에서 계속 기능할 수 있는가"이다. 그리고 만약 그럴 수 있다면, 이 환각의 작용은 얼마 동안――100년이나 200년――지속할 수 있을까? 예술은 비밀스러운 봉사와 같은 끝없는 제2의 삶을 요구할 권리가 있다. 그리하여 사람들은 이 같은 봉사가 오래 전부터 주고받거나 훔칠 수 있는 비밀을 더 이상 지니지 않고, 자기 유용성에 대한 맹목적 집착 가운데서, 그리고 신화적 화젯거리가 되면서 꽃피고 있음을 알고 있다.

1996년 5월 20일

38

———

텔레비전의 환상

요즘 텔레비전은 자신에 대해 많은 것을 말한다. 원칙적으로 텔레비전은 그 이름에 부끄럽지 않는 미디어로서 우리에게 세계에 대해 말하기 위해, 그리고 사건의 우위를 인정하여 물러나기 위해 거기에 있다. 그러나 얼마 전부터 텔레비전은 더 이상 자중하지 않거나, 자신을 사건이라고 생각하는 것처럼 보인다.

카날 플러스(Canal Plus)[17]의 기뇰(Guignols)[18] 프로그램까지도 소우주인 시청각 인간의 혼란스러운 급변과 자신의 방송의 급변을 표적으로 삼기에 이르렀다. 스타, 방송 감독, 프로그램 연출가의 역할의 엇갈림은 말할 것도 없고, 약육강식의 법칙에서 상상될 수 있지만 완전한 스펙터클처럼 스크린에 호소하고 시청자에게 토로하는 음모와 타락은 차치하고라도 말이다.

미디어들이 조사를 받고, 혐의를 벗고, 명예를 회복하고, 잘못을 뉘우치는 강박증후군——사실 이러한 증후군은 언제부터인가 정치 계급이나 대기업에 영향을 미치고 있다——으로부터 벗어나지 못하리라 짐작되었다. 모든 권력은 권력을 쇠퇴시키는 증후군에 의해 영향을 받는다. 즉 권력이 극단적인 것이 되고 더 이상 아무것도 나타내지 못하면, 권력 전체를 정당화시키려는 콤플렉스에 의해 영향을 받는다. 그것은 정치적인 것의 경우이며, 오늘날에는 미디어의 경우이다. 텔레비전이 자기 주위의 궤도를 돌며

자신의 경련을 한껏 상세히 설명하기 시작하는 것은 더 이상 자기 바깥에서
는 의미를 찾을 수 없기 때문이며, 자신의 목적지를 발견하기 위해 미디어
로서의 자기를 초월할 수 없기 때문이다. 다시 말하면 정보로서의 세계를
창조하고, 이러한 정보에 의미를 부여할 수 없기 때문이다. 하나에서 열까
지 사건을 만들어 내는 의심을 받을 정도까지 이미지들을 통해서 사건을 이
용하고 남용했기 때문에 텔레비전은 세계와 단절된 것이나 다름없고, 의미
없는 시니피앙처럼 자신의 영역 안으로 말려들기 시작한다. 이때 텔레비전
은 신뢰성 없는 윤리와 상상력 없는 도덕적 지위를 필사적으로 추구한다.
(한번 더 말하지만, 이는 정치 계급의 관점에서 보면 동일한 전형적인 예이다.)

바로 여기서 텔레비전은 타락하기 시작한다. 텔레비전은 사방에서 비난
을 받는 동시에 주된 소인(訴因)인 근본적인 물음에 답할 수 없다. 이미지들
과 그들의 의미는 어떻게 될 것이며, 도처에서 뻔뻔스럽게 이름을 떨치는
정보와 텔레비전의 신화는 어떻게 될 것인가? 그 모든 점에서 당신의 책임
은 어디에 있는가? 이러한 모든 물음에 답할 수도 없고, 이러한 모든 물음
을 제기할 수도 없는 텔레비전은 자신의 골칫거리를 완전히 드러내며, 우리
에게 자신의 갈등, 자신의 경쟁, 자신의 힘의 허비, 자신의 무능한 관리를
보여 준다. 그러나 이 모든 것은 스트레스 해소에 불과하다. 그릇된 계약,
결산, 공공 서비스/민영 방송 논쟁, 오늘날 문제를 낳는 이 모든 것은, 텔레
비전이 자신이 창조하는 것의 개념과 현실 세계의 상상력을 동시에 상실했
다는 근본적인 사실을 계속 은폐하고 있다. 그래서 텔레비전은 자기 자신에
게만 말하거나, 결국 똑같은 것이지만 그 시청률만을 기대하는 확인되지 않
는 시청자에게만 말할 뿐이다. 그 결과 텔레비전은 이와 같은 시청자 곁에
서 자신의 신뢰성을 상실하게 되고, 나아가 자신이 보는 앞에서 모든 신뢰
를 상실하게 된다. 최근의 급격한 변화에 비추어 보면, 텔레비전은 자신의
실천에 대해 거의 환상을 품지 못하는 것처럼 보인다.

타락은 바로 순환 논리적 특성의 타락이다. 예전에 예술을 위한 예술의
타락이 그랬듯이, 미디어를 위한 미디어의 타락, 그리고 모든 제도, 모든 체

계와 모든 조직의 타락은 그들의 대상이나 그들의 기능에 전혀 개의치 않은 채 자립적으로 기능하기 시작한다. 모든 에너지가 자동 공급과 자동 재생산을 통해 고갈되는 엄청난 고립된 기계들이 있다. 이것이 바로 시뮬레이션의 극한에서 비롯되는 우리의 딜레마이다. 그런데 만약 기호가 참조해야 할 대상이나 의미를 가리키지 않고, 기호로서의 기호의 지위 향상을 가리킨다면? 만약 정보가 참조해야 할 사건이나 사실을 가리키지 않고, 사건으로서의 정보의 지위 향상을 가리킨다면? 그리고 오늘날 정확히 말해서, 텔레비전이 메시지로서의 자기 자신을 가리키는 것 외에는 더 이상 아무것도 가리키지 않는다면? 여기에서 맥루한의 다음과 같은 표현은 완전히 자명한 것이 된다. "미디어가 메시지를 삼켜 버렸다. 사방으로 확산되는 것은 멀티미디어이다." 사실 우리는 내용물의 사라짐과 상실과 더불어 채널·케이블·프로그램이 증대되는 것을 볼 수 있다. 시청자의 거의 무의지적인 재핑(zapping)은 텔레비전 자체에 대한 텔레비전의 재핑을 반향한다.

그러나 진짜 타락은 거기에 있지 않다. 움베르토 에코(Umberto Eco)가 이미 지적한 바 있는, 은밀한 타락은 미디어들이 서로를 참조하여 가리키고 그들끼리만 서로 말한다는 사실에 있다. **멀티미디어는 상호 미디어**가 된다. 이미 문제를 야기하고 있는 이러한 상황은, 유일한 하이퍼미디어인 텔레비전이 자기 자신을 부러운 눈으로 바라볼 때 악화된다. 이러한 텔레비전-중도주의(télé-centrisme)에는 암묵적이고 매우 서투른 도덕적·정치적 판단이 뒤섞이기 때문에, 그것은 대중들이 근본적으로 감각이나 정보에 대한 욕구나 욕망이 없다는 것을 암시한다. 다시 말하면 대중들이 바라는 모든 것은 바로 기호와 이미지들이라는 것을 암시한다. 텔레비전이 대중들에게 아낌없이 제공하는 것은, 감쪽같이 위장되긴 했지만 극도의 경멸로 오직 **리얼리티 쇼**나 공연물의 형태하에서만, 다시 말해서 물음과 대답을 빼앗는 일반적인 자동 해설과 위조된 시나리오의 형태하에서만 현실 세계를 복원한 것이다.

물론 텔레비전만이 객관적인 목적성을 지니지 않은 채 자기 자신 속에서 자신의 목적을 찾는 모든 사태의 운명이나 악순환과 유일하게 맞서지 않는다. (이 경우 모든 사태는 모든 책임으로부터 벗어나지만, 역시 해결할 수 없는 자신의 모순에 말려든다.) 그러나 이것은 특히 현재의 모든 미디어들에 대한 비판적 상황이며, 이에 대한 조사 자체는 바람직한 예가 되고 있다. 현재의 모든 미디어들은 (텔레비전처럼) 자신의 결정적인 순간을 가졌다. 그것들은 여론이 여전히 존재했을 때, 그리고 여론이 이미 예상된 대답이 되지 못했을 때 여론을 대변하는 거울이었다. 그러나 조사를 통해 끊임없이 집요한 공격을 받음으로써, 그것들은 더 이상 거울이 아닌 스크린이 되었다. 그리고 전체는 일체가 된다. 다시 말하면 더 이상 진실로 묻지 않는 조사와, 더 이상 대답하지 않는 대중들 사이에 타락한 교환이 자리잡는다. 아니 오히려 대중들은 실험실의 쥐나 실험용 바이러스처럼 교활한 상대가 된다. 조사가 대중들과 더불어 효력을 나타내는 만큼, 적어도 대중들은 조사와 더불어 효력을 발휘한다. 대중들은 이중적인 태도를 취한다. 따라서 그것은 조사가 허위적이거나 기만적이기 때문이 아니라, 자체의 성공과 자동 현상에 의해 모험적인 것이 되었기 때문이다. 강력하지만 자기 자신만을 가리킬 뿐인 텔레비전과, 공금 횡령뿐만 아니라 정보의 모든 가치 체계의 남용에 대해서도 분노하는 대다수의 시청자들 사이에는 동일한 이중적 태도, 동일한 타락한 사회 관계가 존재한다. 화제에 올랐던 잊고 싶은 과거의 사건들 이후, 우리가 이제 정보의 휴지통과 관련 있다는 사실을 아는 데는 정치 의식이 필요없다. 그런데 정보는 분명히 신화일 것이지만, 우리는 다른 모든 가치들의 현대적 대체물인 이 대체의 신화로 둘러싸여 있다. 그리고 이 보편적 신화와 현상태의 대조는 너무나 선명하다. 텔레비전이 초래하는 진짜 대재난은 정보의 현대적 기능에 관한 근본적인 기만이다. 사람들은 처음에는 권력에의 상상——확장되는 정치 권력에의 상상——을 열망했지만, 이제는 반대로 점점 덜 열망하게 된다. 따라서 환상은 미디어와 정보 쪽으로 옮겨갔다. 사람들은(개인적으로는 환상 없이 지낼 수 있을지라도 어쨌든 집단적으로는) 자유, 솔직함, 새로운 공적 공간을 발견하기를 열망할 수 있었다. 그러나 사람들은 환멸을 느낄 수도 있었다. 미디어들은 예상되었던 것보다 훨씬 더 규범적이고, 훨씬 더 맹목적이며, 직업정치인들보다 때때로 더 맹목적인 것으로 드러났기 때문이다. 이는 사법 계층에서 보면 상상에서 비롯된 환멸에로의 최근의 이동이다. 그럼에도 불구하고 환상은 되풀이된다. 왜냐하면 스캔들이라는 유쾌한 향기를 벗어나면, 환상의 이러한 작용은 미디어의 작용에 의해서만 가치를 지니기 때문이다. 결국 사람들은 어떤 권력이건 점점 더 권력으로부터 벗어나서(특히 가장 인습적이고 가장 상습적인 것이 되어 버린 문화 권력으로부터 벗어나서) 상상을 좇게 될 것이다. 다시 말하면 소외된 사람들, 이민자들, 주거부정자들의 쪽에서 상상을 좇게 될 것이다. 그러나 그 점에 있어서는 실제로 많은 상상력이 필요할 것이다. 왜냐하면 더 이상 이미지조차도 갖지 못하는, 그들은 이미 사회 전체의 상상력을 상실하고, 사회적인 것의 모든 상상력을 상실하는 패거리와 같은 존재들이기 때문이다. 그런데 우리는 분명히 거기에 도달해야만 한다. 더 이상 상상력이 없기 때문에, 그저 단순히 어디에선가 상상력을 찾아내고자 하는 것은 쓸데없는 일이라는 사실을, 우리는 깨닫게 될 것이다. 이것이 의심의 여지가 없는 것이 되면, 오늘날 감도는 집단적인 이 모호한 기만은 엄청난 구토가 될 것이다.

1996년 7월 3일

39

확실히, 시락은 무능하다

연말은 알다시피 한바탕 어울려 잘 놀아야 한다는 강압에 의해 몹시 즐기는 사람들조차도 도처에서 놀기를 포기하고 잠자는 유령을 깨워야만 하는 가혹한 시련과 같다. 사회 관계의 근본적인 물음이 제기되는 것은 바로 연출되는 이 행복감 속에서이다. 인간은 사회적 존재일까? 이러한 물음보다 불확실한 것은 없다. 그리고 그것은 크리스마스 이브 파티나 송년 축하 파티의 자정에 샹젤리제의 군중들이 온갖 말로 아우성치는 것을 듣는다면 훨씬 더 불확실해진다. 그러나 인간은 다른 점에서 보면 인간일까? 그것은 모든 사람들이 연말의 이 모든 비장한 발의(세기말에는 어떻게 될 것인가?)에 힘입어 자신의 존재를 확인하고자 하는 것이다. 사실 이러한 발의는 의학적 수단에 의한 생명 연장으로(물론 우울증에서 벗어나려는 부자들의 경우도 마찬가지이다), 그리고 가난한 사람들을 구호하려는 열정으로 가난한 사람들에게 관심을 갖는다. (이때 가난한 사람들은 주거부정자들이 자기 뜻에 반하여 보호 수용 시설로 내몰리게 되면, 때때로 집요하게 공격을 하게 된다——그들 가운데 어떤 사람들은 비사회적으로 살다가 죽고 싶어한다.) 그 사이에 우리는 모든 미디어의 분야에서 세계의 제4 세력이 되고자 하는 사회의 병든 기구들과 구성원들에게서 느끼는 이 우울한 정서 때문에 우리가 인간이라는 사실을 확인하고자 한다. 우리는 크리스마스 이브 파티나 송년 축하 파티의 시기에 느끼는 무의식적인 슬픔의 이 페이소스가 실제의 한파(寒波)에 사로잡히고 얼어붙은 종유석 모양의 눈물로 다른 사람의 가난을 예언하는 사람들에게로 되돌아오기를 바란다.

　노트르담 대성당에 대한 냉담한 관심도 마찬가지이다. 여기에는 가난한 사람들의 사회적 소외와 추위의 투명성에 도처에 존재하는 텔레비전 스크린의 투명성이 덧붙여진다. 그런데 도처에 존재하는 텔레비전 스크린들은 성당의 중앙홀과 측랑에 세워져 있는——설교단은 촬영기기들이 차지하고 있기 때문에——그리스도 탄생을 나타내는 2000년의 새로운 장식들과 같다. 하나님의 말씀이 사람으로 되었다면, 오늘날 설교단은 스크린으로 되었을 것이다. 축성식은 거기에 없을 것이며, 홀로그램 같은 것이 될 것이다. 그리고 미사는 가까스로 상호 작용하는 **CD-Rom**의 일종, 즉 성모의 무염수태와 마찬가지로 가상 현실이 될 것이다. 성당의 문 밖에는 전혀 상호 작용적이 아닌, 정해진 대로 진행되는 경찰 대열과 더불어 천국을 예고하는 것이 있을 것이다. 이는 장애물로 대중을 유도하는 것이고, 경찰에 의한 수색과 같은 것이다. 천국은 너무도 가득 차 빈자리가 없고, 교회는 대기 명부(이것으로 진짜 천국의 문에 이를 가능성이 있다)로 가득 차 있다. 천국의 문으로 들어갈 수 없는 사람들은 냉담한 분위기 속에서 잘 반향하는 소리로 자신을 다시 전할 수밖에 없다. "구세주가 당신들을 위해 탄생했도다." 그러나 오리지널은 접근할 수 없는 것이다. 그것은 라스코(Lascaux) 동굴과 같다. 라스코-베들레헴은 동일한 싸움이다. 성가는 신자들의 마음속에 있고, 또한 후원을 받는 인간의 본원적인 실재 속에 있다. 그러나 비밀은 잘 지켜진다. 왜냐하면 바깥에서 테러리즘은 떠돌고, 경찰은 감시하고 있기 때문이다.

　대통령 담화에 앞서 지하 분묘에서 미사를 올리는 감정도 마찬가지이다. 보잘것 없는 이 스크린들과 경우에 따라서는 주위에 주저앉은 젊은 신자들과 더불어 성당의 크리스마스 미사를 영상으로 다시 전달하는 것을 보게 되면, 신이나 종교가 그럴 만하지 못했는가 하는 생각이 든다. 신이나 종교는 사라질 필요가 있지만 반드시 그러한 것도 아니다. 그러나 대통령의 태도와

낭랑한 목소리로 말하는 그의 부질없음을 보게 되면 정말 그럴 자격이 있었는가 하는 생각이 든다. 확실히 시락(Chirac)은 무능하지만, 우리 모두 또한 무능하다. 우리가 무능한 것은 그가 무능하기 때문인지, 혹은 그가 무능한 것은 우리가 무능하기 때문인지 아는 문제조차 제기되지 않기 때문이다. 무능의 기원은 없다. 무능은 공유하는 비밀처럼 즉각적으로, 상호적으로 존재한다. 우리는 특히 이 냉혹한 시기에 사회 관계의 본질 자체처럼 무능과 그 뜨거운 쓴맛을 암묵적으로 맛보게 된다. 다시 말하면 스크린의 무능인 상호작용적인 다른 무능을 통해서 그것을 확인하게 된다.

시락이 무능한지 증명할 수는 없다. 그러나 그것이 특수한 자질이었는지, 혹은 그가 자신에게 도전했는지 증명할 수는 있을 것이다. 그런데 자기를 자기라고 생각했던 미테랑과는 달리, 시락은 자기를 시락이라고 생각지 않는다. 즉 그는 자기를 자기라고도 다른 사람이라고도 생각지 않는다. 그는 그것을 하거나, 그것을 하지 않거나, 상황에 따라 정반대로 한다. 그리고 정치적 의지는 아무런 책임도 없다. 왜냐하면 오늘날 더 이상 의지를 표명하거나 항의할 필요가 없는 것처럼 정치가 이루어지기 때문이다. 우리는 어떻게 시락이 무엇인가 항의하기 시작하기를 바랄 수 있겠는가? '대중들'에게서 더 이상 항의하려는 의지나 근본적인 욕구를 찾아볼 수 없는데도 말이다. 예를 들면 대중들 자체가 이미 해산되어 있는데도 국회의 가능한 해산에 대해 토론하는 것은 쓸데없는 일이다. 아니 오히려 대중들은 해산되어 버렸고, 8월 4일의 영원한 밤 속으로 계속 사라지고 있다——항의할 수 있는 자신의 특권을 포기한 채로, 그리고 자신의 집단 속에서 해체된 채로.

오늘날 '대중'으로서, 우리 모두는 무능하다. 이는 더 이상 대표자는 없고, 단지 단역만이 있을 뿐이라는 것을 의미한다. 기초를 이루는 우리는 통계의 단역을 맡고, 이른바 정치인들은 텔레비전의 단역을 맡는다.

거기까지 모든 일은 잘 되어간다. 브레히트(Brecht)가 맥주와 시가에 대해 말했듯이, 시락 자신이 존재하지 않는다는 사실은 대중이 더 이상 대중이 아니라는 사실에 의해 조화롭게 균형을 이룬다. 리바롤(Rivarol)의 냉담한 표현에 의하면 혁명과 혁명의 광경 사이에서 일어나는 것은 아름다운 이야기의 결말이거나 그저 역사의 종말이다. 사람들은 처음에는 혁명을 원하고, 그 다음에는 혁명의 광경만을 원한다. (리바롤은 매우 냉혹하다. 그는 대중은 "혁명의 광경 이외에는 결코 원하지 않았다"라고 말했다——그러나 그래도 역사에게 자신의 역사적 기회를 주자.) 이러한 순간이 지나가면 매우 정확하게 말해서 역사나 권력이 아니라 허구와 권력의 광경이 문제가 된다. 이때 권력의 광경은 대중의 기분 전환을 위해 진정한 역사와 마찬가지로 시뮬레이션화된 급변을 초래한다. (그리하여 투명하고 향수적이긴 하지만 격렬한 이러한 급변의 이미지는 상상력을 사로잡는다.)

따라서 항의의 실제 목적이 아니라 자신의 광경에 전념하는 사건들 이외의 다른 사건들(파업 · 연설 · 선거 · 테러 행위)은 없다.

게다가 독특한 진짜 사건들, 즉 올해 우선적으로 분류된 세 가지 사건으로 소아성애도착자 · 실업 · 광우가 있는데, 그것들은 표현할 수도 없고 정치적으로 파악하기 어려운 사건들이다. (심지어 실업은 바이러스성의 전염병이나 완만한 사회적 붕괴의 결과를 초래한다.) 그것들은 아주 징후적이긴 하지만 전혀 아무것도 나타내지 않는 사건들이다.

눈길을 끄는, 경우에 따라서는 격렬한 이러한 쟁점이 없다면, 그리고 실제적인 쟁점이 없다면 모든 것은 순조롭게 되고 일반적인 정치적 사태와 혼동된다. (이때 일반적인 정치적 사태는 평평하고 물렁물렁한 뇌전도에 비유될 수 있다.) 그런데 광경의 허구와 쾌락이 보존되기 위해서는 차별적인 긴장을 유지해야만 한다. 무대 위에서 자기 옆에 있는 자동 인형과 구분되기 위해 자신의 제스처를 인위적으로 기계화하지 않을 수 없는, 그리고 더 이상 인간과 기계가 구별되지 않을 정도로 너무도 완벽하게 행동하는 저 마술사의 이야기에서처럼 차별적인 긴장을 유지해야 한다. 그런데 실제로 그런 일이 일어나고 있다. 즉 사람들은 더 이상 시락과 사태를 구별하지 못한다. 그는 사태에 대한 무의식적인 무능과 완전히 혼동된다. 사람들은 그를 원망할 수 없다. 오히려 이에 대해 그를 불쌍히 여길 수밖에 없다. 그것은 바로 그

의 근본적인 성격, 그의 기본적인 모방, 풍경화가처럼 정치적 배경을 그려
나가는 그의 루소주의(rousseauisme)이다. 그러나 그 결과 무능한 활동을 통
해서, 그는 활동의 원동력을 파괴한다. 그리고 그것은 용서받지 못한다. 단
순함에 연결된——이 단순함에 의해 그는 무능하게 되고, 모든 사람들의 무
능을 나타내는 완벽한 거울이 된다——이 극단적인 타락을 통해서, 그가 최
악의 경우에 적어도 분산된 파편들 속에서 다른 이미지를 발견하기 위해 거
울을 깨뜨릴 생각을 한다는 사실을 모든 사람들에게 말할 수 있는 것을 제
외하고는 용서받지 못한다——누가 알겠는가? 존재나 항의의 새로운 형태
는 이 전형적인 무능이 사라짐으로써 확실해질 것이다.

　그러나 이러한 제거(그리고 많은 다른 것들의 제거)는 여전히 자신의 사라
짐의 광경이 아닐는지? 그런데 이러한 사라짐의 광경을, 시락은 자기 생각
대로 기회가 있을 때마다 보여 준다.

1997년 1월 7일

40

복제, 혹은 종의 복제 단계

확실히 동물 세계는 우리를 놀라게 했다. 광우 다음에는 복제양이 출현했다. 크레이지 카우(Crazy Cow)와 베이비 돌리(Baby Dolly). 그리고 그것들이 동시에 이 세기말에 인간에게 영향을 미치는 주제를 이루는 것은 우연한 일이 아니다. 사람들은 점점 더 양들을 복제할 수 있을 것이고, 점점 더 광우들을 사육할 수 있는 동물의 사료들을 만들어 낼 것이다……

그러나 유사성은 이보다 한걸음 더 나아간다. 즉 생물복제는 성과 죽음을 넘어서 동일한 것의 복제와 무한한 증식에 사로잡힌 종(種)의 유행과 전염과 전이의 형태이다. 중대한 사건은 유성 생식과, 생물의 특이한 모든 운명과 모든 분화를 청산하는 것이다. 생물의 지배에 있어서의 가장 중요한 혁명, 즉 미분화된 세균의 확대와 단세포의 불멸에서 유성 생식과 모든 개체의 절대적인 죽음으로의 이행을, 우리는 역설적으로 과학과 발전에 의해 무조건적으로 폐기하고 있는 중이다. 이는 우리가 그 향수를 지녔던 미분화된 최소의 삶을 영속화하고, 이전의 지배를 생물학적으로 단조롭게 하기 위해서이다.

죽음의 충동을 통해서 프로이트가 지칭했던 것은, 생물학적인 성의 혁명이나 죽음에 이르지 못한 채 동일자의 끊임없는 반복을 통해서 절멸로 돌아가려는 현기증나는 욕망 이외의 다른 것은 아니었다——이때 존재론은 순수한 동어 반복이 되어 버렸고, 계통 발생은 순수한 동일 발생이 되어 버렸다. 약 1억 년의 세월이 흐름에 따라 생물이 동일자에서 동일자를 끌어내고 일종의 근친상간과 원래의 엔트로피에서 벗어나려고 애썼는데도, 우리는 차이를 없애면서 종에 관한 정보를 조작하려 하고 정보의 힘으로 엔트로피를 만들어 내고 있는 중이다——어처구니없는 일이다! 생물의 모든 진화에 대한 근본적인 재검토를 통해서, 우리는 자신의 표현의 반복에 의해 종과 그 죽음의 기술적이고 과학적인 승리를 동시에 나타내는 생물 복제에 착수했다.

게다가 생물 복제의 패러독스는, 성의 기능이 완전히 쓸모없는 것이 되어 버렸는데도 생식 기관을 가진 존재들을 만들어 내고, 다시 만들어 낸다는 점이다. 왜냐하면 지렁이의 각 체절이 완전한 지렁이로 다시 만들어지듯이, PDG의 각 세포는 새로운 PDG를 만들어 낼 수 있기 때문이다. (마치 홀로그램의 각 부분이 완전한 홀로그램의 모태가 다시 될 수 있듯이 말이다.)

그러나 이러한 반복의 환상은 생물발생론적 기획의 두 측면 중의 하나에 불과하다. 즉 다른 하나는 완벽함의 측면이다. 육체의 부활을 둘러싼 신학적 논쟁을 통해서, 사람들은 어떤 육체가 부활될 것인지 오랫동안 의아스럽게 생각했다——자신의 영광을 엿볼 수 있는 젊은 육체일까? 재생되고 변모된 육체일까? 혹은 늙고 병든 육체일까? 이러한 논쟁은 생물-산업적인 해석을 통해서 재개될 것이다. 왜냐하면 양진(痒疹)에 걸린 양이나 에이즈에 걸린 아프리카인을 복제할 수 없는 것은 명백하기 때문이다. 생물 복제의 기획이 확장되면, 그것은 자연 선택보다 훨씬 더 자동적으로 차별적이 되는 것은 명백하다. 그리하여 그것은 모든 유전적인 기획에 따라(일반적으로 모든 기술적인 기획에 따라) 종을 다시 만들어 낼 수밖에 없기 때문에 종에 대한 이상적인 표현을 수정하는 다른 환상에 연결될 것이다. 그러나 우리는 이러한 이상과 완벽함이 무엇을 의미하는지 파악해야 한다. 생물 복제의 기획은 인종·건강·성과·'지능'에 일치하는 모델을 따른 피할 수 없는 선택(조작적인 지수에 따라 정의된 선택)을 전제로 한다. 그런데 그것은 유전자 주입 옥수수나 고기를 얻기 위해 기르는 동물들——이 경우 완벽한 상태는 식용의 차원에 속한다——과 관련될 때 거의 문제를 제기하지 않는다. 신의 관점에서도 그것은 또한 문제를 제기하지 않는다. 그것은 (비)물질적인 완벽한 상태이기 때문이다. 그러나 인류와 복잡한 존재들에 관해서는 문제는 해결될 수 없다. 그것은 가장 평범한 방식에 따라 생물학적으로 해결될 것이다. 다시 말하면 완벽한 정상 상태, 확실한 적응 현상, 비정상적인 (혹은 '쓸모없는') 모든 특성과 유전자들의 완전 제거에 의해서, 마침내 기능적이고 통계적인 완벽함에 의해서 해결될 것이다. 그리하여 우리는 동물계와 동일한 운명을 겪게 될 것이다. (이것은 당연한 것에 불과하다.) 불멸과 완벽함, 그것은 유전자 조작과 생물 복제를 통해 탁월한 힘에 도달한 '평범한' 종의 불멸과 완벽함이다.

가상의 이 모든 우생학은 극단적인 경우에 '탁월한 종'(탁월한 복잡성)의 관점에서 정당화될 것이다——그와 반대로 종을 정상적인 완벽함에, 즉 통계적인 평범함에 접근시키려는 모든 조작은 솔직히 말해서 비열한 것처럼 보인다. 유전적 혼동을 통해서 종의 특수성을 없애려는 모호한 의지, 게임에 질 위험을 무릅쓰고 게임의 규칙을 바꾸려는 모호한 의지가 문제가 되지 않는 한 이러한 우생학은 정당화될 것이다. 이 경우에는 말할 것이라고는 전혀 없다. 즉 인간은 지금까지 상징적 질서 속에서 늘 그렇게 해왔고, 앞으로는 생물학적 질서 속에서 그렇게 할 것이다. 그러나 생물학적 행위로 옮겨가는 경우에는 느낄 수 있는 차이가 있다. 물론 이때 지금까지 정신적이거나 형이상학적일 뿐이었던 동일자의 운명은 우리 세포의 한가운데에 나타나고, 과학 자체는 숙명적인 전략이 된다. 누구나 저마다 자신의 존재를 복제하거나 완벽하게 번식하기를 열망할 수 있었다. 그러나 그것은 꿈과 같은 효력을 지니고, 현실 속에서 꿈을 강요하고자 하면 파괴된다. 모든 것은 그것이 실현되는 순간부터 끔찍스러운 것——유토피아·투명성·완벽함——이 되어 버린다.

생물의 준안정적인 식인 DNA는 통계적인 결과, 즉 최소 공통 분모의 기초 위에서만 보편화되었던 일반식에 불과하다. 특이성은 본래 생식될 수 있는 것이 아니기 때문에, 무한히 생식될 수 있는 모든 것은 가장 저속한 결정에 불과할 수 있다.

번식은 오직 우리의 축적 체계 속에서만 확실하다. 상징적 질서 속에서 번식은 사취와 같았다. 만약 다섯 사람이 하나의 끈을 잡아당기면, 그들의 힘은 더해진다. 반면에 만약 한 사람이 죽으면, 그의 죽음은 중대한 사건이 된다. 1천 명의 사람이 죽을 때 각자의 죽음이 1천 배 더 중요해지지 않는데도 말이다. 두 쌍둥이의 각자는 결국 한 사람의 절반에 불과하다. 만약 우리가 그를 무한히 복제한다면, 그의 가치는 부재하는 것이 된다.

지금부터 그것은 사회적인 것의 명부 속에 드러난다. 물론 이때 체계가 만들어 내고 다시 만들어 내는 것은 서로 대체될 수 있는 동일한 존재들, 즉 이미 정신적인 면에서 복제된 존재들이다. 결국 생물 복제의 이 모든 역사는 새로운 것이 아니다. 일과 기술의 영역은 차치하고라도 지적·문화적·조작적인 모든 영역에서, 우리는 이 생물 복제를 생생히 경험하고 있다. 사실 오래 전부터 체계는 우리 자신의 복제 인간, 또는 서로의 복제 인간이 되도록 우리를 길들여 왔다. 인간 복제화, **레디 메이드**(ready made) 인간들의 자동 기술, 그들을 최소식(그들의 정신적·행동적 코드)과 동일시하는 것, 조작적인 망 속에 그들을 반사적으로 등재하는 것은 이미 폭넓게 실현되었다. 복제 인간들은 이미 거기에 있고, 가상적 존재들도 이미 거기에 있다——우리 모두는 복제 인간들이다! 《블레이드 러너 *Blade Runner*》에서와 마찬가지로 인간의 행동과 그 스크린 투영, 그의 이미지 복제와 정보처리 보철을 거의 구별할 수 없다는 점에서는 그러하다.

다양한 영역에서 사람들은 라스코 동굴의 복제물, 리하르트 보링어(Richard Bohringer)의 영화 복제본을 알아볼 수 있다. 그러나 유럽이 정상회담에서 동화되듯이 유럽 자체는 인위적으로 복제된 가상적 실체가 아닐까? 그리고 가상 현실 전체는 소위 현실 세계를 기술적으로 무한히 복제한 것이 아닐까?

생물 복제에 관한 한, 우리는 실제로 모든 기계적인 보철보다 훨씬 더 미묘하고 인위적인 보철과 관계가 있다. 아버지와 어머니를 대신하는 유전자 코드는 보편적인 진짜 모태가 된다. 개체는 자신의 기본식을 따르는 암전이와 같은 것일 뿐이기 때문이다. 이것이 바로 유전적 시뮬레이션의 믿을 수 없는 폭력이다. 그러나 근본을 파헤쳐 보면, 그것은 우리의 현대 기술이 그저 재촉해 왔던 어떤 과정의 최종 단계에 불과하다. 이때의 과정은 불멸이 회귀에 대한 환상과 결합된, 세계를 이상적으로 복제하는 과정이다. 달리 말하면 그것은 완전 범죄이다. 즉 세계를 파멸시키는 일인데, 우리는 이제부터 이 슬픈 일을 해야만 할 것이다. 그리고 여기서 회귀(récurrence)는 니체에 의한 (동일자의) 영원한 회귀(Éternel Retour)와 반대되는 것이다. 니체의 영원한 회귀는 사물들이 자신을 초월하는 필연적이고 숙명적인 연쇄 반응에 사로잡혀 있는 것을 전제로 한다. 오늘날에는 사물들이 무한하면서도 일시적인 근접성에 사로잡히는 그러한 것은 전혀 없다. 영원한 회귀는 오늘날 무한히 작은 것과 프랙털한 것으로의 영원한 회귀, 즉 비인간적이고 아주 작은 규모의 강박 관념적 반복이다. 그것은 더 이상 의지의 고양도 사건이나 생성에 대한 최종적 단언도, 그리고 니체가 그렇게 바랐듯이 불변의 기호에 의한 사건이나 생성의 인정도 아니다——그것은 불가피한 마이크로——과정, 어떤 강력한 기호로도 상상력을 자극할 수 없는 마이크로——과정의 바이러스성 회귀이다.

이것이 모든 윤리위원회가 그것을 전혀 바꾸어 놓을 수 없는 이유이다. 바람직한 온갖 의도를 지니고 있더라도, 모든 윤리위원회는 우리를 거기에까지 이끌어 왔던, 근본적으로 비도덕적이고 억제할 수 없는 우리 과학의 발전——여기에 뉘우치는 도덕적 쾌락을 덧붙이면서, 우리는 그것에 은밀히 동의한다——앞에서 우리의 떳떳치 못한 의식을 표현하는 것에 불과하다.

서로 위로하기 위해 복제 쌍둥이는 자기를 낳아 준 사람과 다를 것이며, 유전자 코드는 그것 자체로 그것을 바꾸어 놓지 못할 것이라고 말하자. 왜냐하면 수많은 간섭으로 인해, 그는 어쨌든 다른 존재가 될 것이고, 그 이전에 다른 존재가 있을 것(이것은 오리지널의 경우가 아니다)이기 때문이다.

　게다가 복제 인간은 오리지널의 패러디로, 마르크스에 의하면 나폴레옹 3세가 나폴레옹 1세의 그로테스크한 복제이듯이 아이러니컬하고 그로테스크한 오리지널판으로 나타날 수 있다. (이것은 바로 반복의 긍정적인 측면이다.) 거기에서부터 사람들은 새로운 형태의 온갖 싸움을 상상할 수 있다. 이것이 바로 자기 어머니와 성관계를 갖기 위해서가 아니라, 자신 본래의 위상과 자신의 유일한 동일성을 되찾기 위해서 자기 '아버지'를 제거하는 미래의 복제 인간이다. 화성에서 DNA를 추출하여 복제한 공룡들이 공룡박물관에 침입하여 스스로 절멸되기 전에 그들의 조상들을 살육하는 《쥐라기 공원 *Jurassic Park*》의 마지막 장면을 떠올려 보자. 아니 오히려 명예가 실추된 오리지널이 자신의 복제에게 복수를 한다. 결국 자신의 복제에게 밀려나서 쓸모없게 되어 버린 인간은 어떻게 되는가? 잔존하는 종(種)이 되는가? 화석이 되는가? 물신 숭배의 대상이 되는가? 예술품이 되는가? 오리지널과 그 복제 사이의 싸움도, 현실과 가상 사이의 충돌도 막 끝나려 하지 않고 있다.

1997년 3월 17일

41

정치적으로 몰아내기, 혹은 바보들의 공모

현대 예술의 무가치, 르 펜(Le Pen)에 직면해 있는 정치적 무력함이라는 두 상황은 비판적이고 해결될 수 없다. 그것들은 융합에 의해 교환되고 해결된다. 즉 정치에 관한 무엇이건 르 펜과 맞서게 하는 무력함은 문화의 영역과 문화의 신성동맹의 영역 쪽으로 이동한다. 현대 예술의 재검토에 관해서는, 그것은 반동적이고 비합리적이고 파시스트적인 사유에서만 생겨날 수 있다……

우리는 바보들의 경건한 공모에 어떻게 대항할 수 있을까? 불행히도 지적으로 타락한 이 메커니즘을 수정할 수 있는 것이라고는 없다. 왜냐하면 이 메커니즘은 극우파 국민전선에 맞서 싸우는 정치의 곤경과 마찬가지로 예술의 곤경을 해결하려는 우리의 '민주주의적' 엘리트들의 떳떳치 못한 의식과 무력함을 본받기 때문이다. 가장 간단한 해결책은 교훈을 주는 동일한 비난을 통해서 이 두 문제를 뒤섞는 것이다. 따라서 진정한 물음은 다음과 같은 것이 된다. 우리는 어떤 방식으로든 국민전선을 더 이상 '펼칠' 수는 없는가? 다시 말해서 우리는 무의식적으로 극우파가 되지 않은 채 기이하고 파렴치하고 비정통적이고 역설적인 무엇인가를 더 이상 말할 수는 없는가? (실제로 그것을 말해야 되겠지만, 이는 극우파를 존중하는 것이다.) 도덕적이고 규범적이고 인습적이며 전통적으로 우파에 속했던 모든 것이 왜

좌파로 옮겨갔는가?

근본적인 재검토가 필요하다. 즉 예전에 우파가 도덕적 가치를 구체화하고, 그와 반대로 좌파가 역사적으로 그리고 정치적으로 어떤 모순적인 요구를 구체화했는데 반하여, 오늘날 정치적인 모든 힘을 상실한 좌파는 보편적 가치를 구현하고, 미덕의 지배를 지지하고, 선과 악의 가치를 옹호하는 순수한 도덕적 권한, 즉 누구에게도 책임지울 필요 없이 모든 사람들에게 책임을 물을 수 있는 권한이 되어 버렸다. 20년 동안 야당으로 응결된 좌파의 정치적 환상은 역사의 방향이 아니라 역사의 교훈을 지닌 권력에 도달하면서 드러나게 되었다. 즉 그것은 진리와 법과 떳떳한 의식의 교훈——정치의 완전한 부재 상태와 도덕계보학의 가장 낮은 상태——을 지니게 되었다. 이렇게 가치를 도덕적으로 반성하는 것은 좌파의(그리고 사유의) 역사적 패배를 인정하는 것이다. 즉 도덕이라는 표현에 의해서가 아니면 이제는 어떤 사건의 역사적 진실로, 어떤 작품의 미적 특성으로, 어떤 가설의 과학적 타당성으로 더 이상 판단될 수 없다는 것이다. 현실, 현실 원칙조차도 금과옥조와 같다. 싸움의 현실을 문제삼으면, 당신은 곧 도덕법을 위반하는 사람으로 간주될 것이다.

우파와 마찬가지로 정치적으로 약화된 좌파——정치는 어디로 옮겨갔을까? 그래, 극우파 쪽으로 옮겨갔다. 《르 몽드 *Le Monde*》지에서 브뤼노 라투르(Bruno Latour)가 아주 잘 지적했듯이, 오늘날 프랑스의 유일한 정치적 담론은 르 펜의 담론이다. 다른 모든 담론들은 도덕적이고 교훈적인 담론, 교사들과 가르치는 사람들의 담론, 관리인들과 프로그램 편성자들의 담론이다. 악을 구현하고 부도덕할 수밖에 없는 르 펜은 모든 정치 조직, 즉 팔다남은 모든 것의 바겐세일, 혹은 솔직히 말해서 선과 계몽의 정치로 억압된 모든 것의 바겐세일을 휩쓸어 버린다. 그에 대항하는 도덕적 동맹——이는 정치적 무력함을 나타낸다——이 강경해지면 질수록, 더욱더 그는 부도덕을 정치적으로 이용하고 악의 편에 유일하게 서 있음을 정치적으로 이용한다. 우파가 도덕적 가치와 기존 질서 쪽으로 옮겨갔을 때, 예전에 좌파는 정치적 가치의 이름으로 동일한 도덕적 가치에 도전하기를 주저하지 않았다. 오늘날 좌파는 동일한 점진적 변화와 동일한 권한 박탈의 희생물이 되고 있다. 즉 도덕적 질서로 둘러싸인 좌파는 억압된 정치적 힘이 다른 곳에서 구체화되는 것을 볼 수밖에 없고, 또한 그 자체에 반하여 구체화될 수밖에 없다. 그리고 가장 과장된 위선의 지배이기도 한 미덕의 지배를 구체화하면서, 좌파는 악을 조장할 수밖에 없다.

우리는 르 펜을 발견해야만 할 것이다. 그는 우리 자신의 모든 불길한 부분으로부터, 그리고 우리 내부에 있는 가장 나쁜 것의 정수로부터 우리를 벗어나게 한다. 이러한 이유로 우리는 그를 맹렬히 비난한다. 그러나 인종차별적이고 성차별적이고 민족주의적인 우리의 모든 바이러스들(우리 모두의 운명)에 전념하거나, 그저 단순히 사회적 존재를 위협하는 부정성에 전념하는 우리로서는, 우리의 동정을 받는 그가 사라진다면 어떻게 될까? 그 점에서 그는 우리가 사회적 기능에 내재하는 모든 타락을 그 자체 속에서 정화하듯이, 자신의 악을 자기 속에서 정화하는 정치 계급의 거울이 된다. 그는 이같은 타락한 역할, 이같은 정화하는 역할을 한다. 타락한 것을 근절하고자 하는 것, 사회를 순화하고 공공 생활을 도덕적으로 반성하고자 하는 것, 악의 역할을 하는 것을 청산하고자 하는 것은 악의 메커니즘과 정치적인 것의 형태에 대해 전혀 이해하지 못하고 있음을 나타낸다.

악의 이러한 가역성을 완전히 무시하고 일방적으로 고발하는 반(反)르펜주의자들은, 자기 배척에 의해 공략할 수 없는 입장에 있는 르 펜에게 악의 독점권을 넘겨 주었다. 미덕의 이름으로 그를 비난하는 정치 계급은, 그에게 가장 안락한 지위를 보장해 주었던 것이다. 이때 그는 대의명분을 요구하는 그의 적수들이 마치 자신에게 매수된 것처럼 자신의 이익을 위해 자발적으로 산출해 내는 악과 위선을 부정하는, 양면성의 모든 상징적 풍자를 휩쓸어 버릴 수밖에 없었다. 그의 힘은 자신의 잘못을 자신에게 이롭게 왜곡하려고 애쓰는 그의 적들에게서 생겨났다. 그들은 선이 항상 분명한 복수를 하는 악을 제거한 결과가 아니라, 악을 통해서 악을 교묘하게 다룬 결과라는 사실을 이해하지 못했다.

이러한 모든 것은 르 펜이 확실히 어리석음과 무능을 구체화하지만, 그를 폭로하면서 자신들의 무력함과 어리석음을 폭로하는 사람들의 무능을 구체화함과 동시에, 그와 정면으로 싸우는 것은 터무니없다는 것을 말해 준다.

르 펜이 진술의 독점권을 쥐고 있을 때, 무엇이 좌파가 고발로 꼼짝 못하게 되는 그러한 역효과를 초래하는가? 르 펜은 범죄로부터 모든 이익을 끌어내고, 좌파는 비난으로부터 모든 부정적 효과를 끌어낸다. 르 펜은 악을 통해서 큰 기쁨을 느끼고, 좌파는 희생적인 것에 옴짝달싹 못하게 된다. 이것은 매우 간단한 사실이다. 즉 르 펜을 격리 상태에 둠으로써 민주주의적 좌파는 감금되고, 스스로 판별하는 능력을 드러내고, 자신의 강박 관념에 사로잡히게 된다는 것이다. 그것은 불공평이라는 특권을 르 펜에게 자동적으로 되돌려 주는 것이다. 그리고 르 펜은 자신의 이익을 위해 거리낌없이 공화국의 합법성을 논거 변명으로 내세운다. 그러나 특히 그는 박해를 받은 사람이 지니는 비합법적이고 상상적이긴 하지만 매우 대단한 명성을 얻게 되어, 동시에 합법성과 비합법성의 이익을 누릴 수 있게 된다. 좌파에 의한 이러한 배척으로부터, 그는 좌파에게 금지되어 있는 자유로운 언어와 도발적인 판단을 끌어낸다.

이 기이한 사유의 예는 오늘날 정치적 사유를 대신하게 된다. 사람들은 르 펜이 이민자들을 거부하고 배척하는 것을 비난한다. 그러나 이것은 모든 계층에서 진행되고 있는 사회적 소외의 과정에 파장을 일으키는 한 방울의 물과 같다. (사회적 파괴와 동시에 사회적 소외는 의회 해산령에 의해 금지되었다.) 그리고 우리 모두는 집단적 책임이라는 복잡하게 뒤얽힌 이러한 과정의 공범자들이자 희생자들이다. 따라서 우리의 사회적·기술적 '발전'에 따라 도처에서 회절시키는 이 바이러스를 쫓아내고, 인간 또는 끔찍스러운 제도나 집단을 통해서, 그리고 외과 절제로 수술해야 하는 암(전이가 이미 도처에서 이루어지고 있는데도)을 통해서 배척하는 이러한 저주와, 이 저주에 직면해 있는 우리의 무력함을 몰아내는 것은 기이한 일이다. 국민전선은 우리가 종양을 제거했다고 생각하는 만큼, 그리고 병원균이 모든 유기체에 확산되고 있는 만큼 더욱더 유독하게 전이가 터놓은 길을 계속 따라가고 있다. 국민전선에 대한 이 기이한 투영이 정확하게 말해서 국민전선과 같은 방식으로 이민자들에 대한 투영을 이용한다는 사실은 차치하고라도 말이다. 우리는 이러한 전염의 술책을 경계해야 한다. 이러한 술책으로 말미암아, 악의 단순한 투명성을 통해서 긍정적인 바이러스는 부정적인 바이러스가 되고, 자유의 욕구는 '민주주의적 횡포'가 된다. 늘 악의 이러한 가역성, 즉 악의 교묘한 감기(enroulement)가 존재하지만, 합리적인 지성은 그것을 경계하지 않는다. (현대의 모든 병리학이 신체 조직체의 수준에서 우리에게 많은 것을 가르쳐 주는데도, 우리는 사회 조직체에 관해서는 그것을 고려하지 않고 있다.)

　정치적으로 계속 존속하려면 이데올로기를 경계하고, 사회적 관점에서 사태를 파악해야 한다. 우리의 민주주의적 사회는 정지(stase)와 같고, 르 펜은 전이(métastase)와 같다. 사회 전체는 무기력과 면역 결핍으로 무너지려 하고 있다. 르 펜은 이 바이러스성의 상태와 그 눈부신 투영을 눈에 띄게 전사하고 있다. 그는 꿈속에 있는 것 같다. 즉 그는 똑같이 불가피하게 통합하고 체계적으로 배제하는 이 암묵적인 무기력, 이 잠재적인 상태를 터무니없게 그리고 환각적으로 형상화한다. 이러한 사회에서 사회적 불평등을 해소하려는 희망은 (거의) 결정적으로 멀어졌기 때문에, 원한이 인종의 불평등 쪽으로 기울어지는 것을 보고 놀라서는 안 된다. 사회적인 것의 실패는 인종적인 것(그리고 숙명적 전략의 다른 모든 형태들)의 성공을 이룬다. 이러한 의미에서 르 펜은 이 사회를 잔혹하게 분석하는 유일한 사람이다. 그가 극우파에 속해 있는 것은 오래 전부터 좌파에도 극좌파에도 속해 있지 않았다는 슬픈 결과일 뿐이다. 확실히 심판자도 지식인도 아닌 반대의 극단에 있는 이민자들만이 분석가의 입장에 있게 될 것이다. 그러나 어떤 바람직한 사유로 인해 그들은 폭넓게 전향될 것이다. 르 펜은 좌파/우파의 차별을 철저하게 줄이는——확실히 결점에 의한 좌파/우파의 차별을 철저하게 줄이는

——유일한 사람이다. 그러나 1960년대부터, 그리고 1968년에 이루어졌던 결정적인 비판은 불행히도 정치 생활에서 사라져 버렸다. 따라서 르 펜은 정치 계급이 의연히 대처하기를 거부하긴 하지만, 언젠가 극단적인 결과를 끌어내야만 하는 사실상의 상황을 되찾는다. (정치 계급은 선거를 통해 그러한 상황을 잊게 하려고 온갖 짓을 다한다.) 만약 정치적 상상력, 정치적 요구와 의지가 예상치 못한 방향으로 전개될 가능성이 있다면, 그것은 몇십 년의 세월이 흐르면서 무효화되고 부인되었던, 그리고 타락의 공모를 통해서만 유지되던 이 화석화된 차별을 철저하게 없애는 것에 근거할 것이다. 이러한 차별은 사건을 통해서 사라지겠지만, 회복 불가능한 수정주의를 통해서 사람들은 르 펜을 오로지 새로운 정치 무대를 낳는 사람으로 만들면서 이 차별을 되살리려고 애쓴다. 마치 모든 사람들이 자발적으로 존속하는 민주주의를 사라지게 하기 위해, 그리고 민주주의가 실제로 존재했다는 착각을 주기 위해 공모자가 되었듯이 말이다. 오늘날 많은 사태들은 그들의 사라짐을 연출하는 것 이외에는 다른 실재를 갖지 않는다. 예상되는 슬픈 일을 통해서 자신의 실재를 보여 주자——르 펜은 이 슬픈 일을 조작하는 사람이자 '계약'을 실행하는 사람이기 때문이다.

르 펜이라는 환각적인 매개를 통해서가 아니면, 다시 말해서 모든 에너지가 고갈되는 신비한 주술에 의해서가 아니면 달리 이 극단적인 (그러나 기이한) 상황에서 결론을 끌어낼 수 있겠는가? 도덕적 질서와 민주주의적 수정주의를 초월하여, 말하자면 르 펜과 국민전선이 우리에게서 빼앗아 간 이 냉혹한 분석을 재검토하는 것 말고는, 어떻게 우리 자신의 악마들에게서 생겨나는 이 바이러스성 이상 증식물을 견뎌낼 수 있겠는가?

1997년 5월 7일

역 주

1) 아메드 살만 러슈디(Ahmed Salman Rushdie: 1947-)는 인도 태생의 영국 작가로 1988년 〈악마의 시 *The Satanic Verses*〉를 발표하여, 이듬해 호메이니가 이슬람 모독이라며 사형 선고를 내린 바 있다.

2) 이란 회교 시아파 종교지도자인 물라 중에서 종교심과 학식이 뛰어난 사람에게 주는 존칭이다.

3) 종교상의 문제에 대해 유자격 법관이 내리는 재단(裁斷)을 뜻한다.

4) 구소련 말기의 개방 정책(페레스트로이카) 중의 하나.

5) 정신분석 용어로 억압에 의해 무의식화된 감정이 의식화·외면화되는 반응을 가리킨다.

6) 사고나 행동이 논리적 일관성과 체계성을 보여 주는 망상을 가리킨다.

7) 공동 생활·공산제(公産制)·독신주의를 지향하는 미국 기독교의 일파.

8) 자선 사업·정치 자금 모금 따위를 위한 장시간의 텔레비전 방송.

9) 투폴레프(1988-1972)는 소련의 항공기 조종사이자 설계기사이다.

10) 열·음성 신호 따위를 전기 신호로 전환하는 장치.

11) 미국 뉴욕시의 코네이(Coney) 섬에 있는 유원지.

12) 미국의 경제학자 갈브레이스(Galbraith)가 만든 용어로 행정부의 테크노크라트, 특별위원회의 기술자, 전문가, 대기업의 간부처럼 현대 사회의 중요한 의사 결정에 참여하는 집단을 가리킨다.

13) IBM사가 개발한 체스를 두는 컴퓨터. 1996년 세계적 체스 선수 게리 카스파로프(Garry Kasparov)와 대국하여 2승 3패 2무를 기록함. 1초 동안 1억 개 이상의 수를 읽는 계산 속도와 두뇌를 가짐.

14) 포뮬러 원(F1)은 자동차 경주대회이다.

15) 유전자를 갖고 있지 않아서 동물에 감염하여 증식하는 것으로 예측되는 가설적 병원체를 뜻한다.

16) 미술 전람회 개최 전날의 특별 초대.

17) 프랑스의 유로 텔레비전 채널로 프랑스 전체 가정의 22% 정도가 가입하고 있다.

18) 인형극을 통해 보여 주는 시사 풍자 프로그램으로, 주로 저명 인사들을 우스꽝스럽게 조롱하고 풍자한다.

역자 후기

보드리야르는 우리의 현대성에 대한 가장 뛰어난 해석자들 중의 한 사람이다. 최근 그는 우리의 현대성에 대한 아이러니컬한 역설과 함께 끊임없이 급진적 사유의 길을 모색한다. 우리 사회의 현상들을 독창적으로 분석하는 그의 《토탈 스크린》은 그의 이러한 사유의 새로운 단계를 보여 준다. 이 책에서 그는 최근 몇 년 동안 자신의 고유한 분석 대상이 된 가상(현실) · 정보 · 테크놀로지 · 텔레비전에서부터 정치적 문제 · 파업 · 폭력 · 테러리즘 · 에이즈 · 인간 복제에 이르기까지 현대성의 다양한 특성들을 논의한다. 그의 이러한 논의는 우선 사유와 세계의 관계에 출발한다.

그러면 보드리야르에게 있어서 사유와 세계의 관계는 어떻게 규정될 수 있는가? 보드리야르에 의하면 사유는 세계에 의해 숙명지어지며, 세계는 사유에 의해 숙명지어진다. 사실 사유는 세계를 추월하는 그림자와 같으며, 이 그림자를 좇으면서 세계에 은밀한 사명을 부여한다. 게다가 사유의 행위는 세계를 그 존재와 의미로부터 벗어나게 하려는 유혹의 행위이다.

보드리야르는 전위적인 제스처를 취하기 위해 '급진적 사유'라는 새로운 종류의 담론을 만들어 낸다. 그는 급진적 사유를 '세계의 놀이에 끼어들기'로서 제안한다. 따라서 급진적 사유는 세계를 해독하거나 해석하는 데 실패한 것이 아니라, 시적이고 역설적인 언어를 발화함으로써 세계의 목격자로 우뚝 서 있는 것이다.

오늘날 과도한 현실, 과도한 실증성, 과도한 사건, 과도한 정보 속에서 끝을 넘어서는 것은 역설적인 상태로 들어가는 것인데, 이때 "역설적인 상태는 전통적인 가치의 회복에 만족하지 않고 역설적인 사유를 필요로 한다"라고 보드리야르는 말한다. 따라서 보드리야르에게 있어서 역설적인 사유는 곧 급진적 사유를 의미하며, 사유의 급진성이란 사태의 근원에까지 이르는 것이며 현실을 의심하고 현실을 갈고 닦는 것이다. 그는 경험의 축적에 대해서는 말하지 않는다. "사유의 급진성은 늘 현실에 대해 더 많이 아는 것이 아니라 현실의 다른 쪽을 뛰어넘는 것이다."

오늘날 불확실성은 도처에서 범람하고 있다. 우리의 모든 체계는 이 불확실성에서 벗어나기 위해 필사적인 노력을 하고 있다. 그리하여 보드리야르는 체계가 승리한 것을 가정으로 제시한 후 사유를 넘어서는 것을 생각해 내려고 한다. 인공 지능으로 환원될 수 없는 것은 무엇인가? 라는 물음을 제기하면서, 그는 어떤 면에서 다른 것으로 빨리 옮겨가기 위해서는 가상(현실)에 저항하지 않는 편이 더 낫다고 생각한다. 물론 상호 작용의 스크린·멀티미디어·인터넷·가상 현실은 도처에서 우리를 위협한다. 그럼에도 불구하고 우리는 스크린 속으로, 장애물 없는 가상의 이미지 속으로 들어간다. 우리는 스크린 속으로처럼 자신의 삶 속으로 들어간다. 우리는 디지털 방식의 결합처럼 자기 자신의 삶을 구성한다. 우리는 기계의 가상 현실이 되어 버린 인간이 된다. 이는 스크린의 본질 자체와 관련이 있다. 이제는 "거울을 초월한 세계는 있어도 스크린을 초월한 세계는 없는 것이다." 그리고 우리에게 말하는 것은 가상의 기계이고, 우리를 생각하는 것도 가상의 기계이다. 게다가 우리는 가상을 생각지 않는다. 오히려 우리를 생각하는 것이 가상이다. 그리고 결정적으로 우리와 현실을 갈라 놓은 이 파악할 수 없는 투명성은 이해하기 힘들다. 따라서 우리는 가상이 얼마만큼 우리가 세계를 재현하는 모든 것을 미리 이미 변형시켰는지 알 수가 없다. 우리는 가상을 상상할 수 없다. 왜냐하면 가상의 특성은 현실뿐만 아니라 현실적인 것, 정치적인 것, 사회적인 것의 상상도 사라지게 하기 때문이다. 그러므로 "정보의 출현과 동시에 역사의 전개가 끝났고, 인공 지능의 출현과 동시에 사유가 끝났다"라고 보드리야르는 주장한다.

그러나 우리는 모든 가능한 것들의 실제적인 확장처럼 가상에 접근하게 되리라는 '환상'을 여전히 품고 있는 것은 아닐까? 우리는 가상이 이미 사유의 모든 흔적을 없앤 것이나 다름없는데도 여전히 가상의 실재를 믿고 있는 것은 아닐까? 보드리야르의 견해에 의하면, 정보와 커뮤니케이션의 원리는 지시적인 가치가 아니라 순수한 순환에 근거를 둔 가치의 원리이다. 따라서 거기에는 메시지와 의미가 이미지에서 이미지로, 스크린에서 스크린으로 옮겨간다는 사실에 의해 덧붙여진 순수한 가치가 있다. 이 경우 엄밀하게 말하면 사람들은 망의 흐름에 따라 연쇄 반응과 순수한 순환 속으로 들어간다. 그것은 가치에 대한 완전히 새로운 정의이다. 그것은 대부분의 경우에 조작적이 아닌 실제적인 가상성(virtualité)으로 이루어진 커뮤니케이션과 정보의 영역에서 일어나는 것이다.

다른 관점에서 보면, 가상의 공간에는 실제로 무엇인가를 발견할 수 있는 가능성
이 있는 것일까? "인터넷은 자유로운 정신적 공간, 자유와 발견의 공간을 계속 시
뮬레이션화한다." 사실 인터넷은 확장된 공간, 그러나 관례적인 공간만을 제공한
다. 이때 조작자는 알려진 정보, 기존의 사이트, 확립된 코드와 상호 작용한다. 모
든 물음에는 예상된 대립이 정해져 있다. 우리 모두는 "기계의 자동 응답기인 동시
에 자동 질문자"이다. "코드화 장치(codeur)인 동시에 데코더(décodeur)이다." 이것이
바로 커뮤니케이션의 황홀경이다. 따라서 '스크린' 앞에는 더 이상 다른 것이 없으
며, 궁극 목적도 없다. 그리하여 정보처리 시스템은 끝없이, 궁극 목적성도 없이 돌
아간다. 그리고 이 시스템의 유일한 가능성은 끝없이 재현하고, 안으로 말리는 것
이다.

사유, 급진성, 시뮬레이션, 환상, 이 모든 차원들은 실제로 지시 대상도, 이야기
도, 기억도 없는, 그리고 이미 폭넓게 가상의 차원에 잠겨 버린 우리의 세계에서 어
떻게 구성되고 구체화되어야만 할까? 이것이 바로 이 책이 담고 있는 핵심적인 내
용이자, 보드리야르의 '사유의 깊이'를 아이러니컬하게 표현하는 것이다.

2002년 9월 배영달

보드리야르의 저작 및 참고 자료

1. 보드리야르의 저서

Le système des objets(Paris: Denoel-Gonthier, 1968); 배영달 옮김, 《사물의 체계》(서울. 백의출판사, 1999).

La société de consommation(Paris: Gaillmard, 1970); 전병석 옮김, 《소비의 사회》(서울. 문예출판사, 1992): 임문영 옮김, 《소비의 사회》(대구. 계명대학교 출판부, 1998).

Pour une critique de l'conomie politique du signe(Paris: Gaillmard, 1972): 이규현 옮김, 《기호의 정치경제학 비판》(서울. 문학과지성사, 1992, 1995. 1998).

Le miroir de la production: ou l'illusion critique du matérialisme historique(Tournail: Casterman, 1973); 배영달 옮김, 《생산의 거울》(서울. 백의출판사, 1994).

L'échange symbolique et la mort(Paris: Gaillmard, 1976).

L'effet Beaubourg: Implosion et dissuasion(Paris: Edition Galilée, 1977).

Oublier Foucault(Paris: Edition Galilée, 1977).

L'ange de stuc(Paris: Edition Galilée, 1978).

A L'ombre des majorités silencieuses, ou la fin du social(Fontenay-Sous-Bois: Cahiers d'Utopie, 1978).

Le P. C. ou les paradis artificiels du politique(Fontenay-Sous-Bois: Cahiers d'Utopie, 1979).

Jean Revol: peintures, dessins(France: Edition Feudon-Béarn, 1980).

De la Sédcution(Paris: Denoel-Gonthier, 1979); 배영달 옮김, 《유혹에 대하여》(서울. 백의출판사, 1996, 2002).

Simulacres et simulation(Paris: Edition Galilée, 1981).

A L'ombre des majorités silencieuses; Ou la fin du social; suivi de, L'extase du socialisme(Paris; Grasset, 1981).

Sophie Calle, Suite venitienne, with Jean Baudrillard, Please Follow me(Paris; Edition de l'Etoile, 1983).

Simulations(New York: Semiotext(e), 1983); 하태환 옮김, 《시뮬라시옹》(서울. 민음사, 1992, 2001).

Les stratégies fatales(Paris; Grasset, 1983).

La gauche divine(Paris; Grasset, 1985).

Amérique(Paris; Grasset, 1986); 주은우 옮김, 《아메리카》(서울. 문예마당, 1994).

L'autre par lui-même(Paris: Edition Galilée, 1987).

Forget Foucault(New York: Semiotext(e), 1987).

Cool Memories I(Paris: Edition Galilée, 1987).

Cool Memories II(Paris: Edition Galilée, 1990).

Cool Memories III(Paris: Edition Galilée, 1995).

The Evil Demon of Images(Annandale, Australia: Power Institute Publications, 1987).

Jean Baudrillard: Selected Writings, edited by Mark Poster(Cambridge and Palo Alto: Polity Press and Stanford University Press, 1988).

The Revenge of the Crystal; A Baudriallard Reader, edited by Mick Carter(London: Pluto, 1989).

Le crime parfait(Paris: Edition Galilée, 1994).

La pensée radicale(Paris: Sens & Tonka, 1994).

Le complot de l'art(Paris: Sens & Tonka, 1996).

Ecran total(Paris: Edition Galile, 1997).

L'Echange impossible(Paris: Edition Galilée, 1999); 배영달 옮김, 《불가능한 교환》(서울. 도서출판 울력, 2001).

Mots de passe(Paris: Pauvert, 2000).

Le ludique et le policier(Paris: Sens & Tonka, 2001).

2. 보드리야르의 논문 및 인터뷰

〈Uwe Johson; La Frontire〉, *Les Temps Modernes*, 1962, pp.1904-1107.

〈Les Romans d'Italo Calvino〉, *Les Temps Modernes*, 1962, pp.1728-34.

〈La Proie des Flammes〉, *Les Temps Modernes*, 1962, pp.1928-37.

〈Compte rendu de Marshall McLuhan: Understanding Media〉, *L'homme et la societé*(5), 1967, pp.227-30.

〈Le ludique et le policier〉, *Utopie*(2-3), 1969, pp.3-15.

〈La pratique sociale de la technique〉, *Utopie*(2-3), 1969, pp.147-55.

〈Langages de Masse〉, *Encylopaedia Universalis*, vol. 17, Paris, Organum, 1975, pp.394-7.

〈Conversations à bâtons(in-) interrompus avec Jean Baudrillard〉, *Dérive*(5-6), 1976, pp.70-97.

〈La Réalité dépasse l'hyperréalisme〉, *Revue d'ésthétique*(1), 1976, pp.139-48.

〈Rituel-loi-code〉, in *Violence et Transgression*, ed. Michel Maffesoli and André Bruston(Paris: Edition Anthropos), 1979, pp.97-108.

〈Desert for Ever〉, *Traverses*(19), 1980, pp.54-8.

〈Boyond the Unconscious: The Symbolic〉, *Discourse*(3), 1981, pp.60-87.

〈Fatality or Reversible Imminence: Beyond the Uncertainty Principle〉, *Social Research*(49), 1981, pp.272-93.

〈Il mormorio della rete〉(an interview with Dominique Wahiche) *Media e messaggi*, 1981, pp.146-52.

〈Estasi dell'oggetto puro〉, in Le Rovine del Senso, ed. Paolo Melneghetti ane Stefano Tromvini(Bologna: Cappelli), 1982. pp.117-18.

〈Circuiti e cortocircuiti〉, in *Oggi l'arte e un carcere?* ed. Luigi Russo(Bologna: Il Muline). 1982.

Interview in *Cinématographie 80*, July/Aug, 1982, pp.39-40.

〈Domande a Jean Baudriallard, a cura di Giuseppe Bartolucci〉, in *Paesaggio Metropo*, ed. Giuseppe Bartolucci et al.(Rome: Feltrinelli), 1982.

〈De la croissance a l'excroissance〉, *Le débat*(23), 1983.

〈What Are You Doing After the Orgy?〉 *Artforum*. Oct. 1983, pp.42-6.

〈Is Pop an Art of Consumption?〉 *Tension*(2), 1983, pp.33-5.

〈The Ecstasy of Communication〉, in Hal Foster, ed. *The Anti-Aesthetic: Essays on Post-mordern Culture*(Port Townsend, Wa: Bay Press), 1983,pp.126-34.

〈Le cristal se venge: une entrevue avec Jean Baudriallrd〉, *Parachute*, June-Aug, 1983, pp.26-33.

〈Nuclaear Implosion〉, *Impulse*, Spring-Summer 1983, pp.9-13.

〈Les séductions de Baudrillard〉, interview in *Magazine litteraire*, March 1983, pp.80-5.

"Sur le 〈Look Generation〉," interview in *Le nouvel observateur*, Febr 1983, p.50.

Interview in *Psychologie*, May 1983, pp.65-8.

Review of Zelig, *Skrien*, Winter 1983/4, p.14.

Interview in *Cinéma* 84 301, Jan. 1984, pp.16-18.

⟨Astal America⟩, *Artforum*, Sept. 1984, pp.70-4.

⟨Interview: Game with Vestiges⟩, *On the Beach*(5), Winter, 1984, pp.19-25.

⟨On Nihilisme⟩, *On the Beach*(6), Spring, 1984, pp.38-9.

⟨Jean Baudrillard⟩, Interview in *Cuadernos del Norte*(5), 1984, pp.10-13.

⟨Une conversation avec Jean Baudrillard⟩, *UCLA French Studies*(2-3), 1984/5, pp.1-22.

⟨Intellectuals, Commitment, and Political Power: An Interview with Jean Baudrillard⟩, *Thesis Eleven*(10-11), 1984/5, pp.166-73.

⟨Der Ekstatische Sozialismus⟩, *Merkur*(39), 1985, pp.83-9.

⟨The Masses: The Implosion of the Social in the Media⟩, *New Literary History* (16), 1985, pp.577-89.

⟨The Child in the Bubble⟩, *Impulse*(11), 1985, p.13.

⟨L'an 2000 ne passera pas⟩, *Traverses*(33-34), 1985, pp.8-16; translated as ⟨The Tear 2000 Will Not Take Place⟩, in *Future ☆ Fall: Excursions into Post-Modernity* (Sidney, Australia: Power Institute of Fine Arts, 1986), pp.18-28, and as ⟨The Year 2000 Has Already Happened⟩, in *Body Invaders*, ed. Arthur and Marilouise Kroker(New York: St Martin's), 1987, pp.35-44.

⟨Clone Boy⟩, *Z/G*(11), 1986, pp.12-13.

⟨The Realized Utopia, America⟩, *French Review*(60), 1986, pp.2-6.

—— in *Masses et postmodernité*, editde by Jacques Zylberberg(Quebec: Presses de l'Universit Laval, 1986).

Interview in *Franzosische Philosophen in Gesprach*, edited by Florian Rotzer(Munchen: Klaus Baer Verlag, 1986).

⟨Au-dela du vrai et du faux, ou le malin génie de l'image⟩, *Cahiers internationaux de sociologie*, Jan-June 1987, pp.139-45.

⟨A Perverse Logic & Drugs as Exorcism⟩, *UNESCO* Courier(7), 1987, pp.7-9.

⟨Amérique⟩, *Literary Review*(30), 1987, pp.475-82.

"Video, culto al cuerpo y ⟨Look⟩," *Fahrenheit*(450) 1987, pp.23-5.

⟨When Bataille Attacked the Metaphysical Principle of Economy⟩, *Canadian Journal of Political and Social Theory*(11), 1987, pp.57-62.

⟨Modernity⟩, *Canadian Journal of Political and Social Theory*(11), 1987, pp.63-73.

〈Softly, Softly〉, *New Statesman*(113), March 1987, p.44.

〈USA 80〉s' and 〈Desert Forever〉, in *Semiotext(e), USA*(*New York, 1987*), pp.47–50 and 135–37.

〈Hunting Nazis and Losing Reality〉, *New Statesman*(19), 1988, pp.16–17.

〈Places of Urban Ecstasy〉, *Die Zeitschrift fur Kunst und Kultur*(12), 1988, pp.92–5.

〈Interview: Jean Baudrillard〉, *Block*(14), 1988, pp.8–10.

Please Follow Me(with Sophie Calle, *Suite Venitienne*), Seattle: Bay Press, 1988.

Xerox to Infinity, London: Touchepas, 1988.

〈The anorexic ruins〉, in D. Kamper and C. Wulf(eds), *Looking Back at the End of the World*, New York: Semiotext(e), 1989.

〈The end of production〉, *Polygraph*(2/3), 1989, pp.5–29.

〈Politics of seduction. Interview with Baudrillard〉, *Marxism Today*, January 1989, pp.54–5.

〈Panic Crash!〉 in A Kroker, M. Kroker ane D. Cook(eds), *Panic Encyclopedia*, London: Macmillan, 1989, pp.64–7.

〈An Interview with Jean Baudrillard(Judith Williamson)〉, *Block*(15), 1989, pp.16–19.

〈The Reality Gulf〉, in *The Guardian*, Jauary 1991, p.25.

〈Figures de l'altérité〉, Descartes & Cie, 1994.

〈Le paroxyste indifférent〉, Grasset, 1997.

〈Les objets singuliers〉, entretien avec Jean Nouvel, Calmann-Lévy, 2000.

3. 보드리야르에 관한 연구서

Benison, J. 〈Jean Baudrillard on the current state of SF〉, *Foundation*(32), 1984 pp.25–42.

Bogard, W. 〈Sociology in the absence of the social: the significance of Baudrillard for contemporary thought〉, *Philosophy and Social Criticism*(13), 1987, pp.227–42.

Butler, R. *Baudrillard: The Defence of the Real*, Sage Publications, 1999.

Carrier, D. 〈Baudrillard as philosopher or, the end of abstract painting〉, *Arts Magazine*(63), 1988, pp.52–60.

Chang, B. 〈Mass, media, mass-mediation: Baudrillard's implosive critique of modern mass-mediated culture〉, *Current Perspectives in Social Theory*(17), 1986, pp.157–81.

Chen, K. H. 〈The masses and the media: Baudrillard's implosive post-modernism〉, *Theory, Culture and Society*(4), 1987, pp.71-88.

Gallop, J. 〈Ironies of postmodernism: fate of Baudrillard's fatalism〉, *Economy and Society*(19), 1990, pp.314-31.

Gane, M. *Baudrillard: Critical and fatal theory*, Routledge, 1991.

―― *Baudrillard's bestiary*, Routledge, 1991.

―― *Baudrillard: In Radical Uncertainty*, Pluto Press, 2000.

Genosko, G. *McLuhan and Baudrillard: Masters of Implosion*, Routledge, 1999.

Giradin, J.-C. 〈Towards a politics of signs: reading Baudrillard〉, *Telos*(20), 1974, pp.127-37.

Kellner, D. 〈Baudrillard, semiurgy and death〉, Theory, *Culture and Society*(4), 1987, pp.125-46.

―― *Jean Baudrillard: From Marxism to Postmodernism and Beyond*, Cambridge: Polity Press, 1989.

―― *Baudrillard: A Critical Reader*, Blackwell, 1994.

Kroker, A. 〈Baudrillard's Marx〉, *Theory, Cuture and Society*(5), 1985.

Levin, C. 〈Baudrillard, Critical Theory and Psychoanalysis〉, *Canadian Journal of Political and Social Theory*(8), 1984, pp.35-52.

―― *Jean Baudrillard: A Study in Cultural Metaphysics*, Prentice Hall, 1996.

Majastre, J-O. *Sans oublier Baudrillard*, La Lettre volée, 1996.

Norris, C. 〈Lost in the funhouse: Baudrillard and the politics of postmodernism〉, *Textual Practice*(3), 1989, pp.360-87.

Poster, M. 〈Technology and cuture in Habermas and Baudrillard〉, *Contemporary Literature*(22), 1981, pp.456-76.

Rojek, C. 〈Baudrillard and leisure〉, *Leisure Studies*(9), 1990, pp.7-20.

Valente, J. 〈Halls of mirrors: Baudrillard on Marx〉, *Diacritics Summer*, 1985, pp.54-65.

Zurbrugg, N. 〈Baudrillard's Amrique, and the 'Abyss of Modernity'〉, *Art and Text*(29), 1988, pp.40-63.

장 보드리야르

프랑스의 대표적인 지성이며, 모더니티에 대한 뛰어난 해석자 중의 한 사람이다. 그는 파리 10대학의 사회학과 교수를 역임했으며, 미국의 뉴욕대학 · 캘리포니아대학 등에서 강의를 했다.

그는 박사학위 논문 〈사물의 체계〉(1968)에서부터 최근의 〈불가능한 교환〉(1999)에 이르기까지, 약 30년간에 걸쳐 20여 권의 저작을 출판하는 활발한 저술 활동을 하고 있다.

대표적인 저서로는 《소비의 사회》(1970), 《기호의 정치경제학비판을 위하여》(1972), 《생산의 거울》(1973), 《상징적 교환과 죽음》(1976), 《푸코 잊기》(1977), 《보부르 효과》(1977), 《침묵하는 다수의 그늘 아래서》(1978), 《유혹에 대하여》(1979), 《시뮬라크르와 시뮬라시옹》(1981), 《숙명적 전략》(1983), 《숭고한 좌파》(1984), 《아메리카》(1986), 《차가운 기억들 I, II, III》(1987~95), 《악의 투명성》(1990), 《걸프전은 일어나지 않았다》(1991), 《종말의 환상》(1992), 《완전범죄》(1994), 《완전한 화면》(1997), 《테러리즘의 정신》(2001) 등이 있다.

배영달

부산대학교 불어과를 졸업하고 한국외국어대학교 대학원 불어과에서 석사 · 박사 학위를 취득했다. 현재 경성대학교 프랑스 지역학 전공 교수로 재직중이며, 파리4대학 · 브리티시 컬럼비아대학 초빙교수로 연구 활동을 한 바 있다. 편저로는 《보드리야르의 문화 읽기》, 《예술의 음모—보드리야르의 현대 예술론》이 있고, 주요 역서로는 《불가능한 교환》 《사물의 체계》 《생산의 거울》 《유혹에 대하여》 《정보과학의 폭탄》 《문학생산이론을 위하여》 《리얼리즘의 신화: 발자크의 소설 세계》 《농민들》 등이 있다.

문예신서
211

토탈 스크린

초판발행 : 2002년 9월 25일

지은이 : 장 보드리야르
옮긴이 : 배영달
펴낸이 : 辛成大
펴낸곳 : 東文選
제10-64호, 78. 12. 16 등록
110-300 서울 종로구 관훈동 74
전화 : 737-2795

편집설계 : 朴月 李姃旻 韓仁淑

ISBN 89-8038-268-5 94160
ISBN 89-8038-000-3 (문예신서)

【東文選 現代新書】

1 21세기를 위한 새로운 엘리트	FORESEEN 연구소 / 김경현	7,000원
2 의지, 의무, 자유 ― 주제별 논술	L. 밀러 / 이대희	6,000원
3 사유의 패배	A. 핑켈크로트 / 주태환	7,000원
4 문학이론	J. 컬러 / 이은경 · 임옥희	7,000원
5 불교란 무엇인가	D. 키언 / 고길환	6,000원
6 유대교란 무엇인가	N. 솔로몬 / 최창모	6,000원
7 20세기 프랑스철학	E. 매슈스 / 김종갑	8,000원
8 강의에 대한 강의	P. 부르디외 / 현택수	6,000원
9 텔레비전에 대하여	P. 부르디외 / 현택수	7,000원
10 고고학이란 무엇인가	P. 반 / 박범수	근간
11 우리는 무엇을 아는가	T. 나겔 / 오영미	5,000원
12 에쁘롱 ― 니체의 문체들	J. 데리다 / 김다은	7,000원
13 히스테리 사례분석	S. 프로이트 / 태혜숙	7,000원
14 사랑의 지혜	A. 핑켈크로트 / 권유현	6,000원
15 일반미학	R. 카이유와 / 이경자	6,000원
16 본다는 것의 의미	J. 버거 / 박범수	10,000원
17 일본영화사	M. 테시에 / 최은미	7,000원
18 청소년을 위한 철학교실	A. 자카르 / 장혜영	7,000원
19 미술사학 입문	M. 포인턴 / 박범수	8,000원
20 클래식	M. 비어드 · J. 헨더슨 / 박범수	6,000원
21 정치란 무엇인가	K. 미노그 / 이정철	6,000원
22 이미지의 폭력	O. 몽젱 / 이은민	8,000원
23 청소년을 위한 경제학교실	J. C. 드루엥 / 조은미	6,000원
24 순진함의 유혹 (메디시스賞 수상작)	P. 브뤼크네르 / 김웅권	9,000원
25 청소년을 위한 이야기 경제학	A. 푸르상 / 이은민	8,000원
26 부르디외 사회학 입문	P. 보네위츠 / 문경자	7,000원
27 돈은 하늘에서 떨어지지 않는다	K. 아른트 / 유영미	6,000원
28 상상력의 세계사	R. 보이아 / 김웅권	9,000원
29 지식을 교환하는 새로운 기술	A. 벵토릴라 外 / 김혜경	6,000원
30 니체 읽기	R. 비어즈워스 / 김웅권	6,000원
31 노동, 교환, 기술 ― 주제별 논술	B. 데코사 / 신은영	6,000원
32 미국만들기	R. 로티 / 임옥희	근간
33 연극의 이해	A. 쿠프리 / 장혜영	8,000원
34 라틴문학의 이해	J. 가야르 / 김교신	8,000원
35 여성적 가치의 선택	FORESEEN연구소 / 문신원	7,000원
36 동양과 서양 사이	L. 이리가라이 / 이은민	7,000원
37 영화와 문학	R. 리처드슨 / 이형식	8,000원
38 분류하기의 유혹 ― 생각하기와 조직하기	G. 비뇨 / 임기대	7,000원
39 사실주의 문학의 이해	G. 라루 / 조성애	8,000원
40 윤리학 ― 악에 대한 의식에 관하여	A. 바디우 / 이종영	7,000원
41 흙과 재 (소설)	A. 라히미 / 김주경	6,000원

42	진보의 미래	D. 르쿠르 / 김영선	6,000원
43	중세에 살기	J. 르 고프 外 / 최애리	8,000원
44	쾌락의 횡포·상	J. C. 기유보 / 김웅권	10,000원
45	쾌락의 횡포·하	J. C. 기유보 / 김웅권	10,000원
46	운디네와 지식의 불	B. 데스파냐 / 김웅권	근간
47	이성의 한가운데에서 — 이성과 신앙	A. 퀴노 / 최은영	6,000원
48	도덕적 명령	FORESEEN 연구소 / 우강택	6,000원
49	망각의 형태	M. 오제 / 김수경	6,000원
50	느리게 산다는 것의 의미·1	P. 쌍소 / 김주경	7,000원
51	나만의 자유를 찾아서	C. 토마스 / 문신원	6,000원
52	음악적 삶의 의미	M. 존스 / 송인영	근간
53	나의 철학 유언	J. 기통 / 권유현	8,000원
54	타르튀프 / 서민귀족 〔희곡〕	몰리에르 / 덕성여대극예술비교연구회	8,000원
55	판타지 공장	A. 플라워즈 / 박범수	10,000원
56	홍수·상 〔완역판〕	J. M. G. 르 클레지오 / 신미경	8,000원
57	홍수·하 〔완역판〕	J. M. G. 르 클레지오 / 신미경	8,000원
58	일신교 — 성경과 철학자들	E. 오르티그 / 전광호	6,000원
59	프랑스 시의 이해	A. 바이양 / 김다은·이혜지	8,000원
60	종교철학	J. P. 힉 / 김희수	10,000원
61	고요함의 폭력	V. 포레스테 / 박은영	8,000원
62	고대 그리스의 시민	C. 모세 / 김덕희	근간
63	미학개론 — 예술철학입문	A. 셰퍼드 / 유호전	10,000원
64	논증 — 담화에서 사고까지	G. 비뇨 / 임기대	6,000원
65	역사 — 성찰된 시간	F. 도스 / 김미겸	7,000원
66	비교문학개요	F. 클로동·K. 아다-보트링 / 김정란	8,000원
67	남성지배	P. 부르디외 / 김용숙·주경미	9,000원
68	호모사피언스에서 인터렉티브인간으로	FORESEEN 연구소 / 공나리	8,000원
69	상투어 — 언어·담론·사회	R. 아모시·A. H. 피에로 / 조성애	9,000원
70	촛불의 미학	G. 바슐라르 / 이가림	근간
71	푸코 읽기	P. 빌루에 / 나길래	근간
72	문학논술	J. 파프·D. 로쉬 / 권종분	8,000원
73	한국전통예술개론	沈雨晟	10,000원
74	시학 — 문학 형식 일반론 입문	D. 퐁텐느 / 이용주	8,000원
75	《시민 케인》	L. 멀비 / 이형식	근간
76	동물성 — 인간의 위상에 관하여	D. 르스텔 / 김승철	6,000원
77	랑가쥬 이론 서설	L. 옐름슬레우 / 김용숙·김혜련	10,000원
78	잔혹성의 미학	F. 토넬리 / 박형섭	9,000원
79	문학 텍스트의 정신분석	M. J. 벨멩-노엘 / 심재중·최애영	9,000원
80	무관심의 절정	J. 보드리야르 / 이은민	8,000원
81	영원한 황홀	P. 브뤼크네르 / 김웅권	9,000원
82	노동의 종말에 반하여	D. 슈나페르 / 김교신	6,000원
83	프랑스영화사	J. -P. 장콜 / 김혜련	근간

84 조와(弔蛙) 金教臣 / 노치준·민혜숙 8,000원
85 역사적 관점에서 본 시네마 J. -L. 뢰트라 / 곽노경 8,000원
86 욕망에 대하여 M. 슈벨 / 서민원 8,000원
87 산다는 것의 의미·1—여분의 행복 P. 쌍소 / 김주경 7,000원
88 철학 연습 M. 아롱델-로오 / 최은영 8,000원
89 삶의 기쁨들 D. 노게 / 이은민 6,000원
90 이탈리아영화사 L. 스키파노 / 이주현 8,000원
91 한국문화론 趙興胤 10,000원
92 현대연극미학 M. -A. 샤르보니에 / 홍지화 8,000원
93 느리게 산다는 것의 의미·2 P. 쌍소 / 김주경 7,000원
94 진정한 모럴은 모럴을 비웃는다 A. 에슈고엔 / 김웅권 8,000원
95 한국종교문화론 趙興胤 10,000원
96 근원적 열정 L. 이리가라이 / 박정오 9,000원
97 라캉, 주체 개념의 형성 B. 오질비 / 김 석 9,000원
98 미국식 사회 모델 J. 바이스 / 김종명 7,000원
99 소쉬르와 언어과학 P. 가데 / 김용숙·임정혜 10,000원
100 철학적 기본 개념 R. 페르버 / 조국현 8,000원
101 철학자들의 동물원 A. L. 브라쇼파르 / 문신원 근간
102 글렌 굴드, 피아노 솔로 M. 슈나이더 / 이창실 7,000원
103 문학비평에서의 실험 C. S. 루이스 / 허 종 근간
104 코뿔소 〔희곡〕 E. 이오네스코 / 박형섭 8,000원
105 《제7의 봉인》 비평연구 E. 그랑조르주 / 이은민 근간
106 《쥘과 짐》 비평연구 C. 르 베르 / 이은민 근간
107 경제, 거대한 사탄인가? P. -N. 지로 / 김교신 7,000원
108 딸에게 들려 주는 작은 철학 R. 시몬 셰퍼 / 안상원 7,000원
109 도덕에 관한 에세이 C. 로슈·J. -J. 바레르 / 고수현 6,000원
110 프랑스 고전비극 B. 클레망 / 송민숙 근간
111 고전수사학 G. 위딩 / 박성철 근간
112 유토피아 T. 파코 / 조성애 근간
113 쥐비알 A. 자르댕 / 김남주 7,000원
114 증오의 모호한 대상 J. 아순 / 김승철 근간
115 개인—주체철학에 대한 고찰 A. 르노 / 장정아 근간
116 이슬람이란 무엇인가 M. 루스벤 / 최생열 8,000원
117 간추린 서양철학사·상 A. 케니 / 이영주 근간
118 간추린 서양철학사·하 A. 케니 / 이영주 근간
119 느리게 산다는 것의 의미·3 P. 쌍소 / 김주경 7,000원
120 문학과 정치사상 P. 페티티에 / 이종민 8,000원
121 하느님의 가장 아름다운 이야기 A. 보테르 쒜 / 주태환 근간
122 시민 교육 P. 카니베즈 / 박주원 근간
123 스페인영화사 J.- C. 스갱 / 정동섭 근간
124 포켓의 형태 J. 버거 / 이영주 근간
125 내 몸의 신비—세상에서 가장 큰 기적 A. 지오르당 / 이규식 7,000원

126 세 가지 생태학　　　　　　　F. 가타리 / 윤수종　　　　　　　근간
127 모리스 블랑쇼에 대하여　　　E. 레비나스 / 박규현　　　　　　근간
128 작은 사건들　　　　　　　　R. 바르트 / 김주경　　　　　　　근간
129 번영의 비참　　　　　　　　P. 브뤼크네르 / 이창실　　　　　근간
130 무사도란 무엇인가　　　　　新渡戸稲造 / 沈雨晟　　　　　　7,000원

【東文選 文藝新書】

　1 저주받은 詩人들　　　　　　A. 뻬이르 / 최수철·김종호　　　개정근간
　2 민속문화론서설　　　　　　　沈雨晟　　　　　　　　　　　　40,000원
　3 인형극의 기술　　　　　　　A. 훼도토프 / 沈雨晟　　　　　8,000원
　4 전위연극론　　　　　　　　　J. 로스 에반스 / 沈雨晟　　　　12,000원
　5 남사당패연구　　　　　　　　沈雨晟　　　　　　　　　　　　10,000원
　6 현대영미희곡선(전4권)　　　 N. 코워드 外 / 李辰洙　　　　　절판
　7 행위예술　　　　　　　　　　L. 골드버그 / 沈雨晟　　　　　절판
　8 문예미학　　　　　　　　　　蔡 儀 / 姜慶鎬　　　　　　　　절판
　9 神의 起源　　　　　　　　　何 新 / 洪 熹　　　　　　　　16,000원
10 중국예술정신　　　　　　　　徐復觀 / 權德周 外　　　　　　24,000원
11 中國古代書史　　　　　　　　錢存訓 / 金允子　　　　　　　14,000원
12 이미지 — 시각과 미디어　　　J. 버거 / 편집부　　　　　　　12,000원
13 연극의 역사　　　　　　　　　P. 하트놀 / 沈雨晟　　　　　　절판
14 詩 論　　　　　　　　　　　　朱光潛 / 鄭相泓　　　　　　　9,000원
15 탄트라　　　　　　　　　　　A. 무케르지 / 金龜山　　　　　10,000원
16 조선민족무용기본　　　　　　최승희　　　　　　　　　　　　15,000원
17 몽고문화사　　　　　　　　　D. 마이달 / 金龜山　　　　　　8,000원
18 신화 미술 제사　　　　　　　張光直 / 李 徹　　　　　　　　10,000원
19 아시아 무용의 인류학　　　　宮尾慈良 / 沈雨晟　　　　　　절판
20 아시아 민족음악순례　　　　　藤井知昭 / 沈雨晟　　　　　　5,000원
21 華夏美學　　　　　　　　　　李澤厚 / 權 瑚　　　　　　　　15,000원
22 道　　　　　　　　　　　　　張立文 / 權 瑚　　　　　　　　18,000원
23 朝鮮의 占卜과 豫言　　　　　村山智順 / 金禧慶　　　　　　15,000원
24 원시미술　　　　　　　　　　L. 아담 / 金仁煥　　　　　　　16,000원
25 朝鮮民俗誌　　　　　　　　　秋葉隆 / 沈雨晟　　　　　　　12,000원
26 神話의 이미지　　　　　　　　J. 캠벨 / 扈承喜　　　　　　　근간
27 原始佛敎　　　　　　　　　　中村元 / 鄭泰爀　　　　　　　8,000원
28 朝鮮女俗考　　　　　　　　　李能和 / 金尙憶　　　　　　　24,000원
29 朝鮮解語花史(조선기생사)　　李能和 / 李在崑　　　　　　　25,000원
30 조선창극사　　　　　　　　　鄭魯湜　　　　　　　　　　　　7,000원
31 동양회화미학　　　　　　　　崔炳植　　　　　　　　　　　　9,000원
32 性과 결혼의 민족학　　　　　和田正平 / 沈雨晟　　　　　　9,000원
33 農漁俗談辭典　　　　　　　　宋在璇　　　　　　　　　　　　12,000원
34 朝鮮의 鬼神　　　　　　　　　村山智順 / 金禧慶　　　　　　12,000원
35 道敎와 中國文化　　　　　　　葛兆光 / 沈揆昊　　　　　　　15,000원

36	禪宗과 中國文化	葛兆光 / 鄭相泓 · 任炳權	8,000원
37	오페라의 역사	L. 오레이 / 류연희	절판
38	인도종교미술	A. 무케르지 / 崔炳植	14,000원
39	힌두교의 그림언어	안넬리제 外 / 全在星	9,000원
40	중국고대사회	許進雄 / 洪 熹	22,000원
41	중국문화개론	李宗桂 / 李宰碩	15,000원
42	龍鳳文化源流	王大有 / 林東錫	25,000원
43	甲骨學通論	王宇信 / 李宰碩	근간
44	朝鮮巫俗考	李能和 / 李在崑	20,000원
45	미술과 페미니즘	N. 부루드 外 / 扈承喜	9,000원
46	아프리카미술	P. 윌레뜨 / 崔炳植	절판
47	美의 歷程	李澤厚 / 尹壽榮	22,000원
48	曼茶羅의 神들	立川武藏 / 金龜山	19,000원
49	朝鮮歲時記	洪錫謨 外/李錫浩	30,000원
50	하 상	蘇曉康 外 / 洪 熹	절판
51	武藝圖譜通志 實技解題	正 祖 / 沈雨晟 · 金光錫	15,000원
52	古文字學첫걸음	李學勤 / 河永三	14,000원
53	體育美學	胡小明 / 閔永淑	10,000원
54	아시아 美術의 再發見	崔炳植	9,000원
55	曆과 占의 科學	永田久 / 沈雨晟	8,000원
56	中國小學史	胡奇光 / 李宰碩	20,000원
57	中國甲骨學史	吳浩坤 外 / 梁東淑	35,000원
58	꿈의 철학	劉文英 / 河永三	22,000원
59	女神들의 인도	立川武藏 / 金龜山	19,000원
60	性의 역사	J. L. 플랑드렝 / 편집부	18,000원
61	쉬르섹슈얼리티	W. 챠드윅 / 편집부	10,000원
62	여성속담사전	宋在璇	18,000원
63	박재서희곡선	朴栽緒	10,000원
64	東北民族源流	孫進己 / 林東錫	13,000원
65	朝鮮巫俗의 研究(상 · 하)	赤松智城 · 秋葉隆 / 沈雨晟	28,000원
66	中國文學 속의 孤獨感	斯波六郎 / 尹壽榮	8,000원
67	한국사회주의 연극운동사	李康列	8,000원
68	스포츠인류학	K. 블랑챠드 外 / 박기동 外	12,000원
69	리조복식도감	리팔찬	절판
70	娼 婦	A. 꼬르벵 / 李宗旼	22,000원
71	조선민요연구	高晶玉	30,000원
72	楚文化史	張正明 / 南宗鎭	26,000원
73	시간, 욕망, 그리고 공포	A. 코르뱅 / 변기찬	18,000원
74	本國劍	金光錫	40,000원
75	노트와 반노트	E. 이오네스코 / 박형섭	절판
76	朝鮮美術史研究	尹喜淳	7,000원
77	拳法要訣	金光錫	20,000원

78	艸衣選集	艸衣意恂 / 林鍾旭	14,000원
79	漢語音韻學講義	董少文 / 林東錫	10,000원
80	이오네스코 연극미학	C. 위베르 / 박형섭	9,000원
81	중국문자훈고학사전	全廣鎭 편역	15,000원
82	상말속담사전	宋在璇	10,000원
83	書法論叢	沈尹默 / 郭魯鳳	8,000원
84	침실의 문화사	P. 디비 / 편집부	9,000원
85	禮의 精神	柳肅 / 洪熹	20,000원
86	조선공예개관	日本民芸協會 편 / 沈雨晟	30,000원
87	性愛의 社會史	J. 솔레 / 李宗旼	18,000원
88	러시아미술사	A. I. 조토프 / 이건수	22,000원
89	中國書藝論文選	郭魯鳳 選譯	25,000원
90	朝鮮美術史	關野貞 / 沈雨晟	근간
91	美術版 탄트라	P. 로슨 / 편집부	8,000원
92	군달리니	A. 무케르지 / 편집부	9,000원
93	카마수트라	바짜야나 / 鄭泰爀	10,000원
94	중국언어학총론	J. 노먼 / 全廣鎭	18,000원
95	運氣學說	任應秋 / 李宰碩	8,000원
96	동물속담사전	宋在璇	20,000원
97	자본주의의 아비투스	P. 부르디외 / 최종철	6,000원
98	宗敎學入門	F. 막스 뮐러 / 金龜山	10,000원
99	변 화	P. 바츨라빅크 外 / 박인철	10,000원
100	우리나라 민속놀이	沈雨晟	15,000원
101	歌訣(중국역대명언경구집)	李宰碩 편역	20,000원
102	아니마와 아니무스	A. 융 / 박해순	8,000원
103	나, 너, 우리	L. 이리가라이 / 박정오	12,000원
104	베케트연극론	M. 푸크레 / 박형섭	8,000원
105	포르노그래피	A. 드워킨 / 유혜련	12,000원
106	셸 링	M. 하이데거 / 최상욱	12,000원
107	프랑수아 비용	宋勉	18,000원
108	중국서예 80제	郭魯鳳 편역	16,000원
109	性과 미디어	W. B. 키 / 박해순	12,000원
110	中國正史朝鮮列國傳(전2권)	金聲九 편역	120,000원
111	질병의 기원	T. 매큐언 / 서 일 · 박종연	12,000원
112	과학과 젠더	E. F. 켈러 / 민경숙 · 이현주	10,000원
113	물질문명 · 경제 · 자본주의	F. 브로델 / 이문숙 外	절판
114	이탈리아인 태고의 지혜	G. 비코 / 李源斗	8,000원
115	中國武俠史	陳山 / 姜鳳求	18,000원
116	공포의 권력	J. 크리스테바 / 서민원	23,000원
117	주색잡기속담사전	宋在璇	15,000원
118	죽음 앞에 선 인간(상 · 하)	P. 아리에스 / 劉仙子	각권 8,000원
119	철학에 대하여	L. 알튀세르 / 서관모 · 백승욱	12,000원

120 다른 곳	J. 데리다 / 김다은 · 이혜지	10,000원
121 문학비평방법론	D. 베르제 外 / 민혜숙	12,000원
122 자기의 테크놀로지	M. 푸코 / 이희원	16,000원
123 새로운 학문	G. 비코 / 李源斗	22,000원
124 천재와 광기	P. 브르노 / 김웅권	13,000원
125 중국은사문화	馬 華 · 陳正宏 / 강경범 · 천현경	12,000원
126 푸코와 페미니즘	C. 라마자노글루 外 / 최 영 外	16,000원
127 역사주의	P. 해밀턴 / 임옥희	12,000원
128 中國書藝美學	宋 民 / 郭魯鳳	16,000원
129 죽음의 역사	P. 아리에스 / 이종민	18,000원
130 돈속담사전	宋在璇 편	15,000원
131 동양극장과 연극인들	김영무	15,000원
132 生育神과 性巫術	宋兆麟 / 洪 熹	20,000원
133 미학의 핵심	M. M. 이턴 / 유호전	14,000원
134 전사와 농민	J. 뒤비 / 최생열	18,000원
135 여성의 상태	N. 에니크 / 서민원	22,000원
136 중세의 지식인들	J. 르 고프 / 최애리	18,000원
137 구조주의의 역사(전4권)	F. 도스 / 이봉지 外	각권 13,000원
138 글쓰기의 문제해결전략	L. 플라워 / 원진숙 · 황정현	20,000원
139 음식속담사전	宋在璇 편	16,000원
140 고전수필개론	權 瑚	16,000원
141 예술의 규칙	P. 부르디외 / 하태환	23,000원
142 "사회를 보호해야 한다"	M. 푸코 / 박정자	20,000원
143 페미니즘사전	L. 터틀 / 호승희 · 유혜련	26,000원
144 여성심벌사전	B. G. 워커 / 정소영	근간
145 모데르니테 모데르니테	H. 메쇼닉 / 김다은	20,000원
146 눈물의 역사	A. 벵상뷔포 / 이자경	18,000원
147 모더니티입문	H. 르페브르 / 이종민	24,000원
148 재생산	P. 부르디외 / 이상호	18,000원
149 종교철학의 핵심	W. J. 웨인라이트 / 김희수	18,000원
150 기호와 몽상	A. 시몽 / 박형섭	22,000원
151 융분석비평사전	A. 새뮤얼 外 / 민혜숙	16,000원
152 운보 김기창 예술론연구	최병식	14,000원
153 시적 언어의 혁명	J. 크리스테바 / 김인환	20,000원
154 예술의 위기	Y. 미쇼 / 하태환	15,000원
155 프랑스사회사	G. 뒤프 / 박 단	16,000원
156 중국문예심리학사	劉偉林 / 沈揆昊	30,000원
157 무지카 프라티카	M. 캐넌 / 김혜중	25,000원
158 불교산책	鄭泰爀	20,000원
159 인간과 죽음	E. 모랭 / 김명숙	23,000원
160 地中海(전5권)	F. 브로델 / 李宗旼	근간
161 漢語文字學史	黃德實 · 陳秉新 / 河永三	24,000원

162 글쓰기와 차이	J. 데리다 / 남수인	28,000원
163 朝鮮神事誌	李能和 / 李在崑	근간
164 영국제국주의	S. C. 스미스 / 이태숙 · 김종원	16,000원
165 영화서술학	A. 고드로 · F. 조스트 / 송지연	17,000원
166 美學辭典	사사키 겡이치 / 민주식	22,000원
167 하나이지 않은 성	L. 이리가라이 / 이은민	18,000원
168 中國歷代書論	郭魯鳳 譯註	8,000원
169 요가수트라	鄭泰爀	15,000원
170 비정상인들	M. 푸코 / 박정자	25,000원
171 미친 진실	J. 크리스테바 外 / 서민원	25,000원
172 디스탱숑(상 · 하)	P. 부르디외 / 이종민	근간
173 세계의 비참(전3권)	P. 부르디외 外 / 김주경	각권 26,000원
174 수묵의 사상과 역사	崔炳植	근간
175 파스칼적 명상	P. 부르디외 / 김웅권	22,000원
176 지방의 계몽주의	D. 로슈 / 주명철	30,000원
177 이혼의 역사	R. 필립스 / 박범수	25,000원
178 사랑의 단상	R. 바르트 / 김희영	근간
179 中國書藝理論體系	熊秉明 / 郭魯鳳	23,000원
180 미술시장과 경영	崔炳植	16,000원
181 카프카 — 소수적인 문학을 위하여 G. 들뢰즈 · F. 가타리 / 이진경		13,000원
182 이미지의 힘 — 영상과 섹슈얼리티 A. 쿤 / 이형식		13,000원
183 공간의 시학	G. 바슐라르 / 곽광수	근간
184 랑데부 — 이미지와의 만남	J. 버거 / 임옥희 · 이은경	근간
185 푸코와 문학 — 글쓰기의 계보학을 향하여 S. 듀링 / 오경심 · 홍유미		근간
186 각색, 연극에서 영화로	A. 엘보 / 이선형	16,000원
187 폭력과 여성들	C. 도펭 外 / 이은민	18,000원
188 하드 바디 — 할리우드 영화에 나타난 남성성 S. 제퍼드 / 이형식		18,000원
189 영화의 환상성	J. -L. 뢰트라 / 김경온 · 오일환	18,000원
190 번역과 제국	D. 로빈슨 / 정혜욱	16,000원
191 그라마톨로지에 대하여	J. 데리다 / 김웅권	근간
192 보건 유토피아	R. 브로만 外 / 서민원	근간
193 현대의 신화	R. 바르트 / 이화여대기호학연구소	20,000원
194 중국회화백문백답	郭魯鳳	근간
195 고서화감정개론	徐邦達 / 郭魯鳳	근간
196 상상의 박물관	A. 말로 / 김웅권	근간
197 부빈의 일요일	J. 뒤비 / 최생열	근간
198 아인슈타인의 최대 실수	D. 골드스미스 / 박범수	근간
199 유인원, 사이보그, 그리고 여자	D. 해러웨이 / 민경숙	25,000원
200 공동생활 속의 개인주의	F. 드 생글리 / 최은영	근간
201 기식자	M. 세르 / 김웅권	24,000원
202 연극미학 — 플라톤에서 브레히트까지의 텍스트들 J. 셰레 外 / 홍지화		근간
203 철학자들의 신(전2권)	W. 바이셰델 / 최상욱	근간

204 고대세계의 정치　　　　　　M. I. 포리 / 최생열　　　　　　　　　근간
205 카프카의 고독　　　　　　　M. 로베르 / 이창실　　　　　　　　　근간
206 문화 학습 — 실천적 입문서　J. 자일즈·T. 미들턴 / 장성희　　　　근간
207 호모 아카데미쿠스　　　　　P. 부르디외 / 임기대　　　　　　　　근간
208 朝鮮槍棒敎程　　　　　　　　金光錫　　　　　　　　　　　　40,000원
209 자유의 순간　　　　　　　　P. M. 코헨 / 최하영　　　　　　　　근간
210 밀교의 세계　　　　　　　　鄭泰爀　　　　　　　　　　　　　　근간
211 토탈 스크린　　　　　　　　J. 보드리야르 / 배영달　　　　　19,000원

【기 타】

▨ 모드의 체계　　　　　　　　R. 바르트 / 이화여대기호학연구소　18,000원
▨ 텍스트의 즐거움　　　　　　R. 바르트 / 김희영　　　　　　　15,000원
▨ 라신에 관하여　　　　　　　R. 바르트 / 남수인　　　　　　　10,000원
▨ 說 苑 (上·下)　　　　　　　林東錫 譯註　　　　　　　　　각권 30,000원
▨ 晏子春秋　　　　　　　　　　林東錫 譯註　　　　　　　　　　30,000원
▨ 西京雜記　　　　　　　　　　林東錫 譯註　　　　　　　　　　20,000원
▨ 搜神記 (上·下)　　　　　　　林東錫 譯註　　　　　　　　　各권 30,000원
■ 경제적 공포〔메디시스賞 수상작〕V. 포레스테 / 김주경　　　　 7,000원
■ 古陶文字徵　　　　　　　　　高 明·葛英會　　　　　　　　　20,000원
■ 古文字類編　　　　　　　　　高 明　　　　　　　　　　　　　　절판
■ 金文編　　　　　　　　　　　容 庚　　　　　　　　　　　　36,000원
■ 고독하지 않은 홀로되기　　　P. 들레름·M. 들레름 / 박정오　 8,000원
■ 그리하여 어느날 사랑이여　　이외수 편　　　　　　　　　　　6,500원
■ 딸에게 들려 주는 작은 지혜　N. 레흐레이트너 / 양영란　　　 6,500원
■ 노력을 대신하는 것은 없다　R. 쉬이 / 유혜련　　　　　　　　5,000원
■ 미래를 원한다　　　　　　　J. D. 로스네 / 문 선·김덕희　　 8,500원
■ 사랑의 존재　　　　　　　　한용운　　　　　　　　　　　　　3,000원
■ 산이 높으면 마땅히 우러러볼 일이다　　　유 향 / 임동석　　 5,000원
■ 서기 1000년과 서기 2000년 그 두려움의 흔적들　J. 뒤비 / 양영란　8,000원
■ 서비스는 유행을 타지 않는다　B. 바게트 / 정소영　　　　　　5,000원
■ 선종이야기　　　　　　　　　홍 희 편저　　　　　　　　　　 8,000원
■ 섬으로 흐르는 역사　　　　　김영희　　　　　　　　　　　　10,000원
■ 세계사상　　　　　　　　　　창간호~3호: 각권 10,000원 / 4호: 14,000원
■ 십이속상도안집　　　　　　　편집부　　　　　　　　　　　　 8,000원
■ 어린이 수묵화의 첫걸음(전6권)　趙 陽 / 편집부　　　　　　 각권 5,000원
■ 오늘 다 못다한 말은　　　　　이외수 편　　　　　　　　　　 7,000원
■ 오블라디 오블라다, 인생은 브래지어 위를 흐른다　무라카미 하루키 / 김난주　7,000원
■ 인생은 앞유리를 통해서 보라　B. 바게트 / 박해순　　　　　　5,000원
■ 잠수복과 나비　　　　　　　　J. D. 보비 / 양영란　　　　　　6,000원
■ 천연기념물이 된 바보　　　　최병식　　　　　　　　　　　　7,800원
■ 原本 武藝圖譜通志　　　　　　正祖 命撰　　　　　　　　　　60,000원
■ 隷字編　　　　　　　　　　　洪鈞陶　　　　　　　　　　　　40,000원

東文選 文藝新書 150

기호와 몽상

알프레드 시몽

박형섭 옮김

　기호와 몽상의 구체적 실현물인 연극과 축제는 오래 전부터 존재해 왔고, 인간의 삶과 깊은 관계를 맺고 있다. 삶이 있는 곳에는 언제나 크고 작은 축제가 있었으며, 이 축제 속에는 반드시 연극적 요소가 있었다. 저자는 축제와 연극의 뿌리가 생태적으로 같으며, 둘 모두 민중적 삶의 조건과 비극성에서 비롯했음을 강조한다. 또한 축제에는 진정한 창조정신이 깃들어 있다. 그것은 살아 있는 작품이며, 실제적인 행위인 것이다. 축제는 일상적 모임, 노동, 정치적 집회와도 무관하지 않다. 모든 회합은 연극성을 띠고 있으며, 모든 작업공동체는 창조적 도약으로 그 자체 속에 고유한 축제성을 지니고 있다. 축제 없이는 공동체도 없고, 공동체 없이는 축제도 없다. 한편 연극은 세계에 대한 설명이고, 우주를 해석하며, 인간조건을 풀어 주는 열쇠이다. 그래서 연극은 하나의 은유적 기능을 하는 것이다. 연극은 인간 자신에 대해 그리고 인간과 사회와의 관계를 표상한다. 모든 사람들은 배우로서 자신들의 역할을 살아 간다. 그의 의식의 프리즘은 사회를 스펙트럼처럼 분석한다. 또한 사람은 자신을 신성하게 만들어 주는 이미지를 찾아서 환각의 장소인 연극적 공간으로 들어가는 것이다. 사람은 연극에 의해 반사되고, 스스로의 이미지 속에 몰입한다.

　이 책의 주요 테마는 연극과 축제와 비극성의 동질적 관계를 밝히는 것이다. 저자는 연극의 죽음과 축제의 부재가 소외된 사회의 잔재가 아니라 오히려 소외가 이러한 죽음과 부재의 이중적 과정에 의해 정의된다고 강조한다.

　저자의 해박한 지식은 물론 그의 서술방법, 축제와 연극에 관한 시각 등이 매우 새로운 이 책은 축제와 연극의 상관성을 역사적·사회학적·미학적으로 분석한 본격 문화이론서가 될 것이다.